Gruber I Neumann

Erfolg im Mathe-Abi

Übungsbuch Nordrhein-Westfalen
Prüfungsaufgaben
Grundkurs / Leistungskurs
mit Tipps und Lösungen

Gedruckt auf chlorfrei gebleichtem Papier

Gruber | Neumann

Erfolg im Mathe-Abi

Nordrhein-Westfalen

Übungsbuch Prüfungsaufgaben
Grundkurs / Leistungskurs
mit Tipps und Lösungen

Inhaltsverzeichnis

| I | **1. Prüfungstei** (hilfsmittelfrei) | 11 |

| II | **2. Prüfungsteil** (GTR/CAS) | 27 |

Analysis

1	Bergstollen	27
2	Küstenlinie	28
3	Gelände	29
4	Straße	30
5	Brosche	31
6	Medikament	33
7	Smartphone	34
8	Motorboot	36
9	Käfer	37
10	Temperatur	38
11	**LK:** Tanne	39
12	**LK:** Glocke	41
13	**LK:** Strauch	44
14	**LK:** Buche	46
15	Turm	47

Vektorgeometrie

16	Haus	48
17	Pyramide	50
18	Bühne	52
19	Seilbahn	54
20	**LK:** Maibaum	56
21	**LK:** Solaranlage	57
22	**LK:** Fabrikhalle	59
23	**LK:** Lichtstrahl	61
24	Bäckerei	63

Stochastik

25	Reisen	65
26	Ampel	67
27	Handys	69

28	**LK:** Internet	70
29	Automobil-Zulieferer	72
30	Insektenpopulation	73
31	Supermarkt	75

Tipps 77

Lösungen 113

Stichwortverzeichnis 253

Vorwort

Erfolg von Anfang an

Dieses Übungsbuch ist speziell auf die Anforderungen des zentralen Mathematik-Abiturs in Nordrhein-Westfalen im Grund- und Leistungskurs abgestimmt. Es umfasst die Themenbereiche Analysis, Stochastik und Vektorgeometrie.

Der 1. Prüfungsteil der Mathematikprüfung ist der sogenannte hilfsmittelfreie Teil (HMF). Er enthält kurze unzusammenhängende Aufgaben aus allen Themenbereichen, die sich ohne Taschenrechner lösen lassen.

Der 2. Prüfungsteil der Mathematikprüfung enthält komplexere zusammenhängende Aufgaben, die sich mit Hilfe einer Formelsammlung und eines grafikfähigen Taschenrechners (GTR) bzw. eines CAS lösen lassen.

Der erste Teil des Übungsbuches enthält viele Aufgaben im Stil der Prüfungsaufgaben. In der Mitte des Buches befindet sich der blaue Tippteil mit Denk- und Lösungshilfen. Die Lösungen mit ausführlichem Lösungsweg bilden den dritten Teil des Übungsbuchs. Hier findet man die notwendigen Formeln, Rechenverfahren, Denkschritte und sinvolle alternative Lösungswege.

Das Übungsbuch ist eine Hilfe zum Selbstlernen und bietet die Möglichkeit, sich intensiv auf die Prüfung vorzubereiten und gezielt Themen zu vertiefen. Es fördert auch das Grundwissen und die Grundkompetenzen in Mathematik, vom einfachen Rechnen und Formelanwenden bis zu gedanklichen Zusammenhängen. Hat man Erfolg bei den grundlegenden Aufgaben, machen Mathematik und Lernen mehr Spaß.

Fast alle Aufgaben sind gleichermaßen für den Grund- und Leistungskurs geeignet. Aufgaben, die nur für den Leistungskurs relevant sind, sind mit (LK) gekennzeichnet.

MeinMatheAbi.de

Auf dem Portal www.MeinMatheAbi.de finden Sie weitere Materialien:

- Viele Lernvideos, in denen die grundlegenden Themen erklärt werden.
- Lernkarten zum Online-Lernen und eine Lernkarten-App.
- Anleitungen für diverse Taschenrechner.

Allen Schülerinnen und Schülern, die sich auf das Abitur vorbereiten, wünschen wir viel Erfolg.

Helmut Gruber, Robert Neumann

Grafikfähige Taschenrechner richtig nutzen

Die im Abitur verwendeten grafikfähigen Taschenrechner (GTR/CAS) können sehr viel mehr als nur die Grundrechenarten: Sie können z.B. lineare Gleichungssysteme und beliebige Gleichungen lösen, Integrale berechnen, Graphen zeichnen, Extrempunkte berechnen, Binomialverteilungen bestimmen, etc.

Daher befindet sich im Buch an den Stellen, wo es Sinn macht, die entsprechende Funktion des GTR/CAS zu nutzen, ein QR-Code und ein Direktlink auf das entsprechende Video, in dem diese Funktion des Tachenrechners kurz erklärt wird.* Der QR-Code kann mit einer entsprechenden App gescannt werden. Alternativ lässt sich auch der Link unter dem Code benutzen.

 Der Code neben diesem Text verweist beispielsweise auf ein Video zum Bestimmen der kumulierten Binomialverteilung.

frv.tv/as

Der Ablauf der Abiturprüfung*

Im Abitur sind, neben einer mathematischen Formelsammlung und einem deutschen Wörterbuch ein wissenschaftlicher Taschenrechner mit Grafikfähigkeit GTR oder ein Computer-Algebra-System (CAS) erlaubt.

Die Prüfung besteht aus zwei Teilen: Dem 1. Prüfungsteil (Aufgabenteil A, der sogenannte «Hilfsmittelfrei Teil», der ohne Hilfsmittel zu bearbeiten ist) und dem 2. Prüfungsteil (Aufgabenteil B, Hilfsmittel zugelassen).

Die Schule erhält für den 1. Prüfungsteil (Aufgabenteil A) für den Grund- und Leistungskurs je einen Satz HMF-Aufgaben, die ohne Hilfsmittel zu bearbeiten sind. Für die Bearbeitung dieses Aufgabenteils sind maximal 45 Minuten vorgesehen. Nachdem der Prüfling die Aufgaben und die Lösung abgegeben hat, erhält er die Aufgaben des Prüfungsteils B und die dafür zugelassenen Hilfsmittel (GTR oder CAS), sowie die Formelsammlung.

Grundkurs

Die Fachlehrkraft erhält 5 Aufgaben für den 2. Prüfungsteil: zwei Analysisaufgaben, eine Aufgabe zur vektoriellen Geometrie und zwei Aufgaben zur Stochastik, davon eine mit dem Schwerpunkt stochastische Matrizen.

Es werden 2 Aufgaben ausgewählt, darunter eine Analysisaufgabe und eine Aufgabe zur vektoriellen Geometrie oder Stochastik.

Leistungskurs

Die Fachlehrkraft erhält 5 Aufgaben für den 2. Prüfungsteil: zwei Analysisaufgaben, eine Aufgabe zur vektoriellen Geometrie und zwei Aufgaben zur Stochastik, davon eine mit dem Schwerpunkt stochastische Matrizen.

---

*Quelle: https://www.standardsicherung.schulministerium.nrw.de/cms/zentralabitur-gost

Inhaltsverzeichnis

Es werden 3 Aufgaben ausgewählt, dabei muss aus jedem der drei Gebiete Analysis, vektorielle Geometrie und Stochastik eine Aufgabe ausgewählt werden.

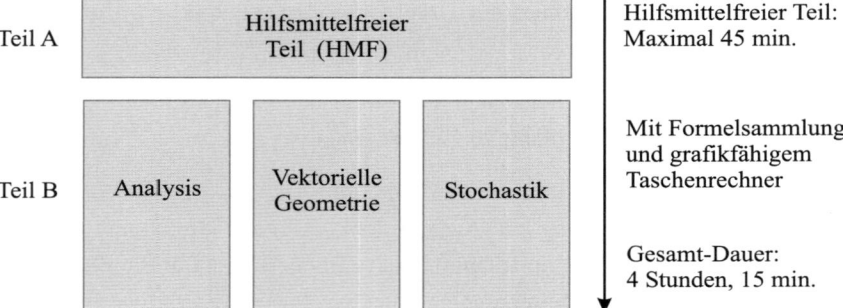

1. Prüfungsteil (HMF)

Analysis

Tipps ab Seite 77, Lösungen ab Seite 113

1. Eine Funktion f hat folgende Eigenschaften:

   (1) $f(2) = 1$
   (2) $f'(2) = 0$
   (3) $f''(4) = 0$ und $f'''(4) \neq 0$
   (4) Für $x \to +\infty$ und $x \to -\infty$ gilt: $f(x) \to 5$

   a) Beschreiben Sie für jede dieser vier Eigenschaften, welche Bedeutung sie für den Graphen von f hat.

   b) Skizzieren Sie einen möglichen Verlauf des Graphen.

2. Gegeben sind die in IR definierten Funktionen f, g und h mit
   $f(x) = x^2 - x + 1$, $g(x) = x^3 - x + 1$ und $h(x) = x^4 + x^2 + 1$.

   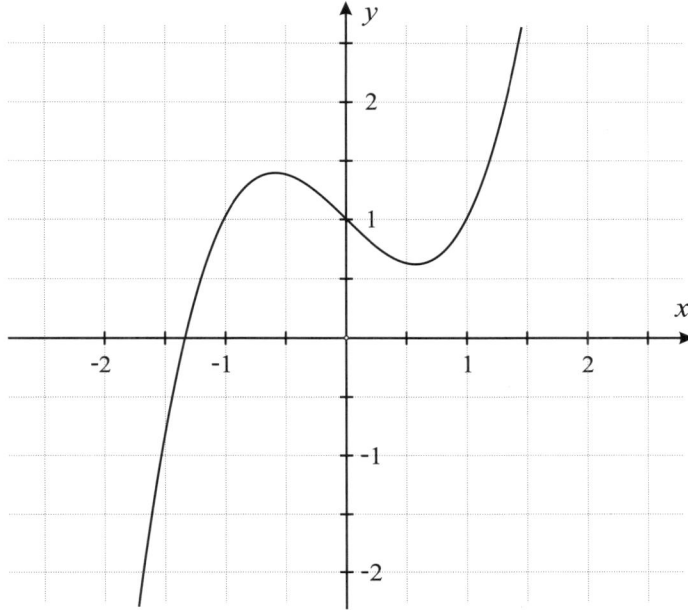

   a) Die Abbildung zeigt den Graphen einer der drei Funktionen. Geben Sie an, um welche Funktion es sich handelt. Begründen Sie, dass der Graph die anderen beiden Funktionen nicht darstellt.

b) Die erste Ableitung von h ist h'.
Bestimmen Sie den Wert von $\int_0^1 h'(x)\,dx$.

3. Der Graph der Funktion f mit $f(x) = -x^3 + 3x^2 - x - 3$ besitzt einen Wendepunkt.

   a) Bestimmen Sie eine Gleichung der Tangente t in diesem Wendepunkt.

   b) Berechnen Sie die Koordinaten des Schnittpunkts von t mit der x-Achse.

4. Gegeben sind die Graphen zweier Funktionen f und g und deren Stammfunktionen F und G sowie den Ableitungsfunktionen f' und g'.
   Ordnen Sie jeweils die Graphen den entsprechenden Funktionen zu und begründen Sie kurz Ihre Vorgehensweise.

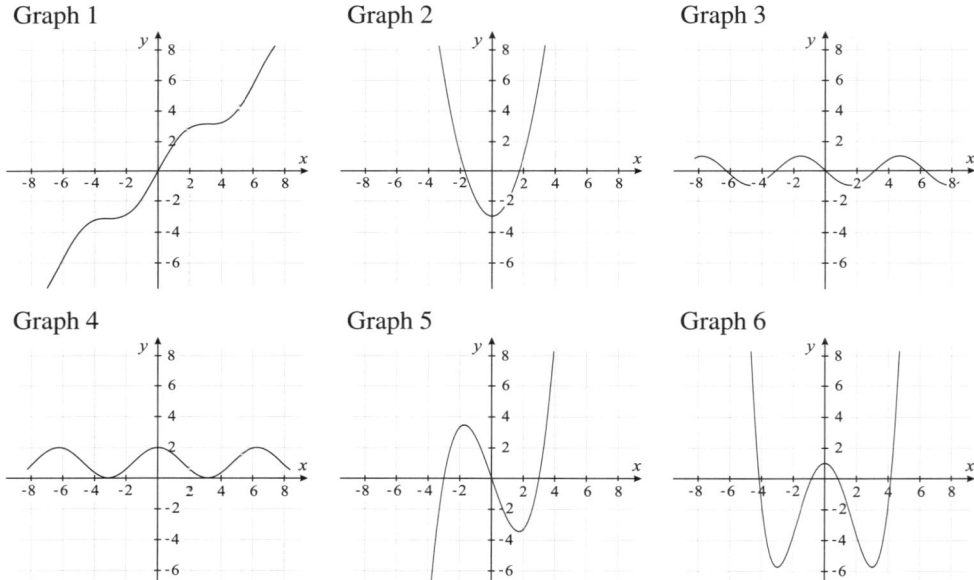

Graph 1 Graph 2 Graph 3 Graph 4 Graph 5 Graph 6

5. Gegeben sind die Funktionen f und g mit $f(x) = 4 - x^2$ und $g(x) = x^2 - 4$. Ihre Graphen seien K_f und K_g.

   a) Bestimmen Sie die Schnittstellen der beiden Graphen.

   b) Geben Sie einen Rechenausdruck für den Flächeninhalt der Fläche, welche von K_f und K_g eingeschlossen wird, an.

6. Der Graph einer ganzrationalen Funktion f 3. Grades hat den Wendepunkt $W(0\,|\,0)$ und den Hochpunkt $H(2\;2)$. Bestimmen Sie die zugehörigen Bedingungen und das Gleichungssystem, um den Funktionsterm der Funktion f zu bestimmen.

7. **LK:** In einem Koordinatensystem (vgl. Abbildung 1) werden alle Rechtecke betrachtet, die folgende Bedingungen erfüllen:

   - Zwei Seiten liegen auf den Koordinatenachsen.
   - Ein Eckpunkt liegt auf dem Graphen G_f der Funktion f mit $0 < x < 1$.

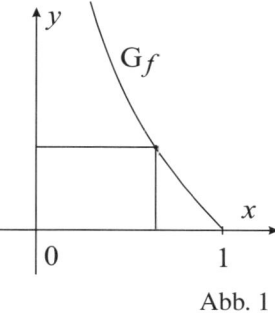

Abb. 1

Abbildung 1 zeigt ein solches Rechteck.
Unter den betrachteten Rechtecken gibt es eines mit größtem Flächeninhalt.
Begründen Sie, mit welcher der folgenden Zielfunktionn der größtmögliche Flächeninhalt berechnet werden kann:

   I) $A(x) = 2 \cdot x + 2 \cdot f(x)$ II) $A(x) = x \cdot f(x)$ III) $A(x) = 2 \cdot x \cdot f(x)$

8. Gegeben ist die in $\mathbb{R}$ definierte Funktion f mit $f(x) = e^x \cdot (2x + x^2)$.

   a) Bestimmen Sie die Nullstellen der Funktion f.

   b) Zeigen Sie, dass die in $\mathbb{R}$ definierte Funktion F mit $F(x) = x^2 \cdot e^x$ eine Stammfunktion von f ist. Geben Sie eine Gleichung einer weiteren Stammfunktion G von f an, für die $G(1) = 2e$ gilt.

9. Die Abbildung zeigt den Graph einer Funktion f. F ist eine Stammfunktion von f. Begründen Sie, dass folgende Aussagen wahr sind:

   (1) F ist im Bereich $-3 \leqslant x \leqslant 1$ monoton wachsend.

   (2) f' hat im Bereich $-3,5 \leqslant x \leqslant 3,5$ drei Nullstellen.

   (3) $\int_0^3 f'(x)\,dx = -1$

   (4) $O(0 \mid 0)$ ist Hochpunkt des Graphen von f'.

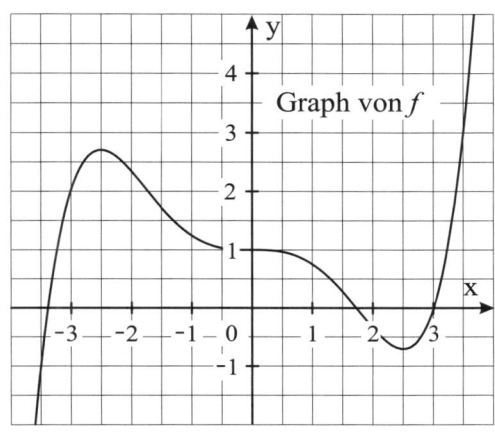

10. Gegeben sind die Funktionen f und g mit $f(x) = e^x$ und $g(x) = -e^{-x} + 2$.

   a) Beschreiben Sie, wie der Graph von g aus dem Graph von f entsteht.

   b) Zeigen Sie, dass sich die Graphen von f und g im Punkt $P(0 \mid 1)$ berühren.

11. Der Graph der Funktion f mit $f(x) = x^2 + bx + c$ hat im Punkt $P(3 \mid 2)$ die Steigung $m = -1$.
   Bestimmen Sie die Gleichung von f.

12. Gegeben ist der Graph der Ableitung f' der Funktion f.

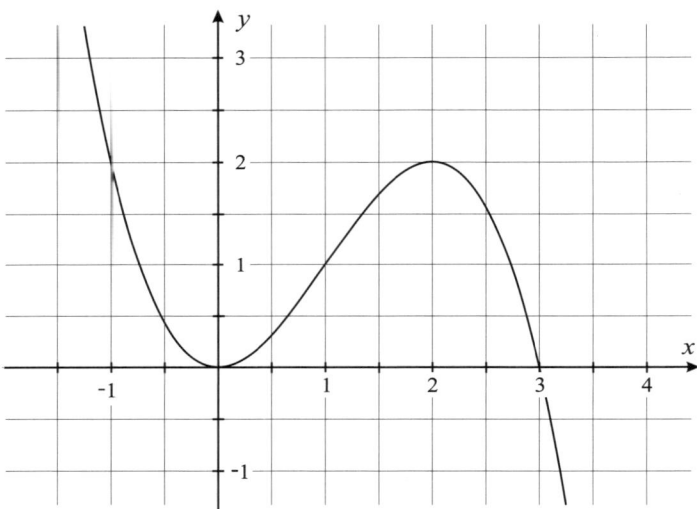

Graph von f'

   a) Welche Aussagen über die Funktion f ergeben sich daraus im Hinblick auf

   - Monotonie
   - Extremstellen
   - Wendestellen?

   Begründen Sie Ihre Aussagen.

   b) Es gilt $f(0) = 2$.
   Skizzieren Sie den Graph von f.

13. **LK:** Gegeben ist die Funktion $f(x) = (x+2)^2 \cdot e^{-x}$ und ihre Ableitung $f'(x) = -(x^2 + 2x) \cdot e^{-x}$.

   a) Berechnen Sie $f''(x)$.

b) In den Abbildungen sind vier verschiedene Funktionsgraphen dargestellt, einer von ihnen gehört zur Funktion f. Geben Sie den entsprechenden Graphen an und begründen Sie Ihre Entscheidung.

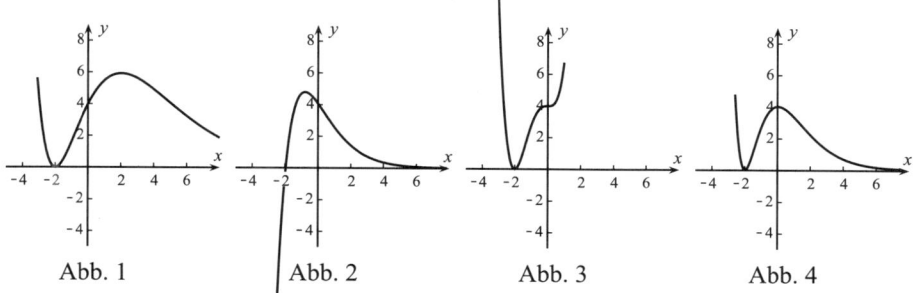

Abb. 1 Abb. 2 Abb. 3 Abb. 4

14. Die Abbildung zeigt den Graphen einer ganzrationalen Funktion f.

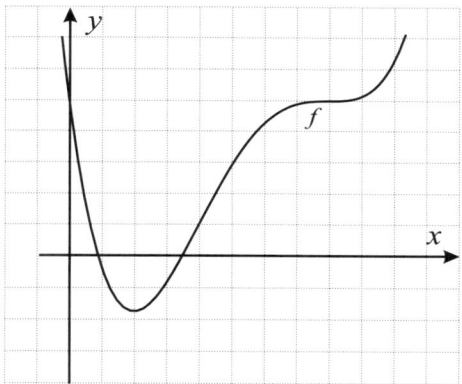

a) Skizzieren Sie in der Abbildung den Graphen der ersten Ableitungsfunktion von f.
b) Begründen Sie, dass der Grad der Funktion f mindestens vier ist.

15. Die Abbildung zeigt den Graph einer Funktion f. F ist eine Stammfunktion von f.

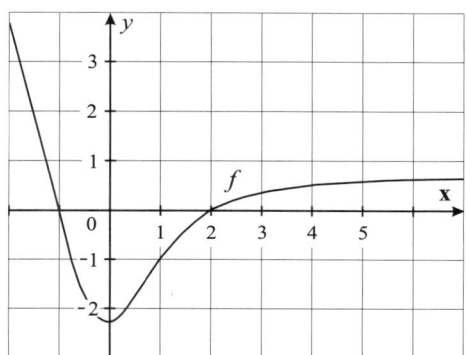

a) Welche Aussagen über F ergeben sich daraus im Bereich $-2 < x < 7$ hinsichtlich
- Extremstellen
- Wendestellen
- Nullstellen?

Begründen Sie Ihre Antworten.

b) Begründen Sie, dass $F(6) - F(2) > 1$ gilt.

16. Gegeben sind die Funktionen f durch $f(x) = x^2 + 2$ und g durch $g(x) = -2x$.

    a) Zeichnen Sie die Graphen von f und g in ein gemeinsames Koordinatensystem.

    b) Berechnen Sie die Stelle, an der die Differenz der Funktionswerte von f und g am kleinsten ist.

17. **LK:** Das Rechteck ABCD mit $A(0|0)$, $B(4|0)$, $C(4|2)$ und $D(0|2)$ wird durch den Graphen der Funktion f mit $f(x) = \frac{1}{8}x^2$; $x \in \mathbb{R}$, $x \geq 0$, in zwei Teilflächen zerlegt.

    a) Zeigen Sie, dass der Punkt C auf dem Graphen von f liegt.

    b) Ermitteln Sie das Verhältnis der Inhalte der beiden Teilflächen.

18. Die Abbildung zeigt den Graphen der Funktion f mit

    $$f(x) = -0,5 \cdot x^3 + 4,5 \cdot x^2 - 12 \cdot x + 8\,;\, x \in \mathbb{R}$$

    a) Zeigen Sie, dass der Graph von f die x-Achse berührt.

    b) Begründen Sie ohne Rechnung, dass die Gleichung

    $$0 = -0,5 \cdot x^3 + 4,5 \cdot x^2 - 12 \cdot x + 8$$

    genau zwei Lösungen hat.

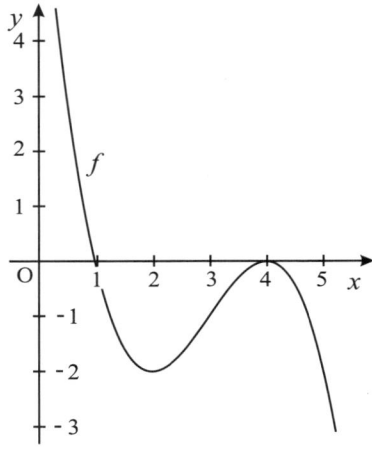

19. **LK:** Gegeben ist die Funktionenschar f_k mit $f_k(x) = (x-k) \cdot e^{\frac{1}{2}x}$ für $k > 0$ und $x \in \mathbb{R}$.
Die Skizze auf der folgenden Seite zeigt die Graphen der Funktionen f_3 und f_4.
Kreuzen Sie in der folgenden Tabelle an, welche der Terme den Inhalt des markierten Flächenstücks A richtig angeben und welche nicht.

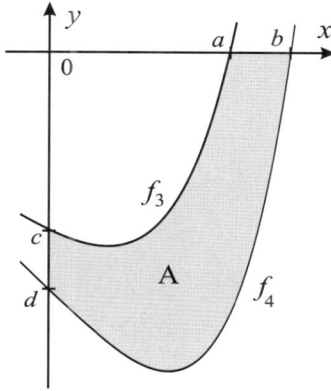

Term	richtig	falsch
$\left\| \int_d^b f_4(x)dx - \int_c^a f_3(x)dx \right\|$		
$\left\| \int_0^a f_4(x)dx - \int_0^b f_3(x)dx \right\|$		
$\left\| \int_0^a f_3(x)dx - \int_0^b f_4(x)dx \right\|$		
$\int_0^b f_4(x)dx - \int_0^a f_3(x)dx$		
$\int_0^a f_3(x)dx - \int_0^b f_4(x)dx$		
$\int_0^b |f_3(x) - f_4(x)|\,dx$		

20. Die Abbildung zeigt den Graphen der Ableitungsfunktion f' einer ganzrationalen Funktion f.
Entscheiden Sie, ob die folgenden Aussagen wahr oder falsch sind.
Begründen Sie jeweils Ihre Antwort.
(1) Der Graph von f hat bei $x = -3$ einen Tiefpunkt.
(2) $f(-2) < f(-1)$
(3) $f''(-2) + f'(-2) < 1$
(4) Der Grad der Funktion f ist mindestens vier.

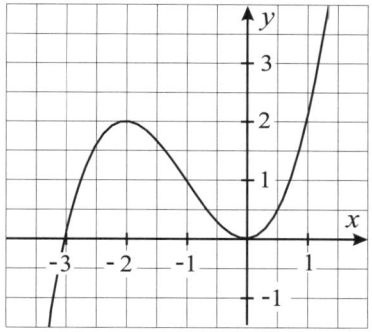

21. **LK:** Mit $V = \pi \int_0^4 \left(4 - \frac{1}{2}x\right)^2 dx$ wird der Rauminhalt eines Körpers berechnet.
Skizzieren Sie diesen Sachverhalt und beschreiben Sie den Körper.

22. Gegeben sind die Funktionen f und g durch $f(x) = -x^3 + 3x^2$ und $g(x) = x^2$.

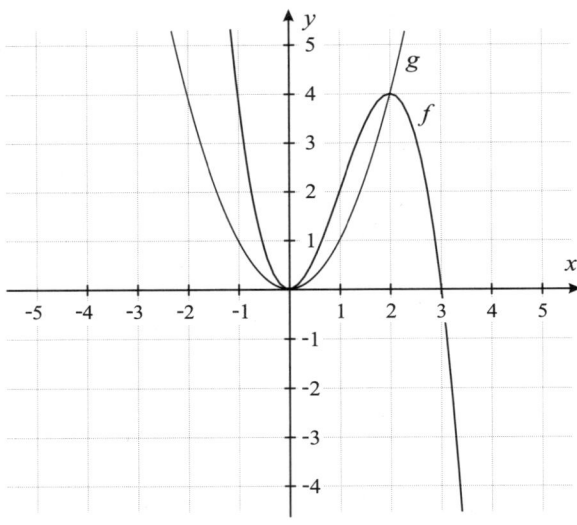

   a) Zeigen Sie, dass sich die Graphen von f und g im Ursprung berühren.

   b) Bestimmen Sie einen Rechenausdruck zur Berechnung der Fläche, die von den Graphen von f und g im 1. Quadranten eingeschlossen wird.

23. **LK:** Durch die Gleichung $f_a(x) = (x^2 - a^2) \cdot e^{ax}$ wird für jede positive Zahl a eine Funktion f_a definiert.

   a) Bestimmen Sie die Nullstellen der Funktion f_a.

   b) Zeigen Sie, dass die positive Nullstelle von f_a niemals eine Extremstelle dieser Funktion sein kann.

24. **LK:** Gegeben ist die Funktionenschar f_a mit $f_a(x) = x \cdot e^{x+a}$. Dabei sei a eine positive reelle Zahl.

   a) Leiten Sie die Gleichung derjenigen Funktion f_a der Schar her, deren Graph durch den Punkt $(-2 \mid -2)$ verläuft.

   b) Weisen Sie nach, dass jede Funktion der Schar einen Graphen mit einem Tiefpunkt hat.

25. **LK:** Für jedes positive reelle a ist eine Funktion f_a gegeben durch $f_a(x) = e^{a \cdot x^2} - e^a; x \in \mathbb{R}$.

   a) Bestimmen Sie die Koordinaten des Punktes $P_a(1 \mid f_a(1))$.

   b) Bestimmen Sie die Gleichung der Tangente t_a an den Graphen der Funktion f_a im Punkt P_a.

Vektorgeometrie

Tipps ab Seite 81, Lösungen ab Seite 129

1. Gegeben sind die zwei Geraden g und h durch

$$g: \vec{x} = \begin{pmatrix} 2 \\ 9 \\ 4 \end{pmatrix} + s \begin{pmatrix} 3 \\ -4 \\ 1 \end{pmatrix}, \quad h: \vec{x} = \begin{pmatrix} 1 \\ 2 \\ 5 \end{pmatrix} + t \begin{pmatrix} 6 \\ -8 \\ 2 \end{pmatrix}; \quad s, t \in \mathbb{R}.$$

   Zeigen Sie, dass g und h parallel sind.

2. **LK:** Gegeben sind die Ebenen E und F mit

$$E: \vec{x} = \begin{pmatrix} 1 \\ 1 \\ 0 \end{pmatrix} + r \cdot \begin{pmatrix} 1 \\ 0 \\ 2 \end{pmatrix} + s \cdot \begin{pmatrix} -1 \\ 1 \\ 0 \end{pmatrix}; \quad r, s \in \mathbb{R}.$$

   bzw.

$$F: \begin{pmatrix} 2 \\ 2 \\ -1 \end{pmatrix} \cdot \left(\vec{x} - \begin{pmatrix} 2 \\ 1 \\ -2 \end{pmatrix} \right) = 0.$$

   a) Zeigen Sie, dass die Ebenen E und F parallel sind.

   b) Bestimmen Sie den Abstand der Ebenen.

3. **LK:** Gegeben sind die Ebene E: $x_1 + x_2 = 4$ und die Gerade $g: \vec{x} = \begin{pmatrix} 1 \\ 3 \\ 3 \end{pmatrix} + r \cdot \begin{pmatrix} 1 \\ -1 \\ 0 \end{pmatrix}$.

   a) Veranschaulichen Sie die Ebene E in einem Koordinatensystem.

   b) Untersuchen Sie die gegenseitige Lage von g und E.

   c) Bestimmen Sie den Abstand des Ursprungs von der Ebene E.

4. Gegeben sind die Punkte $A(3 \mid -2 \mid 1)$, $B(3 \mid 3 \mid 1)$ und $C(6 \mid 3 \mid 5)$.
   Zeigen Sie, dass sich die drei Punkte A, B und C zu einem Quadrat ABCD ergänzen lassen und geben Sie den vierten Punkt D dieses Quadrats an.

5. Gegeben ist das lineare Gleichungssystem:

$$\begin{aligned} 3x_1 - x_2 + 2x_3 &= 7 \\ x_1 + 2x_2 + 3x_3 &= 14 \\ x_1 - 5x_2 - 4x_3 &= -21 \end{aligned}$$

   a) Bestimmen Sie die Lösungsmenge des Gleichungssystems.

   b) **LK:** Interpretieren Sie das Gleichungssystem und seine Lösungsmenge geometrisch.

6. **LK:** Gegeben sind die Ebene E: $3x_1 - 4x_3 = -7$ und der Punkt $P(9 \mid -4 \mid 1)$.

   a) Berechnen Sie den Abstand des Punktes P von der Ebene E.

   b) Der Punkt $S(-1 \mid 1 \mid 1)$ liegt auf E. Bestimmen Sie den Punkt Q auf der Geraden durch S und P, der genauso weit von E entfernt ist wie P.

7. Gegeben ist das Gleichungssystem:

$$\begin{aligned} x_1 - x_2 + x_3 &= 4 \\ 2x_1 - x_2 - 3x_3 &= 7 \\ x_1 + x_2 - 9x_3 &= 2 \end{aligned}$$

   a) Bestimmen Sie die Lösungsmenge.

   b) Verändern Sie das System so, dass die Lösungsmenge leer wird.

8. Gegeben ist das Viereck ABCD mit den Eckpunkten $A(1 \mid 1 \mid 1)$, $B(-2 \mid 2 \mid 5)$, $C(3 \mid -3 \mid 5)$ und $D(6 \mid -4 \mid 1)$.

   a) Weisen Sie nach, dass das Viereck ein Parallelogramm, aber kein Rechteck ist.

   b) Geben Sie die Koordinaten des Mittelpunktes und den Radius eines Kreises an, der durch die Punkte A und C verläuft.

9. Gegeben seien die Vektoren $\vec{u}$, $\vec{v}$ und $\vec{w} \in \mathbb{R}^3$ und die reellen Zahlen r und t. Kreuzen Sie in der folgenden Tabelle an, ob es sich bei dem Ausdruck um einen Vektor oder um eine Zahl handelt, oder ob der Ausdruck nicht definiert ist.

Ausdruck	Vektor	Zahl	nicht definiert
$(\vec{u} \cdot \vec{v}) + \vec{w}$			
$|\vec{u}|^2 - |\vec{w}|^2$			
$(\vec{u} \cdot \vec{u}) + (r-t)^2$			

10. Die Gerade g verläuft durch die Punkte $A(0 \mid 1 \mid 2)$ und $B(2 \mid 5 \mid 6)$.
    Zeigen Sie, dass die Punkte A und B den Abstand 6 haben.
    Die Punkte C und D liegen auf g und haben von A jeweils den Abstand 12.
    Bestimmen Sie die Koordinaten von C und D.

11. Die Punkte $A(0 \mid 1 \mid 2)$, $B(2 \mid 5 \mid 6)$ und $E(1 \mid 2 \mid 5)$ sollen mit einem weiteren Punkt F die Eckpunkte eines Parallelogramms bilden. Für die Lage des vierten Eckpunkts gibt es mehrere Möglichkeiten. Geben Sie für zwei dieser Möglichkeiten die Koordinaten des vierten Eckpunkts an.

Stochastik

Tipps ab Seite 83, Lösungen ab Seite 138

1. In einer Lostrommel sind 3 Gewinne und 7 Nieten. Eine Person kauft 3 Lose.

   a) Berechnen Sie die Wahrscheinlichkeit, dass genau 2 Gewinne gezogen werden.

   b) Wie groß ist die Wahrscheinlichkeit, dass ein Gewinn erst beim dritten Zug gezogen wird?

2. An einem Spielautomaten verliert man durchschnittlich zwei Drittel aller Spiele.

   a) Formulieren Sie ein Ereignis A, für das gilt:

   $$P(A) = \binom{10}{8} \cdot \left(\frac{2}{3}\right)^8 \cdot \left(\frac{1}{3}\right)^2 + 10 \cdot \left(\frac{2}{3}\right)^9 \cdot \frac{1}{3} + \left(\frac{2}{3}\right)^{10}$$

   b) Jemand spielt vier Spiele an dem Automaten.
   Mit welcher Wahrscheinlichkeit verliert er dabei genau zwei Mal?

3. Ein Glücksrad wird für ein Glücksspiel verwendet. Ein Spieler stellt hierzu folgende Rechnung auf:

   $$E(X) = x_1 \cdot P(x_1) + x_2 \cdot P(x_2) + x_3 \cdot P(x_3) + x_4 \cdot P(x_4)$$
   $$= 1\, € \cdot \frac{1}{2} + 2\, € \cdot \frac{1}{4} + 4\, € \cdot \frac{1}{8} + 6\, € \cdot \frac{1}{8}$$

   a) Beschreiben Sie, wie das zugehörige Glücksrad aussehen könnte.

   b) Wie hoch müsste der Einsatz des Spielers sein, damit er mit einem durchschnittlichen Gewinn von 75 Cent rechnen kann?

4. a) Eine Zufallsgröße X ist binomialverteilt mit den Parametern $n = 72$ und $p = \frac{1}{3}$.
   Geben Sie den Erwartungswert und die Standardabweichung von X an.

   b) Eine Zufallsgröße Y hat die folgende Wahrscheinlichkeitsverteilung:

Wert k	0	1	29
Wahrscheinlichkeit	$\frac{1}{2}$	$\frac{3}{8}$	$\frac{1}{8}$

   Bestimmen Sie den Erwartungswert der Zufallsgröße Y.

5.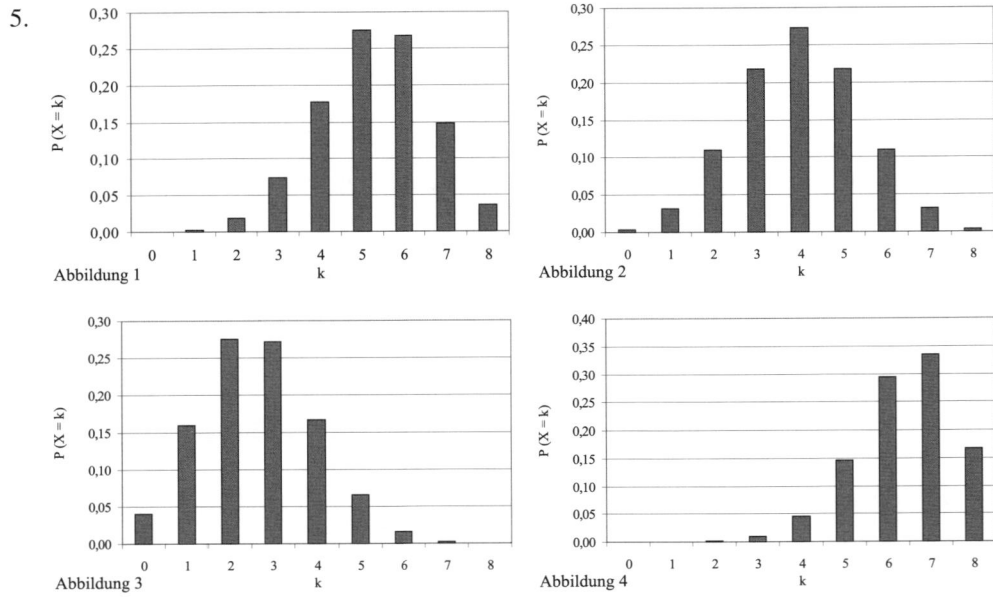

Abbildung 1

Abbildung 2

Abbildung 3

Abbildung 4

Die Zufallsvariable X ist binomialverteilt mit $n = 8$ und $p = 0,5$.

a) Berechnen Sie den Erwartungswert von X und begründen Sie, welche der Abbildungen die Verteilung von X beschreibt.

b) Bestimmen Sie mithilfe der Abbildung näherungsweise $P(3 \leq X < 6)$ und $P(X \neq 4)$.

6. **LK:** Die Zufallsgröße X kann die Werte 0, 1, 2 und 3 annehmen. Die Tabelle zeigt die Wahrscheinlichkeitsverteilung von X mit $p_1, p_2 \in [0; 1]$.

k	0	1	2	3
$P(X=k)$	p_1	$\frac{3}{10}$	$\frac{1}{5}$	p_2

Zeigen Sie, dass der Erwartungswert von X nicht größer als $2,2$ sein kann.

7. **LK:** Neun Spielkarten (vier Asse, drei Könige und zwei Damen) liegen verdeckt auf dem Tisch.

a) Peter dreht zwei zufällig gewählte Karten um und lässt sie aufgedeckt liegen. Berechnen Sie die Wahrscheinlichkeit folgender Ereignisse:
A: Es liegt kein Ass aufgedeckt auf dem Tisch.
B: Eine Dame und ein Ass liegen aufgedeckt auf dem Tisch.

b) Die neun Spielkarten werden gemischt und erneut verdeckt ausgelegt. Laura dreht nun so lange Karten um und lässt sie aufgedeckt auf dem Tisch liegen, bis ein Ass erscheint. Die Zufallsvariable X gibt die Anzahl der aufgedeckten Spielkarten an.

Welche Werte kann X annehmen?
Berechnen Sie P(X ⩽ 2).

8. **LK:** Gegeben sind ein Zufallsexperiment und die Ereignisse A und B mit $P(A) = 0,3$, $P_A(B) = 0,6$ und $P_{\overline{A}}(\overline{B}) = 0,1$.

   a) Vervollständigen Sie das folgende Baumdiagramm, indem Sie auf die dafür vorgesehenen Linien sowohl die Schreibweise für die entsprechenden Wahrscheinlichkeiten als auch deren Werte eintragen.

   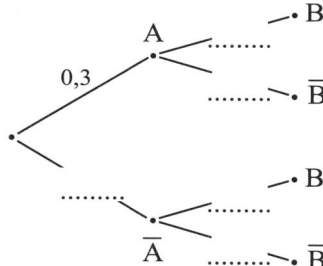

   b) Es sei weiterhin $P(A) = 0,3$ und $P_A(B) = 0,6$.
   Bestimmen Sie nun $P_{\overline{A}}(\overline{B})$ so, dass die Ereignisse A und B stochastisch unabhängig sind.

9. **LK:** Ein Glücksrad ist in einen blauen, einen gelben und einen roten Sektor unterteilt. Beim Drehen des Glücksrades tritt «Blau» mit der Wahrscheinlichkeit p und «Rot» mit der Wahrscheinlichkeit 2p ein.

   a) Geben Sie an, welche Werte von p bei diesem Glücksrad möglich sind.

   b) Das Glücksrad wird zweimal gedreht.
   Betrachtet wird das Ereignis E: «Es tritt mindestens einmal «Rot» ein.»
   Bestimmen Sie die Wahrscheinlichkeit des Ereignisses E in Abhängigkeit von p.

10. Bei der Herstellung von Tassen werden erfahrungsgemäß 80% fehlerfrei glasiert. Man entnimmt der laufenden Produktion rein zufällig 10 Tassen.

    a) Bestimmen Sie einen Term zur Berechnung der Wahrscheinlichkeit des Ereignisses A: «Von den entnommenen Tassen ist nur die 8. nicht fehlerfrei glasiert».

    b) Beschreiben Sie in Worten ein Ereignis B, dessen Wahrscheinlichkeit folgendermaßen berechnet wird:

    $$P(B) = \binom{10}{0} \cdot 0,8^{10} + \binom{10}{1} \cdot 0,8^9 \cdot 0,2^1 + \binom{10}{2} \cdot 0,8^8 \cdot 0,2^2$$

11. Für ein Zufallsexperiment wird eine Zufallsvariable X festgelegt, welche die drei Werte −2, 1 und 2 annehmen kann. In der Abbildung ist die Wahrscheinlichkeitsverteilung von

X dargestellt.

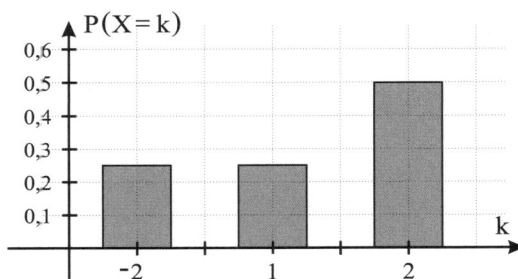

a) Ermitteln Sie mithilfe der Abbildung den Erwartungswert der Zufallsvariablen X.

b) Das Zufallsexperiment wird zweimal durchgeführt. Dabei wird jeweils der Wert der Zufallsvariablen X notiert.
Bestimmen Sie die Wahrscheinlichkeit dafür, dass die Summe dieser beiden Werte negativ ist.

12. Ein Glücksrad hat drei farbige Sektoren, die beim einmaligen Drehen mit folgenden Wahrscheinlichkeiten angezeigt werden:

$$\text{Rot}: 20\% \quad \text{Grün}: 30\% \quad \text{Blau}: 50\%$$

Das Glücksrad wird n-mal gedreht.
Die Zufallsvariable X gibt an, wie oft die Farbe rot angezeigt wird.

a) Begründen Sie, dass X binomialverteilt ist.

b) Die Tabelle zeigt einen Ausschnitt der Wahrscheinlichkeitsverteilung von X:

k	0	1	2	3	4	5	6	7	...
P(X = k)	0,01	0,06	0,14	0,21	0,22	0,17	0,11	0,05	...

Bestimmen Sie die Wahrscheinlichkeit, dass mindestens dreimal Rot angezeigt wird.

13. Bei der Wintersportart Biathlon wird bei jeder Schießeinlage auf fünf Scheiben geschossen. Ein Biathlet tritt bei einem Einzelrennen zu einer Schießeinlage an, bei der er auf jede Scheibe einen Schuss abgibt. Diese Schießeinlage wird modellhaft durch eine Bernoullikette mit der Länge 5 und der Trefferwahrscheinlichkeit p beschrieben.

a) Geben Sie für die folgenden Ereignisse A und B jeweils einen Term an, der die Wahrscheinlichkeit des Ereignisses in Abhängigkeit von p beschreibt.
A: «Der Biathlet trifft bei genau vier Schüssen.»
B: «Der Biathlet trifft nur bei den ersten beiden Schüssen.»

b) Erläutern Sie anhand eines Beispiels, dass die modellhafte Beschreibung der Schießeinlage durch eine Bernoullikette unter Umständen der Realität nicht gerecht wird.

14. Eine Population von Insekten enthält Tiere mit roter und blauer Farbe.
Insekten mit roter Farbe haben zu 70% wieder Nachkommen mit roter Farbe und zu 30% mit blauer Farbe.
Insekten mit blauer Farbe haben zu 80% wieder Nachkommen mit blauer Farbe und zu 20% mit roter Farbe.
Zeichnen Sie ein Übergangsdiagramm mit R (rot) und B (blau) und vervollständigen Sie die zugehörige Übergangsmatrix $M = \begin{pmatrix} \ldots & 0,2 \\ \ldots & 0,8 \end{pmatrix}$.

15. Gegeben ist die Matrix $A = \begin{pmatrix} 0,9 & 0,2 \\ 0,1 & 0,8 \end{pmatrix}$.
Zeigen Sie, dass $\vec{v} = \begin{pmatrix} -1 \\ 1 \end{pmatrix}$ und $A \cdot \vec{v}$ Vielfache voneinander sind.

16. In bestimmten Regionen der Welt stellt Landflucht ein großes Problem dar. In einem Staat flüchten jährlich 40% der Landbevölkerung in die Stadt, während nur 10% der Stadtbewohner auf das Land wechseln.

   a) Stellen Sie den Sachverhalt in einem Übergangsdiagramm mit S (Stadt) und L (Land) dar und vervollständigen Sie die zugehörige Übergangsmatrix $A = \begin{pmatrix} 0,9 & \ldots \\ 0,1 & \ldots \end{pmatrix}$.

   b) Berechnen Sie die Verteilung der Bevölkerung nach einem Jahr, wenn zu Beginn 30% der Bevölkerung in der Stadt leben.

17. **LK:** Der Entwicklungszyklus von Salamandern in einem Beobachtungszeitraum lässt sich folgendermaßen beschreiben:
40% der Jungtiere bekommen einen Nachfahren, 70% der Jungtiere wechseln die Altersklasse, 30% der Alttiere bekommen einen Nachfahren, 20% der Alttiere sterben.
Durch die Matrix $M = \begin{pmatrix} 0,4 & 0,3 \\ 0,7 & \ldots \end{pmatrix}$ soll der Entwicklungszyklus beschrieben werden.

   a) Vervollständigen Sie die Matrix M, erläutern Sie die Werte 0,4 und 0,7 der Matrix M.

   b) Berechnen Sie die Verteilung von Jung- und Alttieren nach zwei Jahren, wenn es zu Beginn 200 Jungtiere und 100 Alttiere gab.

18. **LK:** Ein Computerspielverleih besitzt in einer Stadt drei Filialen: A, B und C. Die Spiele werden nach einem vom Besitzer als optimal eingeschätzten Verfahren am Ende des Monats rotiert:
Zum Monatswechsel wechseln 10% der Spiele von A zu B und 5% zu C. 15% der Spiele bei B werden zu A gesandt und 10% zu C. Filiale C sendet je 5% der Spiele an A und B.

a) Zeichnen Sie einen Übergangsgraphen, eine entsprechende Tabelle und bestimmen Sie eine Übergangsmatrix dieses Prozesses.

b) Geben Sie die Verteilung der Filme für den folgenden Monat an, wenn es 100 Filme in Filiale A, 200 Filme in Filiale B und 300 Filme in Filiale C gibt.

2. Prüfungsteil (GTR/CAS)

Analysis

1 Bergstollen

Tipps ab Seite 87, Lösungen ab Seite 150

Der Querschnitt eines 50 Meter langen Bergstollens wird modellhaft beschrieben durch die x-Achse und den Graphen der Funktion f mit

$$f(x) = 0,02x^4 - 0,82x^2 + 8 \; ; \; -4 \leqslant x \leqslant 4 \; (x \text{ und } f(x) \text{ in Meter}).$$

a) An welchen Stellen verlaufen die Wände des Stollens am steilsten?
Welchen Winkel schließen die Wände an diesen Stellen mit der Horizontalen ein?
Nach einem Wassereinbruch steht das Wasser im Stollen 1,7 m hoch.
Wie viel Wasser befindet sich in dem Stollen?

b) Im Stollen soll in 6 m Höhe eine Lampe aufgehängt werden.
Aus Sicherheitsgründen muss die Lampe mindestens 1,4 m von den Wänden entfernt sein.
Überprüfen Sie, ob dieser Abstand eingehalten werden kann.

c) Ein würfelförmiger Behälter soll so in den Stollen gestellt werden, dass er auf einer seiner Seitenflächen steht.
Wie breit darf der Behälter höchstens sein?

2 Küstenlinie

Tipps ab Seite 87, Lösungen ab Seite 153

Ein Naturschutzgebiet hat in idealisierter Weise den dargestellten Küstenverlauf. Im Scheitel der Bucht zwischen den zwei Kaps – diese entsprechen den Punkten C und D – befindet sich ein Hafen (Punkt B). Zur näherungsweisen Beschreibung des Gebiets wird ein rechtwinkliges Koordinatensystem so gelegt, dass der Punkt A im Nullpunkt liegt und die x-Achse das Naturschutzgebiet begrenzt.
Die Koordinaten der Punkte B und C sind gegeben: $B(1 \mid 2)$ und $C(2 \mid 4)$.
Eine Längeneinheit soll 10 km in der Realität entsprechen.

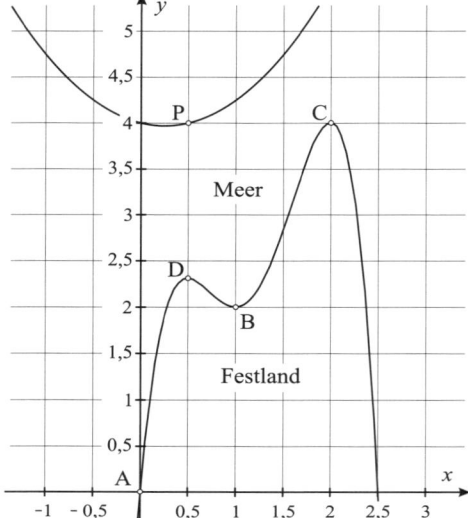

a) Begründen Sie, warum der Küstenverlauf durch eine Polynomfunktion f 4. Grades modelliert werden kann und geben Sie die Bedingungen an, die diese Funktion f notwendigerweise erfüllen muss.
Bestimmen Sie die zugehörige Funktionsgleichung der Funktion f.
Teilergebnis: $f(x) = -3x^4 + 14x^3 - 21x^2 + 12x$.

b) Zwischen den Spitzen der beiden Kaps C und D soll eine Richtfunkstrecke eingerichtet werden. Berechnen Sie die Entfernung von C und D.

c) Vom Hafen B startet ein Ausflugsboot zum nächstgelegenen Punkt der gegenüberliegenden Küste. Diese Küstenlinie wird beschrieben durch die Funktion $k(x) = 0{,}5x^2 - 0{,}25x + 4$.
Berechnen Sie die Länge der Fahrtstrecke, wenn das Boot den kürzesten Weg wählt.

d) Bestimmen Sie den Kurs, d.h. den Winkel zur Nordrichtung, den das Boot einschlagen muss, um von B zum Punkt $P(0{,}5 \mid 4)$ zu gelangen.

e) Aus historischen Landkarten geht hervor, dass in früheren Jahrhunderten die Küstenlinie einen anderen Verlauf hatte. Diese alte Küstenlinie ging durch die Punkte B und C des heutigen Naturschutzgebiets und lässt sich durch die Funktion g mit
$g(x) = 0{,}5x^2 + 0{,}5x + 1$ beschreiben.
Berechnen Sie den Landgewinn für das Gebiet, welches durch die x-Achse, die beiden Parallelen zur y-Achse durch A bzw. C, sowie die Küste begrenzt wird und begründen Sie Ihr Vorgehen.

3 Gelände

Tipps ab Seite 88, Lösungen ab Seite 156

Der Graph der Funktion f mit $f(x) = -0,1x^3 + 0,5x^2 + 3,6$ beschreibt modellhaft für $-1 \leqslant x \leqslant 5$ das Profil eines Geländequerschnitts. Die positive x-Achse weist nach Osten, $f(x)$ gibt die Höhe über dem Meeresspiegel an (1 Längeneinheit entspricht 100 m).

a) Skizzieren Sie den Graphen von f.
   Auf welcher Höhe liegt der höchste Punkt des Profils?
   In dem Tal westlich dieses Punktes befindet sich ein See, der im Geländequerschnitt an seiner tiefsten Stelle 10 m tief ist.
   Bestimmen Sie die Breite des Sees im Geländequerschnitt.
   Ab einer Hangneigung von 30° besteht die Gefahr, dass sich Lawinen lösen.
   Besteht an der steilsten Stelle des Profils zwischen See und höchstem Punkt Lawinengefahr?

b) Am Hang zwischen dem höchsten Punkt und dem westlich davon gelegenen Tal befindet sich ein in den Hang gebautes Gebäude, dessen rechteckige Seitenwand im Geländequerschnitt liegt.

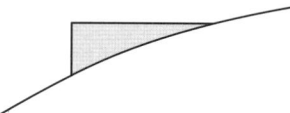

   Die Abbildung zeigt den sichtbaren Teil dieser Seitenwand.
   Die Oberkante der Wand verläuft waagrecht auf 540 m Höhe.
   Von dieser Kante sind 28 m sichtbar.
   Berechnen Sie die Länge der westlichen Wandseite.
   Untersuchen Sie, ob der Flächeninhalt des sichtbaren Wandteils größer als 130 m² ist.

c) Der weitere Verlauf des Profils nach Osten hin kann durch eine Parabel zweiter Ordnung modelliert werden, die sich ohne Knick an den Graphen von f anschließt. Ihr Scheitel liegt bei $x = 6$ und beschreibt den tiefsten Punkt des benachbarten Tals.
   Auf welcher Höhe befindet sich dieser Punkt?

4 Straße

Tipps ab Seite 89, Lösungen ab Seite 160

Die Abbildung zeigt den Verlauf einer Umgehungsstraße zur Entlastung der Ortsdurchfahrt AB einer Gemeinde. Das Gemeindegebiet ist kreisförmig mit dem Mittelpunkt M und dem Radius 1,5 km. Die Umgehungsstraße verläuft durch die Punkte A und B und wird beschrieben durch die Funktion f mit

$$f(x) = -0,1x^3 - 0,3x^2 + 0,4x + 3,2$$

1 LE entspricht 1 km.

a) Welche Koordinaten hat der nördlichste Punkt der Umgehungsstraße?
   Wie weit ist dieser Punkt vom Ortsmittelpunkt M entfernt?
   Die Umgehungsstraße beschreibt eine Linkskurve und eine Rechtskurve.
   Bestimmen Sie den Punkt, in dem diese beiden Abschnitte ineinander übergehen.
   Zeigen Sie, dass die Umgehungsstraße im Punkt A ohne Knick in die Ortsdurchfahrt einmündet.

b) Zur Bewertung von Grundstücken wird die Fläche zwischen der Ortsdurchfahrt und der Umgehungsstraße vermessen.
   Wie viel Prozent dieser Fläche liegen außerhalb des Gemeindegebiets?

c) Im Punkt $P(1,5 \mid 3)$ befindet sich eine Windkraftanlage.
   Ein Fahrzeug fährt von B aus auf der Umgehungsstraße.
   Von welchem Punkt der Umgehungsstraße aus sieht der Fahrer die Windkraftanlage genau in Fahrtrichtung vor sich?
   In welchem Punkt der Umgehungsstraße fährt ein Fahrzeug parallel zur Ortsdurchfahrt AB?

5 Brosche

Tipps ab Seite 90, Lösungen ab Seite 163

Ein Goldschmied möchte eine neue Schmuckform in seine Kollektion aufnehmen. Ein Entwurf zeigt die Designvorlage für eine Brosche (siehe Material 1 auf der Folgeseite).
Die Trennlinie, die den Kreis in zwei gleich große Teile teilt, kann durch eine Funktion dritten Grades beschrieben werden (Angaben in Zentimetern).

a) Berechnen Sie die Funktion f dritten Grades mithilfe von Material 1. Erläutern Sie Ihren Ansatz.
[zur Kontrolle: $f(x) = \frac{2}{9}x^3 - \frac{8}{9}x$]

b) Der schraffierte Bereich in Material 1 soll mit einer Schichtdicke von $0,001\,\text{cm}$ vergoldet werden. $1\,\text{cm}^3$ der verwendeten Legierung hat eine Masse von $12\,\text{g}$.
Berechnen Sie die für eine Brosche benötigte Masse der Legierung.

c) Bei einer zweiten Variante der Brosche wird zusätzlich zu der durch f gegebenen Linie eine zweite Linie angebracht, die durch eine Funktion g mit $g(x) = a \cdot f(x)$, $a \geqslant 1$ beschrieben werden kann (siehe Material 2 auf der Folgeseite).
Beschreiben Sie, wie der Graph von g aus dem Graphen von f hervorgeht. Nehmen Sie dabei auch Bezug auf die Lage der Nullstellen und Extrempunkte.
Bestimmen Sie den Faktor a so, dass der schraffierte Flächeninhalt $1,6\,\text{cm}^2$ beträgt.

d) k ist die Kreisfunktion, die den oberen halbkreisförmigen Rand der Brosche im Intervall $[-2;2]$ beschreibt.
Erläutern Sie die Zeilen (1) bis (3) im nebenstehenden Kasten und deuten Sie das Ergebnis im Sachzusammenhang.

(1) $k(x) = g(x)$
(2) Lösung: $x_1 = -2$, $x_2 = 2$,
$x_{3,4} = -\dfrac{\sqrt{8a \pm 2\sqrt{16a^2-81}}}{2\sqrt{a}}$
(3) $16a^2 - 81 \geqslant 0 \Rightarrow a \geqslant 2{,}25$

5. Brosche

Material 1

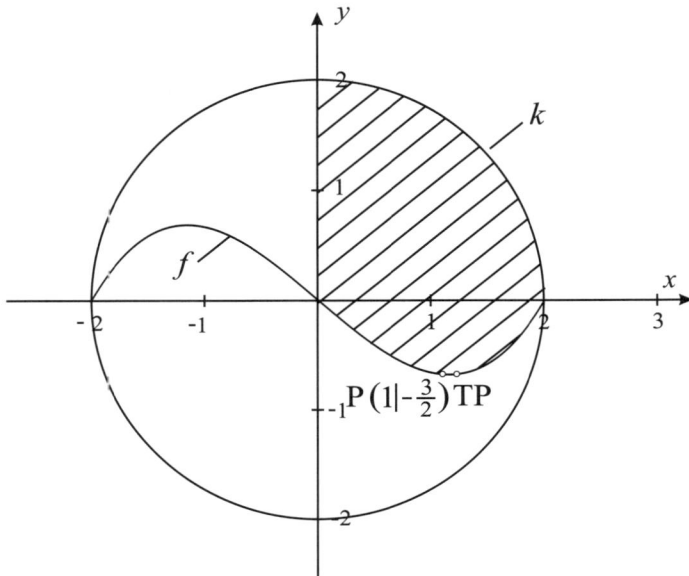

Hinweis: Die Angabe des Tiefpunktes (TP) dient nur zur Orientierung.

Material 2

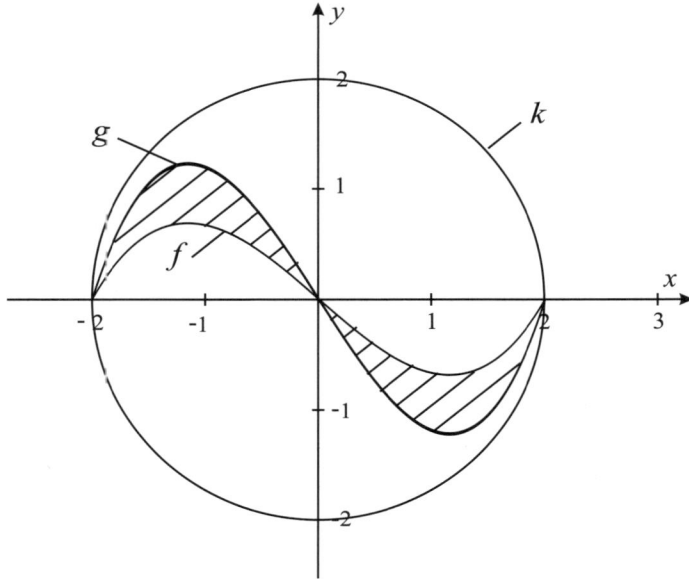

6 Medikament

Tipps ab Seite 91, Lösungen ab Seite 166

Durch $f(t) = 20t \cdot e^{-0,5t}$ wird modellhaft die Konzentration eines Medikaments im Blut eines Patienten beschrieben. Dabei wird t in Stunden seit der Einnahme und $f(t)$ in $\frac{mg}{l}$ gemessen. Die folgenden Betrachtungen sind nur für die Zeitspanne der ersten 12 Stunden nach der Einnahme des Medikaments durchzuführen.

a) Skizzieren Sie den zeitlichen Verlauf der Konzentration.
   Nach welcher Zeit erreicht die Konzentration ihren höchsten Wert?
   Wie groß ist dieser höchste Wert?
   Das Medikament ist nur wirksam, wenn seine Konzentration im Blut mindestens $4\,\frac{mg}{l}$ beträgt.
   Berechnen Sie die Zeitspanne, in der das Medikament wirksam ist.
   Wie hoch ist die mittlere Konzentration innerhalb der ersten 12 Stunden?

b) Zu welchem Zeitpunkt wird das Medikament am stärksten abgebaut?
   Wie groß ist zum Zeitpunkt $t = 4$ die momentane Änderungsrate der Konzentration?
   Ab diesem Zeitpunkt wird die Konzentration des Medikaments nun näherungsweise durch die Tangente an das Schaubild von f an der Stelle $t = 4$ beschrieben.
   Bestimmen Sie damit den Zeitpunkt, zu dem das Medikament vollständig abgebaut ist.

c) Anstelle der Näherung aus Teilaufgabe b) wird nun wieder die Beschreibung der Konzentration durch f verwendet.
   Vier Stunden nach der ersten Einnahme wird das Medikament in der gleichen Dosierung erneut eingenommen. Es wird angenommen, dass sich dabei die Konzentrationen im Blut des Patienten addieren.
   Skizzieren Sie den zeitlichen Verlauf der Gesamtkonzentration für $0 \leqslant t \leqslant 12$.
   Die Konzentration des Medikaments im Blut darf $20\,\frac{mg}{l}$ nicht übersteigen.
   Wird diese Vorgabe in diesem Fall eingehalten?

d) Das Medikament wird nun in seiner Zusammensetzung verändert.
   Die Konzentration des Medikaments im Blut wird durch
   $g(t) = at \cdot e^{-bt}$ mit $a > 0$ und $b > 0$ beschrieben.
   Dabei wird t in Stunden seit der Einnahme und $g(t)$ in $\frac{mg}{l}$ gemessen.
   Bestimmen Sie die Konstanten a und b, wenn die Konzentration vier Stunden nach der Einnahme ihren größten Wert von $10\,\frac{mg}{l}$ erreicht.

7 Smartphone

Tipps ab Seite 91, Lösungen ab Seite 169

In einem Fachgeschäft wird eine Werbeaktion für ein spezielles Smartphone durchgeführt. Die täglichen Verkaufszahlen lassen sich näherungsweise durch die Funktion g mit

$$g(t) = 30 \cdot t \cdot e^{-0,1 \cdot t}$$

beschreiben. Hierbei steht t für die Zeit in Tagen nach Beginn der Werbeaktion und $g(t)$ für die Anzahl der verkauften Smartphones pro Tag.

a) Berechnen Sie den Zeitpunkt, an dem die meisten Smartphones (pro Tag) verkauft werden, und bestimmen Sie die ungefähre Anzahl der verkauften Geräte an diesem Tag.

Im Folgenden werden die jährlichen Verkaufszahlen von Smartphones in einem Land mit 80 Millionen Einwohnern in den Jahren 2008 bis 2013 betrachtet. Hierzu wird das Jahr 2008 als Startzeitpunkt ($t = 0$) angenommen. Der Wert t beschreibt die Zeit in Jahren nach 2008. Für das Jahr 2012 gilt beispielsweise $t = 4$.

b) Die Entwicklung der Verkaufszahlen von Smartphones in den Jahren 2008 bis 2013 ist in Material 1 angegeben.
Die Daten aus Material 1 sollen als Säulendiagramm dargestellt werden. Zeichnen Sie die fehlenden Säulen in das Material 2.
Zeigen Sie, dass die Entwicklung der Verkaufszahlen von Smartphones in diesem Zeitraum annähernd exponentiell verlief, und bestimmen Sie die Gleichung einer Exponentialfunktion v der Form $v(t) = a \cdot b^t$, welche die Verkaufszahlen von Smartphones modelliert (t: Zeit in Jahren nach 2008, $v(t)$: Anzahl verkaufter Smartphones in Millionen Stück pro Jahr).

c) Im Folgenden wird die Entwicklung der jährlichen Verkaufszahlen der Smartphones durch die Funktion f mit $f(t) = 5 \cdot e^{0,351 \cdot t}$ modelliert (t: Zeit in Jahren nach 2008, $f(t)$: Anzahl verkaufter Smartphones in Millionen Stück pro Jahr).
Skizzieren Sie den Verlauf des Funktionsgraphen von f im Intervall $[-0,5; 5,5]$ in das Säulendiagramm in Material 2.
Berechnen Sie den Wert des Integrals $\int_0^5 f(t)\,dt$ und deuten Sie diesen im Sachzusammenhang.

d) Bestimmen Sie unter Verwendung von Material 1 die Gesamtzahl der in den Jahren 2008 bis einschließlich 2013 tatsächlich verkauften Smartphones.
Vergleichen Sie diesen Wert mit dem Ergebnis aus Aufgabe c) und erklären Sie die Abweichung.
Erläutern Sie, wie durch Modifikation des Integrals aus Aufgabe c) ein besseres Ergebnis erzielt werden kann, und geben Sie eine Modifikation an.

e) Bestimmen Sie mithilfe der Modellierungsfunktion f die zu erwartenden Verkaufszahlen von Smartphones im Jahr 2030 in diesem Land.
Beurteilen Sie diesen Wert sowie die Güte der Modellierung.

Material 1

Jahr	2008	2009	2010	2011	2012	2013
t in Jahren nach 2008	0	1	2	3	4	5
Verkaufszahlen in Millionen Stück pro Jahr	5,00	7,10	10,0	14,2	20,1	28,6

Material 2

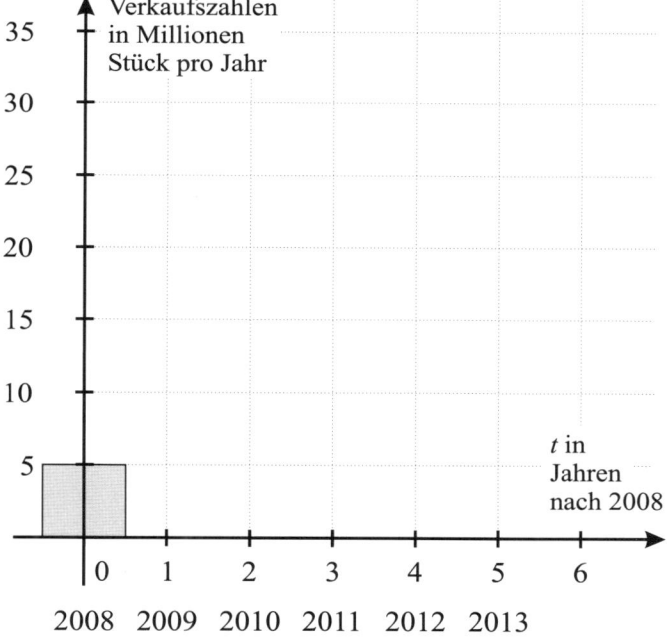

8 Motorboot

Tipps ab Seite 92, Lösungen ab Seite 172

Ein Segelboot gleitet mit der konstanten Geschwindigkeit 160 $\frac{m}{min}$ an einem ruhenden Motorboot vorbei. Das Motorboot nimmt zu diesem Zeitpunkt Fahrt auf und fährt dem Segelboot hinterher.
Die Geschwindigkeit $v(t)$ des Motorbootes ist für $t > 0$ stets positiv und wird modellhaft durch

$$v(t) = 960 \cdot e^{-t} - 960 \cdot e^{-2t} \, ; \, t \geq 0$$

beschrieben (Zeit t in min seit der Vorbeifahrt, Geschwindigkeit $v(t)$ in $\frac{m}{min}$).

a) Skizzieren Sie das Zeit-Geschwindigkeits-Schaubild des Motorbootes für die ersten fünf Minuten.
Bestimmen Sie die höchste Geschwindigkeit des Motorbootes in diesem Zeitraum. Wann nimmt die Geschwindigkeit des Motorbootes in diesem Zeitraum am stärksten ab?
Welche mittlere Geschwindigkeit hat das Motorboot in den ersten fünf Minuten?
Wie lange fährt das Motorboot in diesem Zeitraum schneller als das Segelboot?

b) Wie weit ist das Motorboot nach zwei Minuten gefahren?
Bestimmen Sie einen Term der Funktion, die den vom Motorboot zurückgelegten Weg in Abhängigkeit von der Zeit beschreibt.
Legt das Motorboot nach diesem Modell mehr als 500 m zurück?
Zu welchem Zeitpunkt überholt das Motorboot das Segelboot?

c) Zum Zeitpunkt $t_0 = 2,55$ holt das Segelboot das Motorboot wieder ein.
Beide Boote verringern ab diesem Moment ihre Geschwindigkeit.
Ab dem Zeitpunkt t_0 wird die Geschwindigkeit des Motorbootes durch die Tangente an das Schaubild der Funktion v an der Stelle t_0 beschrieben.
Wann kommt das Motorboot zum Stillstand?
Die Geschwindigkeit des Segelbootes kann ab dem Zeitpunkt t_0 ebenfalls durch eine Gerade beschrieben werden. Das Segelboot kommt am gleichen Ort wie das Motorboot zum Stillstand.
Wann kommt das Segelboot zum Stillstand?

9 Käfer

Tipps ab Seite 93, Lösungen ab Seite 175

Eine Käferpopulation besteht zu einem bestimmten Anfangszeitpunkt aus 50 000 Exemplaren. Zwar kommen jedes Jahr durch Fortpflanzung neue Käfer hinzu, gleichzeitig wird die Population aber durch neue Feinde dezimiert.
Die Entwicklung der Käferpopulation kann durch die folgende Funktion k beschrieben werden:

$$k(t) = (50 + 25t) \cdot e^{-0,1t} \text{ mit } t \geqslant 0$$

Dabei gilt Folgendes: 1 Einheit der Funktionswerte $\widehat{=}$ 1000 Käfer
1 Einheit der t-Werte $\widehat{=}$ 1 Jahr

a) Skizzieren Sie den Graphen von k und berechnen Sie die Extrem- und Wendepunkte des Graphen innerhalb des betrachteten Intervalls.
Begründen Sie das Grenzwertverhalten des Graphen für $t \to \infty$ anhand des Funktionsterms von k.

b) Beschreiben Sie unter Verwendung der Begriffe «Populationsgröße» und «Wachstumsgeschwindigkeit» die Entwicklung der Käferpopulation. Deuten Sie dabei sowohl die Extrem- und Wendepunkte als auch den Grenzwert des Graphen aus Aufgabe a)

c) Zeigen Sie, dass K mit $K(t) = (-250t - 3000) \cdot e^{-0,1t}$ eine Stammfunktion von k ist. Berechnen Sie den Wert von $\frac{1000}{30} \cdot \int_{20}^{50} k(t)\,dt$ und deuten Sie diesen im Sachzusammenhang.

d) Die Funktion k beschreibt die Entwicklung der Käferpopulation nur für die ersten 55 Jahre recht gut. Ab dem Zeitpunkt $t = 55$ bleibt bei einer verbesserten Beschreibung die zu diesem Zeitpunkt erreichte Wachstumsgeschwindigkeit konstant, sodass für $t > 55$ ein lineares Wachstum vorliegt.
Berechnen Sie die momentane Wachstumsgeschwindigkeit bei $t = 55$ und bestimmen Sie mithilfe der Funktionsgleichung, die ab diesem Zeitpunkt die Populationsgröße beschreibt, den voraussichtlichen Zeitpunkt des Aussterbens der Käferpopulation.

10 Temperatur

Tipps ab Seite 94, Lösungen ab Seite 178

Die normale Körpertemperatur eines gesunden Menschen liegt bei 36,5 °C.
Die Funktion f mit

$$f(t) = 36,5 + t \cdot e^{-0,1t}$$

beschreibt modellhaft den Verlauf einer Fieberkurve bei einem Erkrankten. Dabei ist $t \geq 0$ die Zeit in Stunden nach Ausbruch der Krankheit und $f(t)$ die Körpertemperatur in °C.

a) Wann innerhalb der ersten 48 Stunden ist die Temperatur am höchsten?
   Geben Sie diese Temperatur an.
   Skizzieren Sie die Fieberkurve innerhalb der ersten 48 Stunden in einem geeigneten Ausschnitt des Koordinatensystems.
   Zu welchen beiden Zeitpunkten innerhalb der ersten 48 Stunden nimmt die Körpertemperatur am stärksten zu bzw. ab?

b) Wann sinkt die Körpertemperatur unter 37 °C?
   Weisen Sie nach, dass die Temperatur ab diesem Zeitpunkt dauerhaft unter 37 °C bleibt.
   Bestimmen Sie die mittlere Körpertemperatur für den Zeitraum vom Krankheitsbeginn bis zu diesem Zeitpunkt.
   In welchem 2-Stunden-Zeitraum nimmt die Temperatur um ein Grad zu?

c) Fünf Stunden nach Ausbruch der Krankheit erhält der Erkrankte ein Fieber senkendes Medikament. Von diesem Zeitpunkt an sinkt die Temperatur. Der weitere Temperaturverlauf wird modellhaft beschrieben durch eine Funktion g mit

$$g(t^*) = 36,5 - a \cdot e^{-k \cdot t^*}$$

(t^* in Stunden nach Einnahme des Medikaments, $g(t^*)$ in °C).
Zwei Stunden nach Einnahme des Medikaments beträgt die Temperatur 38,4 °C.
Bestimmen Sie die Gleichung von g.
Zu welchem Zeitpunkt nach der Einnahme des Medikaments ist die Körpertemperatur erstmals um ein Grad niedriger, als sie ohne Medikament wäre?

11 Tanne (LK)

Tipps ab Seite 95, Lösungen ab Seite 181

Der Stammumfang einer Tanne kann annähernd beschrieben werden durch die Funktion f mit
$$f(t) = \frac{4}{1 + 20e^{-0{,}05 \cdot t}}$$
Dabei gibt t die Zeit in Jahren seit Beginn des Beobachtungszeitraums an, $f(t)$ den Stammumfang in Metern.

a) Skizzieren Sie den Graphen von f.
   Ermitteln sie den Stammumfang der Tanne zu Beginn des Beobachtungszeitraums und begründen Sie ohne Bezugnahme auf den Graphen mithilfe des Funktionsterms, dass gemäß dieser Modellierung der Stammumfang der Tanne nicht mehr als vier Meter betragen kann.

b) Zeigen Sie, dass für die erste Ableitung von f gilt:
   $$f'(t) = \frac{4e^{-0{,}05 \cdot t}}{(1 + 20e^{-0{,}05 \cdot t})^2}$$
   Berechnen Sie den Zeitpunkt des stärksten Wachstums des Stammumfangs sowie den zugehörigen Stammumfang.

c) Bestimmen Sie den Wert des Integrals $\frac{1}{10} \int_0^{10} f(t)\,dt$ und deuten Sie das Ergebnis im Sachzusammenhang.

d) Umgekehrt lässt sich aus dem Stammumfang der Tanne auf die seit Beginn des Beobachtungsraums vergangene Zeit schließen.
   In einer Gemeinde ist für das Fällen eines Baumes die Genehmigung durch das Forstamt vorgeschrieben, wenn der Baumstamm einen Umfang von 60 cm oder mehr besitzt. Berechnen Sie, ab welchem Zeitpunkt nach Beginn des Beobachtungszeitraums eine Genehmigung zum Fällen der Tanne eingeholt werden muss.
   Bestimmen Sie die Funktionsgleichung der Umkehrfunktion von f und begründen Sie, warum die Funktion umkehrbar ist.

e) Die Funktion f beschreibt ein sogenanntes logistisches Wachstum, die obere Schranke $S = 4$ wird als Sättigungsmenge bezeichnet. Bei einem logistischen Wachstum ist die Wachstumsgeschwindigkeit $f'(t)$ proportional zum Produkt aus dem Bestand $f(t)$ und der Differenz zur Sättigungsmenge $(S - f(t))$, d.h., es gilt die Bedingung
   $f'(t) = c \cdot f(t) \cdot (S - f(t))$ mit dem Proportionalitätsfaktor $c > 0$.
   Zeigen Sie mithilfe einer geeigneten Rechnung, dass der Proportionalitätsfaktor c den Wert $c = \frac{1}{80}$ annimmt.

11. Tanne (LK)

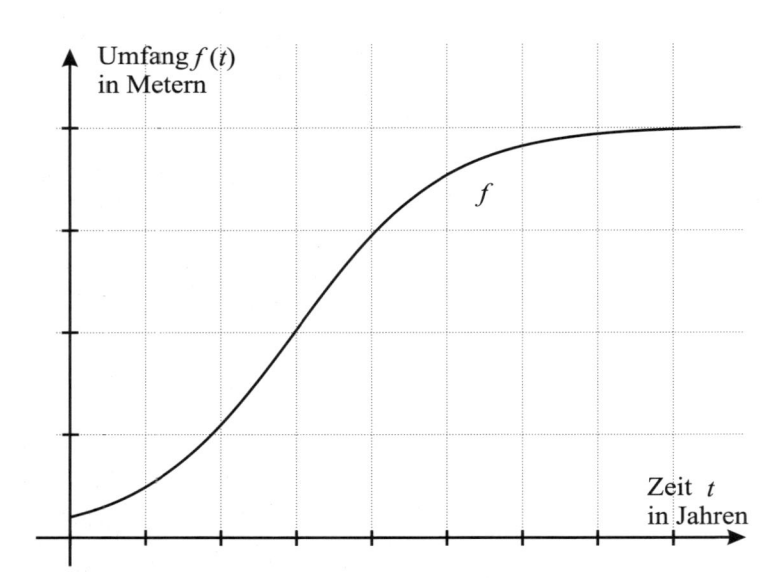

Material

12 Glocke (LK)

Tipps ab Seite 95, Lösungen ab Seite 185

Eine Schokoladenglocke soll mathematisch modelliert werden. Dazu werden an sieben verschiedenen Stellen die Radien der Glocke gemessen. Im Material 1 sind die Messdaten als Punkte eingetragen.
Die Punkte liegen auf dem oberen Rand der Querschnittsfläche, die bei einem Querschnitt durch eine Symmetrieebene der Glocke entsteht. Durch Rotation des oberen Randes der Querschnittsfläche um die x-Achse erhält man die Glockenform.
Die Wertetabelle gibt die im Koordinatensystem eingetragenen Punkte an. Eine Einheit entspricht dabei einem Zentimeter.

x	$-1,5$	$-1,0$	$-0,5$	$0,0$	$0,5$	$1,0$	$1,5$
y	$0,00$	$0,55$	$0,80$	$1,00$	$1,20$	$1,45$	$2,00$

a) Die Form des oberen Randes der Querschnittsfläche soll in einem ersten Modell anhand der in der Wertetabelle gegebenen Punkte annähernd durch den Graphen einer ganzrationalen Funktion f beschrieben werden.
Begründen Sie unter Verwendung von Material 1, warum die ganzrationale Funktion f mindestens dritten Grades sein muss.
Bestimmen Sie eine ganzrationale Funktion f dritten Grades so, dass ihr Graph durch $(0,5|1,20)$ und $(1,5|2,00)$ verläuft und in $(0,0|1,00)$ einen Wendepunkt besitzt.

b) Die Form des oberen Randes der Querschnittsfläche soll in einem zweiten Modell annähernd durch den Graphen der Funktion g mit $g(x) = 0,16x^3 + 0,34x + 1$ beschrieben werden.
Bestimmen Sie als Näherungswert für das Volumen der Glocke das Volumen des Rotationskörpers, der durch Rotation des Graphen der Funktion g im Intervall $[-1,5; 1,5]$ um die x-Achse entsteht.

c) Die Form des oberen Randes der Querschnittsfläche soll in einem dritten Modell in einer Umgebung von $x = 0$ für eine geeignete Wahl des Parameters t näherungsweise durch einen Graphen der Funktionenschar f_t mit

$$f_t(x) = \frac{e^{tx} - e^{-tx}}{5t} + 1$$

und $t \neq 0$ beschrieben werden (Material 2).
Bestätigen Sie, dass für $t = 1,183$ der Graph von f_t durch den Punkt $(1,000|1,500)$ verläuft, wenn man auf drei Nachkommastellen rundet.
Zeigen Sie, dass alle Graphen der um eine Einheit in Richtung der negativen y-Achse verschobenen Schar f_t punktsymmetrisch zum Ursprung sind, und stellen Sie dar, was sich

12. Glocke (LK)

hieraus für die Symmetrieeigeneschaften der Graphen der Schar f_t ergibt.

Zeigen Sie, dass alle Graphen der Schar f_t genau einen Wendepunkt besitzen, und entscheiden Sie, ob dort ein Wechsel von einer Rechts- in eine Linkskrümmung oder ein Wechsel von einer Links- in eine Rechtskrümmung erfolgt.

d) Die Schokoladenglocke soll mit Blattgold verziert werden. Dazu wird eine dünne, essbare Blattgoldfolie benötigt. Das Blattgold soll in einem Streifen von $x_1 = 0$ bis $x_2 = 1$ rund um die Glocke aufgetragen werden. Um einen ersten Näherungswert für den Materialbedarf zu erhalten, wird zunächst vereinfachend eine Funktion k betrachtet, deren Graph vom Punkt $(0|1)$ bis zum Punkt $(1|1,5)$ geradlinig verläuft und in diesem Intervall um die x-Achse rotiert.

Es ergibt sich die Form eines geraden Kegelstumpfs. Als Maß für den Materialbedarf dient der Flächeninhalt der Mantelfläche des Kegelstumpfs.

Zeigen Sie, dass beim Bestimmen des Flächeninhalts der Mantelfläche des Kegelstumpfs, der bei Rotation des Graphen von k für $0 \leqslant x \leqslant 1$ um die x-Achse entsteht, beide in Material 3 angegebenen Methoden A und B zum gleichen Ergebnis führen.

Bestimmen Sie mithilfe der Methode A den Inhalt der mit Blattgold bedeckten Fläche unter Verwendung der Funktion $g(x) = 0,16x^3 + 0,34x + 1$ aus Aufgabe b) und vergleichen Sie das Ergebnis mit dem Ergebnis aus Aufgabe d).

Material 1

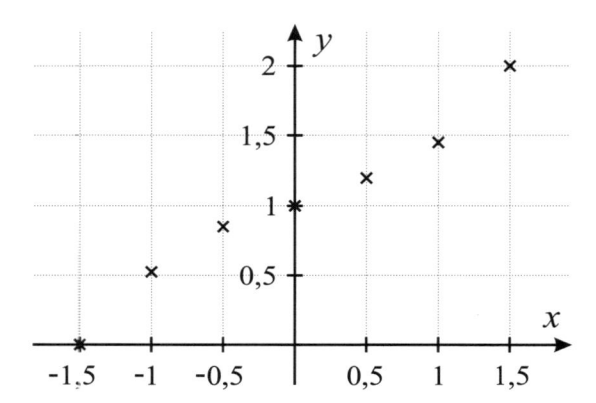

Material 2

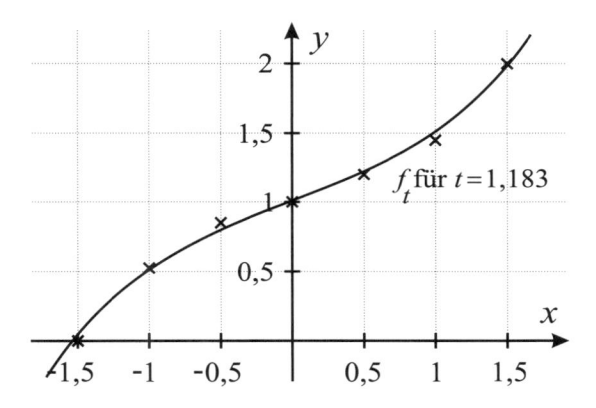

f_t für $t = 1{,}183$

Material 3

Methode A:
Lässt man den Graphen einer Funktion f für $x_1 \leqslant x \leqslant x_2$ um die x-Achse rotieren, dann lässt sich der Flächeninhalt M der Mantelfläche des Rotationskörpers folgendermaßen mithilfe eines Integrals ermitteln:

$$M = 2 \cdot \pi \int_{x_1}^{x_2} f(x) \sqrt{1 + (f'(x))^2}\, dx \text{ für } f(x) \geqslant 0$$

Methode B:
Der Flächeninhalt M der Mantelfläche eines geraden Kreiskegelstumpfs lässt sich mit folgender Formel berechnen:
$$M = \pi \cdot (r_1 + r_2) \cdot s$$

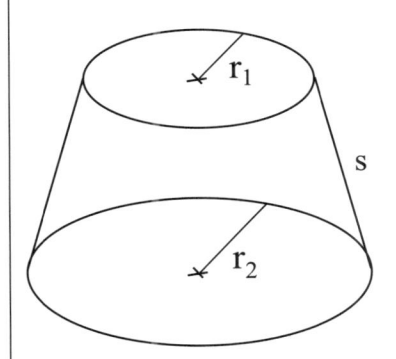

13 Strauch (LK)

Tipps ab Seite 96, Lösungen ab Seite 188

Die Höhe eines Strauches in den ersten zwanzig Tagen nach dem Auspflanzen wird durch die Funktion $h_1(t) = 0{,}2 \cdot e^{0{,}2t-0{,}9}$ (t in Tagen, $h_1(t)$ in Metern) beschrieben. Diese Pflanze hat zum Zeitpunkt des Auspflanzens eine Höhe von 8 cm und ist am Ende des 20. Tages ($t = 20$) auf eine Höhe von etwa 60 cm gewachsen. Vom Beginn des 21. Tages an verringert sich die Wachstumsgeschwindigkeit des Strauches. Von diesem Zeitpunkt an ist nur noch die Zuwachsrate bekannt, sie wird beschrieben durch die Funktion $z(t) = 0{,}02 \cdot e^{-0{,}1t+3{,}1}$ (t in Tagen, $z(t)$ in Metern pro Tag).

a) Berechnen Sie, zu welchem Zeitpunkt der Strauch eine Höhe von 50 cm hat.
   Bestimmen Sie rechnerisch den Zeitpunkt innerhalb der ersten zwanzig Tage ($0 \leqslant t \leqslant 20$), an dem die Pflanze am schnellsten wächst. Berechnen Sie die zugehörige Wachstumsgeschwindigkeit. Begründen Sie, warum die angegebene Funktion h_1 nur für einen begrenzten Zeitraum die Höhe der Pflanze beschreiben kann.
   Ermitteln Sie einen Term $h_2(t)$, der die Höhe des Strauches nach t Tagen ($t > 20$) beschreibt. Begründen Sie anhand dieses Terms, dass der Strauch nicht beliebig hoch wird, und geben Sie die maximale Höhe des Strauches an.
   (Zur Kontrolle: $h_2(t) \approx 1{,}2 - 0{,}2 \cdot e^{-0{,}1t+3{,}1}$, $t > 20$)

b) Die Abbildung 1 zeigt den Graphen, der die Höhe des Strauches in Metern in Abhängigkeit von der Zeit t in Tagen beschreibt. Er ist aus den Funktionen h_1 ($0 \leqslant t \leqslant 20$) und h_2 ($t > 20$) zusammengesetzt.
   Eine Funktion f soll nun die Pflanzenhöhe für den gesamten Zeitraum, also über die ersten zwanzig Tage hinaus, möglichst zutreffend modellieren. Da der Strauch nicht höher als ungefähr 1,2 m wird, muss die Modellfunktion beschränkt sein.
   Zunächst wird eine Modellfunktion vom Typ f_1 mit $f_1(t) = G - c \cdot e^{-k \cdot t}$ gewählt. Dabei ist G mit G $= 1{,}2$ die obere Grenze, die die Höhe der Pflanze nicht überschreitet. Bestimmen Sie die Parameter c und k so, dass der Strauch beim Auspflanzen und am 20. Tag die beobachteten Höhen von 0,08 m bzw. von 0,6 m besitzt.
   Ein alternativer Ansatz führt zu einer Modellfunktion f_2 mit
   $$f_2(t) = \frac{0{,}096}{0{,}08 + 1{,}12 \cdot e^{-0{,}132 \cdot t}}$$
   Berechnen Sie die Höhen des Strauches zum Zeitpunkt $t = 0$ und $t = 20$ und vergleichen Sie diese mit den tatsächlichen Werten. Zeigen Sie, dass die mit der Modellfunktion f_2 beschriebene Pflanzenhöhe den Wert 1,2 m tatsächlich nicht überschreitet.

c) Begründen Sie anhand des Krümmungsverhaltens, welche der beiden Modellfunktionen f_1 und f_2 eher geeignet ist, die Strauchhöhe (s. Abbildung 1) in Metern in Abhängigkeit von der Zeit in Tagen zu beschreiben (vgl. Abbildungen 1 und 2).

d) Beschreiben Sie ein Verfahren zur Berechnung der größten Differenz zwischen einer (differenzierbaren) Modellfunktion f und der Funktion h_1 im Intervall [0; 20].

Abbildung 1

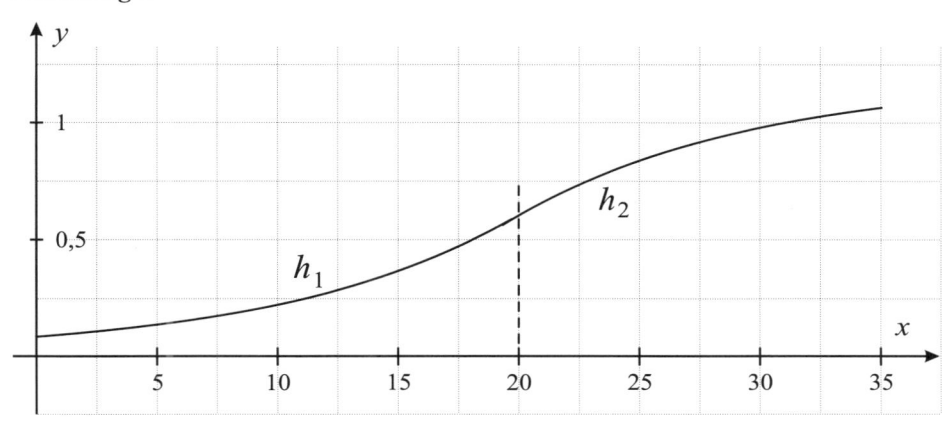

Abbildung 2

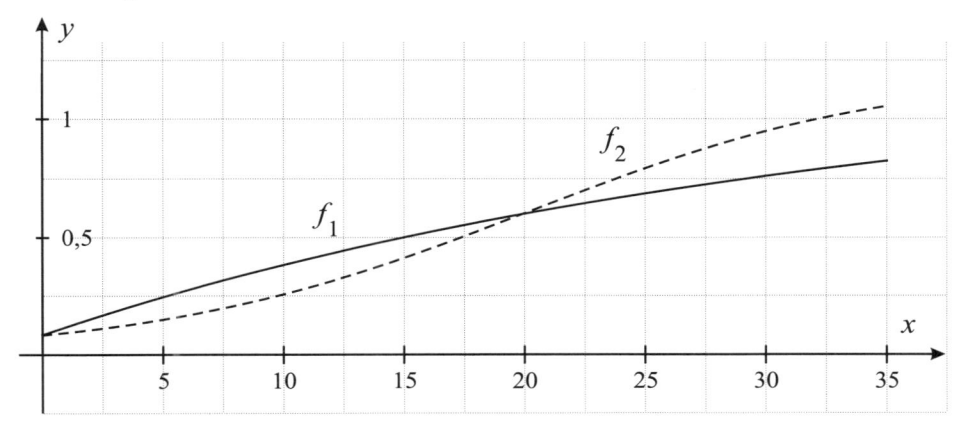

14 Buche (LK)

Tipps ab Seite 97, Lösungen ab Seite 191

Nach der Fällung einer 200 Jahre alten Rotbuche wurde anhand der Jahresringe der Stammdurchmesser bestimmt. Die folgende Tabelle gibt einen Auszug aus den Messdaten:

Alter in Jahren	0	25	50	75	100	125	150	175	200
Durchmesser in Metern	0,05	0,26	0,40	0,85	1,05	1,20	1,23	1,24	1,26

a) Zeichnen Sie die Messpunkte in ein geeignetes Koordinatensystem ein. Skizzieren Sie eine Kurve, die auch den weiteren Verlauf des Durchmessers prognostizieren könnte und beschreiben Sie den Wachstumsprozess in Worten.
Modellieren Sie die Entwicklung des Durchmessers während der ersten 75 Jahre als exponentielles Wachstum. In welcher Zeitspanne verdoppelt sich die Dicke des Baumes nach Ihrem Modell? Beurteilen Sie dieses Modell.

b) Die Funktion
$$d(x) = \frac{5}{100 \cdot e^{-0,05 \cdot x} + 4}; \; x \in [0; 200]$$
ist ein weiteres Modell, um das Wachstum des Baumdurchmessers zu beschreiben.
Zu welchem Zeitpunkt hatte nach diesem Modell der Baum eine Dicke von 1 m?
Wann wächst der Baum nach diesem Modell am schnellsten und wie schnell wächst er dann?

c) Ein drittes Modell, um das Wachstum des Baumdurchmessers zu beschreiben, ist gegeben durch die Gleichung
$$n(x) = -2,08 \cdot 10^{-7} \cdot x^3 + 2,48 \cdot 10^{-5} \cdot x^2 + 9,34 \cdot 10^{-3} \cdot x + 2,04 \cdot 10^{-2}$$
mit folgenden Tabellenwerten:

x	0	25	50	75	100	125	150	175	200
$n(x)$	0,02	0,26	0,52	0,77	0,99	1,17	1,28	1,30	1,22
$d(x)$	0,05	0,15	0,41	0,79	1,07	1,19	1,23	1,25	1,25

Vergleichen Sie die beiden Anpassungen. Welche ist besser? Geben Sie eine quantitative und eine qualitative Begründung.

d) Durch Untersuchungsergebnisse an weiteren Buchen hat man festgestellt, dass sich allgemein das Wachstum der Durchmesser durch die folgende Funktion beschreiben lässt:
$$d_p(x) = \frac{5}{p \cdot e^{-0,05 \cdot x} + 4}$$
Betrachten Sie für verschiedene Werte von p den jeweiligen Graphen. Welchen Einfluss übt der Faktor p auf den Verlauf des Graphen aus? Wie verändert sich demnach das Wachstum des Baumdurchmessers in Abhängigkeit von p?

Vektorgeometrie

15 Turm

Tipps ab Seite 99, Lösungen ab Seite 195

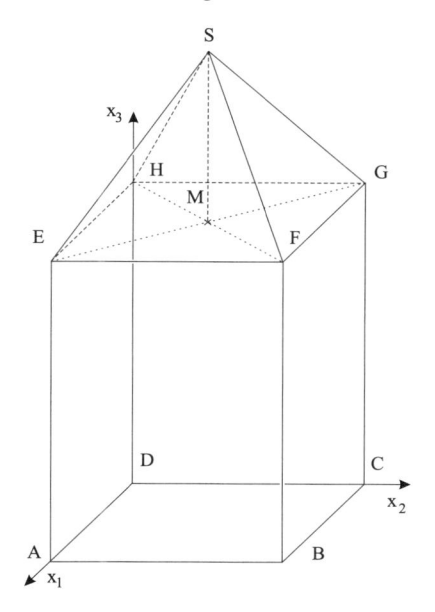

Ein Turm hat die Form einer senkrechten quadratischen Säule, der eine senkrechte Pyramide aufgesetzt ist (siehe Skizze). Die Gesamthöhe des Turms beträgt 24 m, die horizontalen Kanten sind 8 m, die vertikalen Kanten sind 18 m lang. Der Punkt D liegt im Ursprung eines kartesischen Koordinatensystems mit der Längeneinheit 1 m.

a) Geben Sie die Koordinaten aller Punkte an und berechnen Sie den Neigungswinkel des Daches (Winkel zwischen Pyramidengrundfläche und Seitenfläche) sowie die Größe der Dachfläche.

b) Im Punkt P(18 | 4 | 0) steht ein 8 m hoher Fahnenmast.
Berechnen Sie die Länge des Schattens auf Boden und Turmwand, wenn das einfallende Sonnenlicht die Richtung $\begin{pmatrix} -10 \\ 1 \\ -2 \end{pmatrix}$ hat.

c) Ein Kind mit Augenhöhe 1 m läuft vom Punkt B aus in Richtung $\overrightarrow{DB}$ vom Turm weg.
In welcher Entfernung von der Turmkante BF kann das Kind die Turmspitze S erstmals sehen?

16 Haus

Tipps ab Seite 99, Lösungen ab Seite 198

Gegeben ist das abgebildete Haus mit einem Walmdach sowie die Punkte A (0 | 0 | 5), B (0 | 8 | 5), C (−12 | 8 | 5), E (−2 | 4 | 8) und F (−10 | 4 | 8).
Eine Längeneinheit entspricht einem Meter in der Natur.

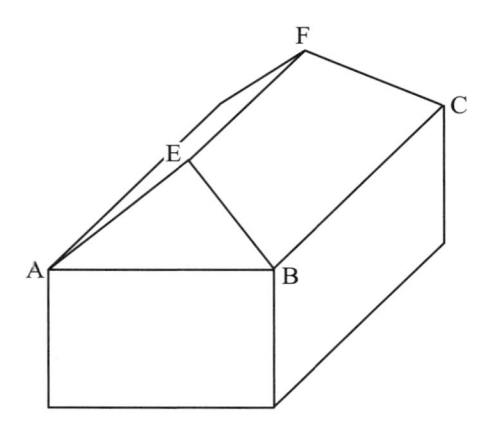

a)
- Berechnen Sie die Länge der Dachkante $\overline{EB}$.
- E_1 sei die Ebene, in der die Punkte B, C und E liegen.
  Zeigen Sie, dass auch der Punkt F in E_1 liegt.
- Berechnen Sie die Größe des Winkels, den die Kanten $\overline{BC}$ und $\overline{BE}$ einschließen.
- Zeigen Sie, dass die Dachfläche BCFE ein achsensymmetrisches Trapez ist, und berechnen Sie dessen Flächeninhalt.

b) Das ursprüngliche Gebäude wird durch einen symmetrischen Anbau erweitert, der im rechten Winkel zum Haus steht und einen waagerechten First besitzt.

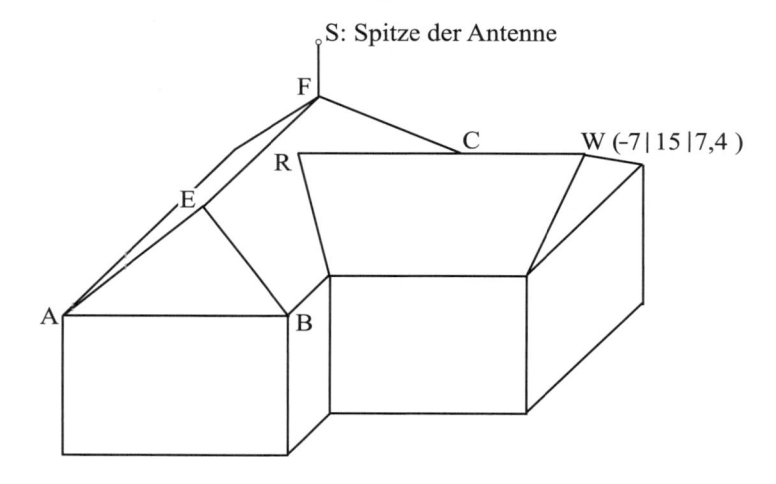

- Berechnen Sie die Koordinaten des Punktes R, in dem der First des Anbaus auf die Dachfläche BCFE trifft.
- Zwischen den Punkten P und Q, die auf den Kanten $\overline{AE}$ bzw. $\overline{BE}$ liegen, verläuft ein zwei Meter langer Balken parallel zur Kante $\overline{AB}$.
  Berechnen Sie die Koordinaten des Punktes Q.

17 Pyramide

Tipps ab Seite 100, Lösungen ab Seite 202

Bei Ausgrabungen wurden die Überreste einer 4500 Jahre alten Pyramide entdeckt.
Die Abbildung zeigt die Ansicht der Pyramidenruine von oben, also den Grundriss unter Berücksichtigung der Himmelsrichtungen. Für die noch erkennbaren Eckpunkte der Pyramide ergeben sich die Koordinatendarstellungen A$(0 \mid 0 \mid 0)$, B$(24 \mid 7 \mid 0)$ und C$(17 \mid 31 \mid 0)$.
Außerdem konnten die Koordinaten weiterer Pyramidenpunkte auf zwei Seitenkanten rekonstruiert werden. Auf der von A ausgehenden Kante $\overline{AE}$ liegt der Punkt E$(1,7 \mid 3,1 \mid 3)$ und auf der von B ausgehenden Kante $\overline{BF}$ liegt der Punkt F$(14,7 \mid 12,1 \mid 9)$. (Angaben in Metern)

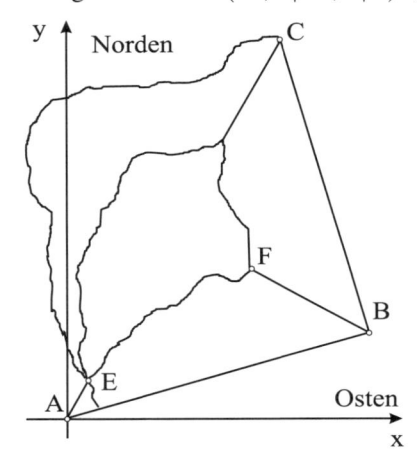

a) Zeigen Sie, dass die Punkte A, B und C Eckpunkte eines Quadrates sein können.
   Berechnen Sie den Flächeninhalt dieses Quadrates.
   Bestimmen Sie die Koordinaten des vierten Quadrateckpunktes D.

b) Aus den Überresten soll die ursprüngliche Höhe der Pyramide bestimmt werden.
   Ermitteln Sie die Koordinaten der ursprünglichen Spitze S der Pyramide und geben Sie die ursprüngliche Höhe der Pyramide an.
   [zur Kontrolle: S$(8,5 \mid 15,5 \mid 15)$]

c) Aus Aufzeichnungen ist bekannt, dass in der Pyramidengrundebene ein Opferplatz lag, dessen Überreste zerstört wurden.
   Am Tag der Sommersonnenwende fiel den Aufzeichnungen zufolge zu einem bestimmten Zeitpunkt der Schatten der Pyramidenspitze genau auf den Mittelpunkt M des Opferplatzes.

Die Richtung der Sonnenstrahlen lässt sich zu diesem Zeitpunkt durch den Vektor
$\vec{v} = \begin{pmatrix} -4,8 \\ -1,4 \\ -3 \end{pmatrix}$ beschreiben.

Bestimmen Sie aus den bekannten Informationen den Mittelpunkt M des Opferplatzes.

d) Die Parameterform einer Ebene E, die eine der Pyramidenflächen enthält, lautet:

$$E: \vec{x} = \begin{pmatrix} 17 \\ 31 \\ 0 \end{pmatrix} + s \cdot \begin{pmatrix} -8,5 \\ -15,5 \\ 15 \end{pmatrix} + t \cdot \begin{pmatrix} 7 \\ -24 \\ 0 \end{pmatrix} \; ; \; s,t \in \mathbb{R}$$

Ermitteln Sie, welche Seitenfläche der Pyramide in der Ebene E liegt.
Erklären Sie die geometrische Bedeutung der folgenden Gleichungen (1) und (2) im Sachzusammenhang.

(1) $\begin{pmatrix} -8,5 \\ -15,5 \\ 15 \end{pmatrix} \cdot \begin{pmatrix} 144 \\ 42 \\ 125 \end{pmatrix} = 0$

(2) $\begin{pmatrix} 7 \\ -24 \\ 0 \end{pmatrix} \cdot \begin{pmatrix} 144 \\ 42 \\ 125 \end{pmatrix} = 0$

e) Gegeben sind die Vektoren $\vec{h} = \begin{pmatrix} 144 \\ 42 \\ 125 \end{pmatrix}$ und $\vec{r} = \begin{pmatrix} 42 \\ -144 \\ 125 \end{pmatrix}$, wobei $\vec{r}$ orthogonal zur Pyramidenseitenfläche ABS verläuft.

Berechnen Sie den Winkel, den die Vektoren $\vec{h}$ und $\vec{r}$ einschließen, und deuten Sie das Ergebnis geometrisch im Sachzusammenhang.

18 Bühne

Tipps ab Seite 101, Lösungen ab Seite 206

Auf dem Rasen eines Fußballstadions soll eine Bühne für eine Kundgebung aufgebaut werden. Der verantwortliche Architekt legt für die Planung ein dreidimensionales kartesisches Koordinatensystem an. Die Rasenfläche liegt in der x_1x_2-Ebene. Die x_3-Achse zeigt senkrecht zur x_1x_2-Ebene in Richtung des Betrachters. Im grau unterlegten Bereich wird ein Bühnenboden errichtet, der sich 1 m über dem Rasen befindet (Material 1).
Alle in der Skizze eingetragenen Zahlenwerte sind in der Einheit Meter angegeben.

a) Um leichter auf den Bühnenboden zu gelangen, soll eine 3 m breite Rampe mit rechteckigem Grundriss gebaut und in $R_2(35\,|\,-5\,|\,0)$ und $R_3(25\,|\,-5\,|\,1)$ verankert werden. Geben Sie die Koordinaten der Eckpunkte R_1 und R_4 an und berechnen Sie die Länge der Rampe.

b) Nach DIN 18024-1 darf der Steigungswinkel einer barrierefreien Rampe maximal $3,4°$ betragen.
Berechnen Sie den Steigungswinkel der Rampe und entscheiden Sie, ob diese die DIN erfüllt.

Mit Seilen soll über dem Fussballplatz eine dreieckige Fläche aus Segeltuch gespannt werden. Zwei der drei Eckpunkte dieses Dreiecks liegen in $A(5\,|\,26\,|\,25)$ und $B(2\,|\,30\,|\,18)$.

c) Der dritte Eckpunkt C ist ein variabler Punkt auf dem Seil, welches von A zur Spitze des Flutlichtmastes $P(35\,|\,66\,|\,35)$ gespannt wird.
Zeigen Sie, dass im Dreieck ABP bei A ein rechter Winkel vorliegt.
Erläutern Sie, dass das Dreieck ABC immer rechtwinklig ist - egal, wo sich der Punkt C auf dem Seil zwischen A und P befindet.

d) Das Segeltuch wird bei $C(17\,|\,42\,|\,29)$ fixiert und straff gespannt. Zu einer gewissen Uhrzeit fallen Sonnenstrahlen in Richtung $\vec{v} = \begin{pmatrix} -1 \\ -5 \\ -3 \end{pmatrix}$ ein, so dass das Segeltuch einen dreieckigen Schatten auf den geplanten Bühnenboden wirft.
Die Schattenpunkte der Punkte B und C liegen bei $B_S\left(-3\tfrac{2}{3}\,|\,1\tfrac{2}{3}\,|\,1\right)$ und $C_S\left(7\tfrac{2}{3}\,|\,-4\tfrac{2}{3}\,|\,1\right)$.
Berechnen Sie die Koordinaten des Schattenpunktes A_S auf dem Bühnenboden.

Material 1

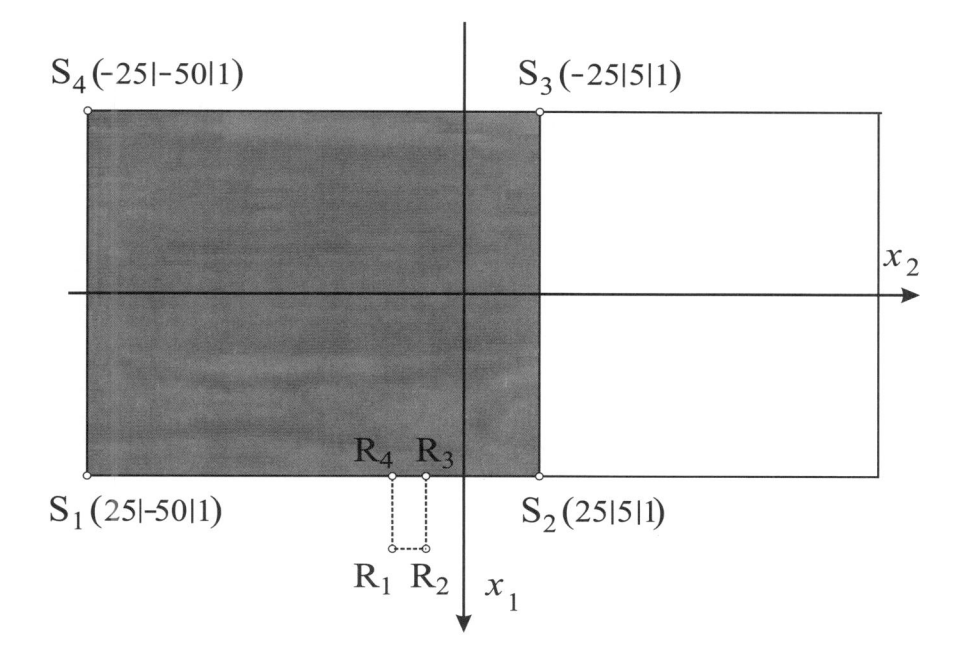

$S_4(-25|-50|1)$ $S_3(-25|5|1)$

$S_1(25|-50|1)$ $S_2(25|5|1)$

R_4 R_3
R_1 R_2 x_1

x_2

Material 2

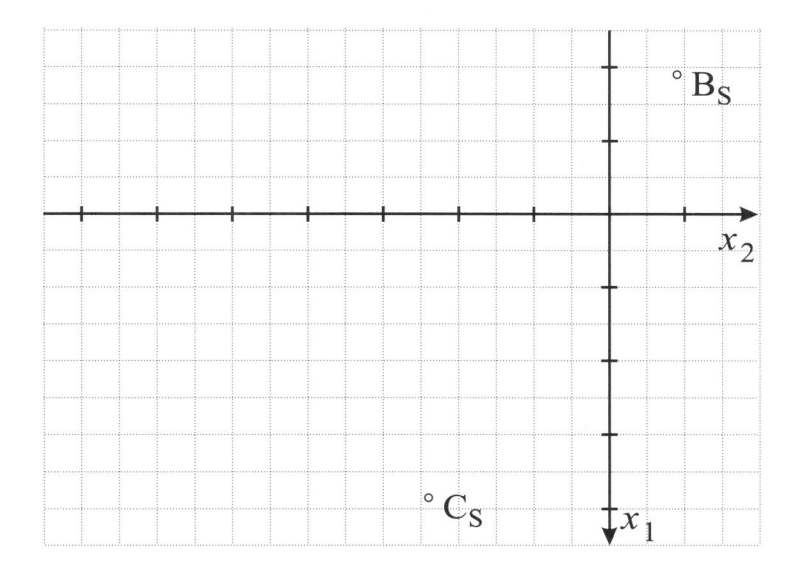

$°B_S$

$°C_S$

x_2

x_1

19 Seilbahn

Tipps ab Seite 101, Lösungen ab Seite 208

In einer Miniaturausstellung ist das Modell einer Seilbahn mit einer Gondel aufgebaut. Die Abbildung zeigt die Talstation, die die Form eines Quaders mit einem aufgesetzten Prisma hat. Sie steht auf der Grundfläche der Ausstellung, die in der x_1x_2-Ebene liegt. Eine Einheit entspricht einem Zentimeter in der Wirklichkeit.

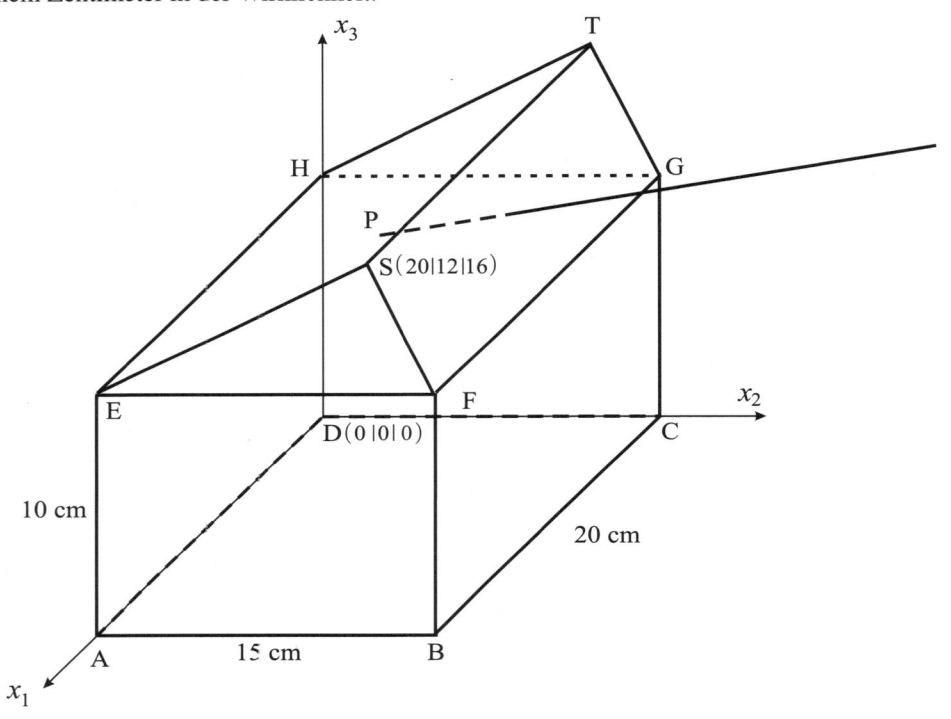

a)
- Geben Sie die Koordinaten der Punkte A, F, G und T an und bestimmen Sie eine Parameterform der Dachebene E_1, die die Punkte F, G und S enthält.
- Das Seil der Seilbahn ist geradlinig zwischen den Punkten P(6 | 5 | 12) und Q(38 | 133 | 44) (außerhalb der Abbildung) gespannt. Ermitteln Sie die Koordinaten des Punktes R, in dem das Seil die Dachebene E_1 durchstößt.
- Berechnen Sie die Länge des Seils.

b) In der Ausstellung ist eine zweite Seilbahn installiert. Das Seil dieser Bahn ist im Punkt K(61 | 81 | 0) befestigt und verläuft in Richtung des Vektors $\vec{v} = \begin{pmatrix} -2 \\ -2 \\ 1 \end{pmatrix}$.

Zeigen Sie, dass sich die Geraden, entlang derer die Seile verlaufen, nicht schneiden.

c) Gegeben sind zwei windschiefe Geraden k und l mit $k: \vec{x} = \begin{pmatrix} 6 \\ 5 \\ 12 \end{pmatrix} + t \cdot \begin{pmatrix} 1 \\ 4 \\ 1 \end{pmatrix}$ und $l: \vec{x} = \begin{pmatrix} 61 \\ 81 \\ 0 \end{pmatrix} + s \cdot \begin{pmatrix} -2 \\ -2 \\ 1 \end{pmatrix}$. Es gibt einen Punkt U auf k und einen Punkt V auf l, so dass der Vektor $\overrightarrow{UV}$ senkrecht zur $x_1 x_2$-Ebene ist.

Ermitteln Sie die Koordinaten der Punkte U und V.

20 Maibaum (LK)

Tipps ab Seite 102, Lösungen ab Seite 212

In einem Park steht ein festlich geschmückter 30 m hoher Maibaum in der Nähe eines Hanges. Mit Ausnahme dieses Hanges befindet sich der gesamte Park in der x-y-Ebene. Der Hang steigt aus der x-y-Ebene auf und liegt in einer Ebene H, die durch die Gleichung

$$H: \vec{x} = \begin{pmatrix} 2 \\ -2 \\ 4 \end{pmatrix} + r \cdot \begin{pmatrix} -3 \\ 1 \\ 1 \end{pmatrix} + s \cdot \begin{pmatrix} -1 \\ -1 \\ 1 \end{pmatrix} \quad \text{mit } r, s \in \mathbb{R} \text{ beschrieben wird.}$$

Der Maibaum steht im Punkt F(3 | 7 | 0) senkrecht zur x-y-Ebene. Eine Längeneinheit im Koordinatensystem entspricht 10 m. Die Spitze des Maibaums liegt also im Punkt S(3 | 7 | 3).

a) Bestimmen Sie eine Koordinatengleichung der Hangebene H und berechnen Sie den Neigungswinkel des Hangs.
   [zur Kontrolle: $x + y + 2z = 8$]
   Skizzieren Sie die Hangebene H mithilfe der Achsenabschnitte (Spurpunkte) und zeichnen Sie den Maibaum ein.

b) Ein Landschaftsgärtner möchte ein ringförmiges 2 m breites Blumenbeet mit einem inneren Radius von 8 m um den Maibaum herum anlegen. Der Abstand vom Beetrand zum Rand der Hangebene sollte dabei mindestens 3 m betragen. Prüfen Sie, ob dieser Abstand eingehalten wird.

c) Der Maibaum wird von der Sonne beschienen und wirft einen Schatten auf die Hangebene H und die x-y-Ebene. Die Richtung der Sonnenstrahlen ist durch den Vektor $\vec{v} = \begin{pmatrix} -3 \\ -3 \\ -1 \end{pmatrix}$ festgelegt.
   Bestimmen Sie den Schattenpunkt der Spitze S des Maibaumes auf der Hangebene H.
   Zeigen Sie, dass der Schatten des Maibaumes im Punkt R(2 | 6 | 0) von der x-y-Ebene auf die Hangebene übergeht.

21 Solaranlage (LK)

Tipps ab Seite 103, Lösungen ab Seite 215

Das Dach eines quaderförmigen Gebäudes soll mit Solarkollektoren versehen werden (Material 1). Die in der x-z-Ebene gelegene Seitenfläche des Gebäudes weist dabei genau nach Süden.

Zur Vereinfachung der folgenden Berechnungen wird im Modell die Dachfläche des Gebäudes in die x-y-Ebene gelegt. Die Kollektorfläche der Solaranlage wird dann in dem in Material 1 vorgegebenen Koordinatensystem durch die Eckpunkte A$(0,5|1|0)$, B$(5,5|1|0)$, C$(5,5|2,8|2,1)$ und D$(0,5|2,8|2,1)$ beschrieben (alle Angaben in Metern).

a) Zeigen Sie rechnerisch, dass es sich bei dem Viereck ABCD um ein Rechteck handelt, und prüfen Sie, ob der für eine Kollektorfläche geforderte Minimalflächeninhalt von F $= 13,5$m^2 unterschritten wird.

b) Die Solaranlage arbeitet mit der größtmöglichen Leistung, wenn die Sonnenstrahlen senkrecht auf die Kollektorfläche treffen.
Berechnen Sie die Richtung, in der die Sonnenstrahlen in diesem Fall auftreffen.

c) Der Hersteller empfiehlt für die Kollektoren aus Gründen der Standfestigkeit, einen Neigungswinkel α von $50°$ gegenüber der Dachfläche nicht zu überschreiten. Untersuchen Sie, ob dieses Kriterium für die geplante Anlage erfüllt ist.

d) Treffen die Sonnenstrahlen nicht orthogonal auf die Kollektorfläche, so ist die Leistung der Anlage reduziert. Dies wird berücksichtigt, indem man von einer reduzierten Kollektorfläche ausgeht, die als effektive Kollektorfläche F_{eff} bezeichnet wird. Die Leistung der Anlage ist proportional zum Flächeninhalt der effektiven Kollektorfläche.
Material 2 zeigt die Lage der effektiven Fläche im Vergleich zur tatsächlichen Position der Kollektoren (Blickrichtung parallel zur x-Achse). Es ist ersichtlich, dass die Eckpunkte A und B ebenfalls Eckpunkte der effektiven Kollektorfläche sind.
Um die Effektivität der Solaranlage abzuschätzen, soll die Fläche F_{eff} für einen ungünstigen Sonnenstand berechnet werden, bei dem die Sonnenstrahlen durch den Vektor $\vec{v} = \begin{pmatrix} 0 \\ 25 \\ -7 \end{pmatrix}$ angegeben werden können.
Berechnen Sie die Lage des in Material 2 eingezeichneten Punktes D$'$.
[Zur Kontrolle: D$'(0,5|1,68|2,41)$]

e) Bestimmen Sie den Flächeninhalt der effektiven Kollektorfläche für den in Aufgabe d) beschriebenen Fall und ermitteln Sie, wie viel Prozent der maximalen Leistung bei diesem Sonnenstand erzielt werden können.

21. Solaranlage (LK)

Material 1

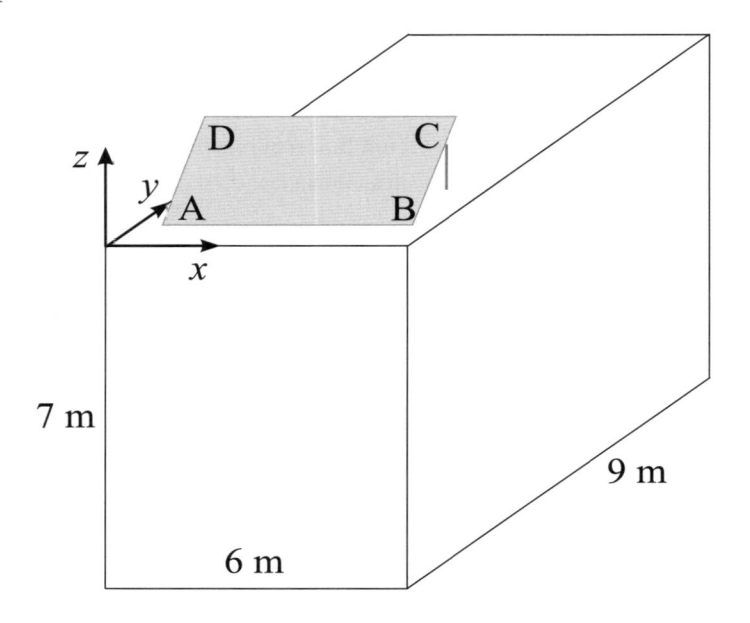

7 m
6 m
9 m

Material 2

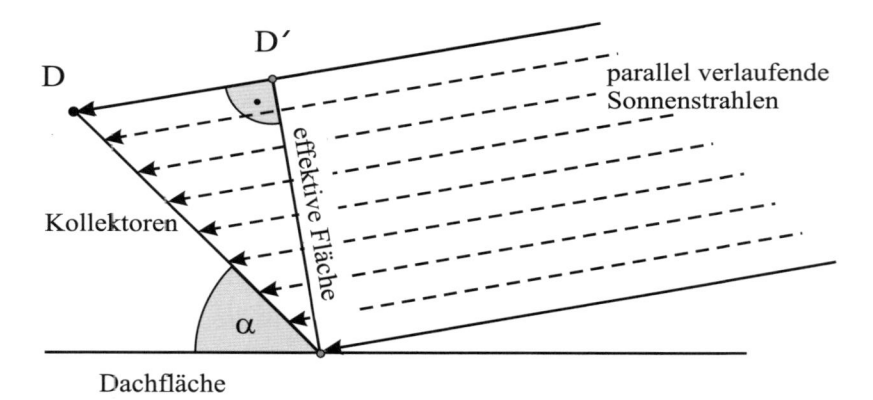

D
D′
parallel verlaufende Sonnenstrahlen
Kollektoren
effektive Fläche
α
Dachfläche

22 Fabrikhalle (LK)

Tipps ab Seite 104, Lösungen ab Seite 219

Eine Fabrikhalle soll in einen gleichmäßig ansteigenden Hang hinein gebaut werden. Dazu wird aus dem Hang Erde abgetragen. Der entstehende Einschnitt in den Hang wird im Folgenden als Baugrube bezeichnet. Das Gelände vor der Baugrube ist eben und liegt in der
x-y-Ebene.
Der Übergang von der x-y-Ebene in den Hang wird von der Geraden g beschrieben, die durch die Punkte A$(-10|30|0)$ und B$(-30|90|0)$ verläuft (Material). Diese Punkte sind gleichzeitig die beiden vorderen Eckpunkte der rechteckigen Grundfläche der Baugrube. Der Punkt D$(-40|20|0)$ ist ein weiterer Eckpunkt dieser Grundfläche.
Modellhaft kann angenommen werden, dass der Hang in einer Ebene H liegt. In dieser Ebene liegen auch die beiden oberen Eckpunkte E und F$(-45|5|15)$ der Baugrube.

a) Berechnen Sie den fehlenden Eckpunkt der Grundfläche ABCD der Baugrube.
   Bestätigen Sie durch Rechnung, dass diese Grundfläche bei A einen rechten Winkel besitzt.
   Geben Sie eine Gleichung der Hangebene H in Parameterform an und bestimmen Sie eine Koordinatengleichung dieser Ebene.
   [Zur Kontrolle: H: $9x + 3y + 26z = 0$]

b) Von einem festen Messpunkt P$(30|20|5)$ außerhalb der Baustelle wird der obere Eckpunkt E der Baugrube über den Vektor $\vec{v} = \begin{pmatrix} -21 \\ 15 \\ 2 \end{pmatrix}$ anvisiert.
   Bestimmen Sie die Koordinaten des Punktes E.

Die Punkte C, D, E und F sind die Eckpunkte der «hinteren Wand» der Baugrube. Sie liegen in der steil abfallenden Ebene J.
Eine Koordinatengleichung dieser Ebene lautet J: $3x + y + 2z = -100$.
Nach Bauvorschrift darf eine solche Ebene gegenüber der Grundfläche höchstens einen Steigungswinkel von 60° besitzen.
Untersuchen Sie, ob die Ebene J die Vorgabe der Bauvorschrift erfüllt.

c) Zwei Meter unterhalb des Mittelpunktes der Grundfläche ABCD beginnt die Entwässerungsleitung des gesamten Bauvorhabens. Sie hat ein gleichmäßiges Gefälle von 2%.
   Die Gerade, die sich durch die Projektion der Entwässerungsleitung in die x-y-Ebene ergibt, hat den Richtungsvektor $\vec{v} = \begin{pmatrix} 4 \\ 3 \end{pmatrix}$.
   Bestimmen Sie für den dreidimensionalen Raum die Gleichung der Geraden g_E, die den

22. Fabrikhalle (LK)

Verlauf der Entwässerungsleitung beschreibt.

$$\left[\text{zur Kontrolle: } g_E : \vec{x} = \begin{pmatrix} -35 \\ 55 \\ -2 \end{pmatrix} + s \begin{pmatrix} 4 \\ 3 \\ -0,1 \end{pmatrix}\right]$$

d) Der öffentliche Hauptkanal, an den die Entwässerungsleitung angeschlossen werden soll, lässt sich mithilfe folgender Geradengleichung modellhaft beschreiben:

$$g_H : \vec{x} = \begin{pmatrix} 65 \\ 20 \\ -3,5 \end{pmatrix} + r \begin{pmatrix} -2 \\ 4 \\ -0,01 \end{pmatrix}.$$

Da sich die Entwässerungsleitung und der Hauptkanal nicht schneiden, ist ein vertikaler, in Richtung der z-Achse verlaufender Fallschacht einzubauen, der die Entwässerungsleitung mit dem Hauptkanal verbindet. Ermitteln Sie die Höhe dieses Fallschachtes.

e) Entwickeln Sie eine Lösungsstrategie, mit der das Volumen des Erdaushubs für die Baugrube berechnet werden kann. Erläutern Sie die einzelnen Schritte Ihres Lösungsweges. Eine Durchführung der entsprechenden Rechnungen ist nicht erforderlich.

Material

Hang und Baugrube

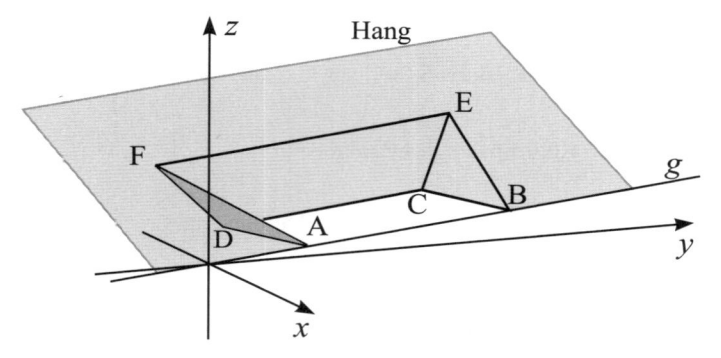

23 Lichtstrahl (LK)

Tipps ab Seite 104, Lösungen ab Seite 219

Für Lichtstrahlen, die auf einen ebenen Spiegel treffen, gilt das Reflexionsgesetz «Einfallswinkel gleich Reflexionswinkel».
Die Gerade, die orthogonal zur Spiegelebene durch den Punkt verläuft, in dem der einfallende Lichtstrahl auf den Spiegel trifft, bezeichnet man als Einfallslot. Der einfallende Strahl, der reflektierte Strahl und das Einfallslot liegen in einer Ebene, die senkrecht auf der Spiegelebene steht.
Im Punkt A$(2|7|4)$ sendet ein Laser einen Lichtstrahl zum Punkt B$(3|2|-2)$, der in einem ebenen Spiegel liegt. Der Spiegel soll so ausgerichtet werden, dass der Lichtstrahl zum Punkt C$(13|4|10)$ reflektiert wird (Material). Der Einfallswinkel zwischen AB und dem Einfallslot sowie der Reflexionswinkel zwischen dem Einfallslot und BC sind mit α bezeichnet.

a) Berechnen Sie die Längen der Vektoren $\overrightarrow{BA}$ und $\overrightarrow{BC}$ und zeigen Sie, dass gilt:

$$\left|\overrightarrow{BC}\right| = 2 \cdot \left|\overrightarrow{BA}\right|$$

Berechnen Sie den Vektor $\vec{v} = \overrightarrow{BA} + \frac{1}{2}\overrightarrow{BC}$, der die Richtung des Einfallslots angibt.
Bestimmen Sie den Einfallswinkel des Lichtstrahls.

b) Bestimmen Sie eine Koordinatengleichung der Spiegelebene F.
[Zur Kontrolle: $2x + 3y + 6z = 0$ ist eine mögliche Koordinatengleichung von F.]

Gegeben ist eine Gerade g:

$$g: \vec{x} = \begin{pmatrix} 3 \\ 2 \\ -2 \end{pmatrix} + r \cdot \begin{pmatrix} 12 \\ 18 \\ -13 \end{pmatrix}, r \in \mathbb{R}$$

Untersuchen Sie die besondere Lage von g in Bezug auf die Ebene, die durch die Punkte A, B und C gegeben ist.

c) Deuten Sie die Zeilen (I) bis (IV) im folgenden Kasten im Sachzusammenhang:

23. Lichtstrahl (LK)

> (I) $\quad k: \vec{x} = \begin{pmatrix} 3 \\ 2 \\ -2 \end{pmatrix} + t \cdot \begin{pmatrix} 2 \\ 3 \\ 6 \end{pmatrix}, t \in \mathbb{R}$
>
> (II) $\quad H: \left[\vec{x} - \begin{pmatrix} 2 \\ 7 \\ 4 \end{pmatrix} \right] \cdot \begin{pmatrix} 2 \\ 3 \\ 6 \end{pmatrix} = 0 \Leftrightarrow 2x + 3y + 6z = 49$
>
> (III) $2 \cdot (3 + 2t) + 3 \cdot (2 + 3t) + 6 \cdot (-2 + 6t) = 49 \Leftrightarrow t = 1; D(5|5|4)$
>
> (IV) $\vec{a} + 2 \cdot \overrightarrow{AD} = \begin{pmatrix} 8 \\ 3 \\ 4 \end{pmatrix}; P(8|3|4)$

d) Durch Drehung der Spiegelebene F um die Gerade g aus Aufgabe b) entsteht die Ebenenschar $E_a : (4,5 + 3a) \cdot x + (4,5a - 3) \cdot y + 9a \cdot z = 7,5$.
Zeigen Sie, dass die Gerade g sowohl in der Ebene F liegt als auch gemeinsame Gerade aller Ebenen der Ebenenschar E_a ist, dass aber F selbst nicht zur Ebenenschar E_a gehört.

e) Der Lichtstrahl von A nach B soll in sich selbst reflektiert werden. Ermitteln Sie eine Koordinatengleichung der zugehörigen Spiegelebene aus der Ebenenschar E_a und erläutern Sie Ihren Ansatz.

Material 1

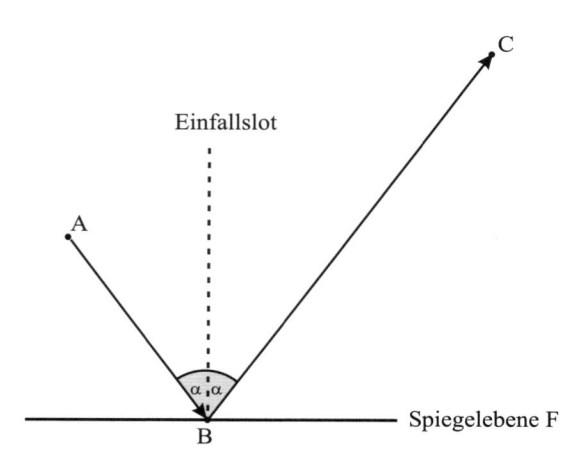

Stochastik

24 Bäckerei

Tipps ab Seite 106, Lösungen ab Seite 228

Eine Großbäckerei stellt Toastbrote mit einem (auf ganze Gramm gerundeten) Sollgewicht von 500 g her. Bei 2% aller Brote tritt eine Abweichung vom Sollgewicht auf.

a) Ein Einzelhändler erhält eine Lieferung von 50 Toastbroten.
   Berechnen Sie, wie viele Brote mit einer Abweichung vom Sollgewicht der Einzelhändler erwarten kann, und erläutern Sie, warum man die Prüfung der Toastbrote auf Abweichung vom Sollgewicht als Bernoullikette auffassen kann.

b) Bestimmen Sie jeweils die Wahrscheinlichkeit folgender Ereignisse:

   A: In der Lieferung weisen mehr als 4 Brote eine Abweichung vom Sollgewicht auf.

   B: In der Lieferung weisen mindestens 47 Brote keine Abweichung vom Sollgewicht auf.

c) Ein Hersteller von Teigportioniermaschinen möchte der Großbäckerei eine neue Maschine verkaufen. Um festzustellen, ob die neue Maschine zuverlässiger ist als die alte, werden beide Maschinen empirisch überprüft. Die Verteilungen für das tatsächliche (auf ganze Gramm gerundete) Brotgewicht Y sind im Material zu sehen. Bei der alten Maschine betragen der Erwartungswert $\mu = E(Y) = 500$ und die Standardabweichung $\sigma \approx 0{,}26$.
   Berechnen Sie für die neue Maschine den Erwartungswert und die Standardabweichung von Y und beurteilen Sie aufgrund dieser Ergebnisse, ob die Anschaffung der neuen Maschine eine Verbesserung in Bezug auf die Einhaltung des Sollgewichts bewirken würde.

d) Bei der Überprüfung der Verpackungsmaschine stellt sich heraus, dass 2% der Brote nicht ordnungsgemäß verpackt werden. Die Warenausgangskontrolle lässt mit einer Wahrscheinlichkeit von 3% ein fehlerhaft verpacktes Brot passieren und sortiert mit einer Wahrscheinlichkeit von 4% ein ordnungsgemäß verpacktes Brot fälschlicherweise aus.
   Stellen Sie diesen Sachverhalt in einem Baumdiagramm oder einer Vierfeldertafel dar.
   Berechnen Sie die Wahrscheinlichkeit, dass die Verpackung eines aussortierten Brotes tatsächlich fehlerhaft ist.

e) **LK:** Seit einiger Zeit häufen sich Reklamationen wegen fehlerhafter Verpackungen. Daraufhin lässt die Großbäckerei die Verpackungsmaschine genauer untersuchen und testet die Nullhypothese $H_0: p \leq 0{,}02$. Bei einer Stichprobe von 100 Broten werden vier fehlerhaft verpackte Brote gefunden. Die Nullhypothese wird daraufhin nicht verworfen.
   Prüfen Sie auf einem Signifikanzniveau von 5%, ob diese Entscheidung gerechtfertigt ist.

24. Bäckerei

Material

alte Maschine

Gewicht in g	497	498	499	500	501	502	503
Anteil Brote	0,2%	0,3%	0,5%	98%	0,4%	0,5%	0,1%

neue Maschine

Gewicht in g	497	498	499	500	501	502	503
Anteil Brote	0,1%	0,0%	1,0%	98%	0,5%	0,4%	0,0%

25 Reisen

Tipps ab Seite 107, Lösungen ab Seite 232

Jedes Jahr im Frühjahr gibt der DRV (Deutscher Reise Verband e.V.) in einer Broschüre einen Kurzüberblick über die wichtigsten Daten der Tourismusbranche. Sofern nicht anders angegeben, beziehen sich die Zahlen dieser Aufgabe auf die von Deutschen durchgeführten Reisen im Jahr 2012.

a) Für die Reiseziele der Reisen ab fünf Tagen Dauer hat der DRV folgende Zahlen ermittelt: 31% der Reiseziele lagen in Deutschland, 7,2% der Reisen waren Fernreisen. Der Rest verteilte sich auf Nah- und Mittelstreckenziele.
Gehen Sie im Folgenden davon aus, dass die angegebenen Zahlen auch für das Jahr 2015 gleich bleiben.
Es werden 100 von Deutschen durchgeführte Reisen ab fünf Tagen Dauer für das Jahr 2015 zufällig ausgewählt.
Bestimmen Sie jeweils unter Angabe einer Zufallsgröße X die Wahrscheinlichkeiten folgender Ereignisse:
Unter den 100 Reisen
- führen genau 31 zu einem Reiseziel innerhalb Deutschlands,
- führen mindestens 31 zu einem Reiseziel innerhalb Deutschlands,
- sind mindestens sechs, aber höchstens acht Fernreisen.

b) Erläutern Sie die Bedeutung der folgenden Gleichung im Sachzusammenhang.

$$P(X = 62) = \binom{100}{62} \cdot (0,618)^{62} \cdot (0,382)^{38} = 0,0818$$

c) Der DRV erfasst gesondert Kurzurlaube. Kurzurlaube sind Urlaube, deren Reisedauer unter fünf Tagen liegt.
76% aller Kurzurlaube gingen ins Inland. 42,6% aller Kurzurlaube ins Inland waren Städtereisen. 8% aller Kurzurlaube waren Städtereisen ins Ausland.
Stellen Sie den Sachverhalt mithilfe eines Baumdiagramms oder einer Vierfeldertafel dar.
Es wurden insgesamt 74,5 Mio. Kurzreisen angetreten. Ermitteln Sie die Gesamtzahl der Städtereisen.
Bei den Kurzurlauben geht ein Reiseanbieter davon aus, dass sich das Reiseverhalten der Deutschen in den folgenden Jahren nicht ändert. Die ermittelten Zahlen aus dem Jahr 2012 werden daher übernommen.
Dem Reiseanbieter liegt im Jahr 2015 eine Buchung einer Städtereise vor. Ermitteln Sie die Wahrscheinlichkeit, dass es sich um eine Auslandsreise handelt.

d) Der DRV stellt bei einer Stichprobe von 200 Reisen nach Deutschland fest, dass 40 davon in den Schwarzwald gingen.
Wie groß ist mit 95%-iger Sicherheit der Anteil aller Deutschlandreisen, die in den Schwarzwald gingen?

e) **LK:** Der DRV stellt in einer Broschüre außerdem fest, dass im Jahr 2012 8% der Pauschalreisen online gebucht wurden.
Eine Reisebürokette vermutete, dass sich der Anteil der online gebuchten Pauschalreisen im Jahr 2013 erhöht habe. Um dies zu überprüfen, werden 100 von Deutschen durchgeführte Pauschalreisen des Jahres 2013 zufällig ausgewählt und die betroffenen Reisenden nach ihrem Buchungsverhalten befragt.
Die Reisebürokette testete die Nullhypothese: $H_0: p \leq 0,08$. Entwickeln Sie im Sachzusammenhang eine Entscheidungsregel auf einem Signifikanzniveau von 5%.

f) **LK:** Erläutern Sie den Fehler 1. Art und den Fehler 2. Art im Sachzusammenhang.
Im Frühjahr 2014 gab der DRV bekannt, dass 15% der von Deutschen im Jahr 2013 durchgeführten Pauschalreisen online gebucht wurden. Ermitteln Sie die Wahrscheinlichkeit, dass die Reisebürokette bei ihrem Hypothesentest einen Fehler 2. Art beging.

26 Ampel

Tipps ab Seite 108, Lösungen ab Seite 236

Eine der wichtigsten Verbindungsstrecken zwischen zwei Städten A und B ist die Kreisstraße K 17.

a) Jeder Autofahrer, der von A nach B auf der K 17 fährt, kommt an zwei Ampeln vorbei. Die Erfahrung zeigt, dass die erste Ampel in 7 von 10 Fällen ohne anhalten zu müssen passiert werden kann.
Herr Pendler fährt an jedem Werktag über die K 17 zur Arbeit.
Herr Pendler glaubt, dass auch die zweite Ampel zu 70 %, ohne anhalten zu müssen, überquert werden kann, und behauptet gegenüber einem Arbeitskollegen: «Die Wahrscheinlichkeit, dass ich an keiner der beiden Ampeln halten muss, beträgt 49 %».
Beschreiben Sie, wie er diesen Wert berechnet hat und welche Annahme er dabei machen muss.
Tatsächlich beträgt die Wahrscheinlichkeit, beide Ampeln ohne anzuhalten zu überqueren, 58 %.
Bestimmen Sie die Wahrscheinlichkeit, dass die zweite Ampel ebenfalls ohne anzuhalten überquert werden kann, wenn man bereits die erste Ampel ohne anzuhalten überquert hat.

b) Auf der Kreisstraße K 17 zwischen A und B halten sich 80 % der Autofahrer an die baustellenbedingte Geschwindigkeitsbegrenzung von 30 km/h. Um die Sicherheit der Verkehrsteilnehmer zu erhöhen, hat die Polizei ein Gerät zur Geschwindigkeitsmessung («Blitzer») aufgestellt. Gehen Sie davon aus, dass Autofahrer, die sich nicht an die Geschwindigkeitsbegrenzung halten, in jedem Fall geblitzt werden. Die Zufallsvariable X soll die Anzahl der geblitzten Autofahrer darstellen.

Erläutern Sie, unter welchen Bedingungen man die Geschwindigkeitsmessung als Bernoullikette interpretieren kann.

Gehen Sie davon aus, dass es sich bei folgendem Zufallsexperiment um eine Bernoullikette handelt:
Es werden 20 Autofahrer kontrolliert. Bestimmen Sie die Wahrscheinlichkeit dafür, dass
A: 3 Autofahrer geblitzt werden,
B: sich genau 15 Autofahrer an die Geschwindigkeitsbegrenzung halten,
C: mindestens 3 Autofahrer geblitzt werden.

c) Zwei Monate nach dem Aufstellen des Blitzers geht die Polizei davon aus, dass das Verhalten der Verkehrsteilnehmer sich deutlich verbessert hat und nur noch 10 % statt 20 % der Autofahrer auf dem Streckenabschnitt zu schnell fahren. Um diese Aussage zu überprüfen, sollen an einem Pressetermin zufällig 20 Autofahrer beobachtet werden.

26. Ampel

«Werden höchstens zwei Autos geblitzt, so hat sich das Aufstellen des Blitzers für die Straßensicherheit gelohnt», so der Polizeipressesprecher.

Es sei X die Anzahl der geblitzten Autofahrer.
Berechnen Sie für die Zufallsvariable X den Erwartungswert und die Standardabweichung unter der Annahme, dass sich das Verhalten, wie oben beschrieben, verbessert hat.

d) Bei einer Stichprobe von 50 Autofahrern werden 7 Autofahrer geblitzt.
   Wie groß ist mit 95%-iger Sicherheit der Anteil der geblitzten Autofahrer unter allen Autofahrern?

e) **LK:** Formulieren Sie für den unter Aufgabe c) beschriebenen Hypothesentest mit der Nullhypothese $H_0: p \geq 0,2$ sowohl den Fehler erster als auch den Fehler zweiter Art im Sachzusammenhang.

27 Handys

Tipps ab Seite 109, Lösungen ab Seite 239

Die Firma Noko stellt Handys in Massenproduktion her.
Jedes Handy ist mit einer Wahrscheinlichkeit von 10% fehlerhaft.

a) Mit welchem mathematischen Modell lässt sich das Ziehen einer Stichprobe von 100 Handys beschreiben?
Berechnen Sie die Wahrscheinlichkeit für folgende Ereignisse:
A: Weniger als 5 Handys sind fehlerhaft.
B: Genau 3 Handys sind fehlerhaft.
C: Mindestens 90 Handys funktionieren.

b) Bestimmen Sie das kleinstmögliche Intervall mit Mittelpunkt 10, in dem die Anzahl der fehlerhaften Handys bei insgesamt 100 betrachteten Handys mit einer Wahrscheinlichkeit von mindestens 95% liegt.
Wie viele Handys müssen der Produktion mindestens entnommen werden, damit mit einer Wahrscheinlichkeit von mehr als 99% wenigstens ein fehlerhaftes dabei ist?

c) Zur Aussonderung fehlerhafter Handys gibt es eine Qualitätskontrolle, welche folgendes leistet:
Unter allen geprüften Handys beträgt der Anteil der Handys, die einwandfrei sind und dennoch ausgesondert werden, 4%.
Insgesamt werden 93% aller Handys nicht ausgesondert.
Bestimmen Sie die Wahrscheinlichkeit dafür, dass ein Handy fehlerhaft ist und ausgesondert wird.
Welcher Anteil der fehlerhaften Handys wird demnach ausgesondert?

d) Bei einer weiteren Stichprobe von 150 Handys waren 12 fehlerhaft.
Wie groß ist der Anteil fehlerhafter Handys in der Gesamtproduktion bei einer Irrtumswahrscheinlichkeit von 5%?

e) **LK:** Die Firma Noko garantiert nun, dass bei einer Lieferung höchstens 4% der Handys fehlerhaft sind.
Der Großhändler macht eine Stichprobe mit 100 Handys und findet 7 fehlerhafte.
Kann er hieraus mit einer Irrtumswahrscheinlichkeit von 5% schließen, dass die Firma Noko eine falsche Angabe gemacht hat?

28 Internet (LK)

Tipps ab Seite 109, Lösungen ab Seite 241

Im Folgenden werden mit «Internetnutzer» alle privaten Internetnutzerinnen und Internetnutzer in Deutschland ab einem Alter von 10 Jahren bezeichnet.

> 28% der Internetnutzer telefonierten im Jahr 2013 über das Internet. Dies teilte das Statistische Bundesamt (Destatis) anlässlich des Weltkommunikationstages am 17. Mai 2014 mit. Besonders beliebt ist diese Art der Kommunikation bei jungen Menschen: 42% der Internetnutzer im Alter von 10 bis 24 Jahren nutzten 2013 dieses Medium zum Telefonieren. Bei den 25- bis 54-Jährigen war es etwa jeder Vierte (26%). Ältere Internetnutzer nahmen diese technische Möglichkeit weniger in Anspruch: Bei den 55-Jährigen und Älteren telefonierte etwa jeder Fünfte (21%) über das Internet.
> Im Jahr 2013 waren rund 55% aller Internetnutzer im Alter von 25 bis 54 Jahren.

Daten übernommen aus: Statistisches Bundesamt, Zahl der Woche vom 13.Mai 2014

a) Im Jahr 2013 wird für eine weitere Untersuchung über das Nutzungsverhalten im Internet eine große Anzahl zufällig ausgewählter Internetnutzer befragt.
Bestimmen Sie die Wahrscheinlichkeit, dass unter den ersten zehn befragten Personen

- genau drei Personen dabei sind, die das Internet für Telefonate nutzen,
- höchstens drei Personen dabei sind, die das Internet für Telefonate nutzen.

b) Von zehn der zufällig ausgewählten Internetnutzer weiß man, dass genau zwei das Internet für Telefonate nutzen. Die zehn Personen werden nacheinander in zufälliger Reihenfolge befragt. Bestimmen Sie die Wahrscheinlichkeit, dass unter den ersten drei Befragten genau einer dabei ist, der das Internet für Telefonate nutzt.

c) Der Artikel über Internettelefonate in Deutschland enthält keine Angaben darüber, wie viel Prozent der Internetnutzer im Jahr 2013

- das Internet für Telefonate nutzen und im Alter von 25 bis 54 Jahren sind,
- 10 bis 24 Jahre alt sind.

Bestimmen Sie diese beiden Anteile.

Schon im Frühjahr 2014 ist man davon überzeugt, dass der Anteil der Internetnutzer, die das Internet zum Telefonieren nutzen, über 28% liegt und sich damit im Vergleich zu 2013 erhöht hat. Zur Überprüfung dieser Hypothese will man einen Test auf der Basis einer zufällig ausgewählten Stichprobe von 50 Internetnutzern durchführen.

d) Entwickeln Sie einen Hypothesentest mit einem Signifikanzniveau von 1% unter Angabe einer Entscheidungsregel.

e) Angenommen, der Anteil p_1 der Internetnutzer, die das Internet zum Telefonieren nutzen, hat sich im Frühjahr 2014 im Vergleich zu 2013 tatsächlich erhöht.
Bei dem Funktionsgraphen im Material wird in Abhängigkeit von p_1 die Wahrscheinlichkeit β dargestellt, bei einem zweiten Test zur Überprüfung derselben Hypothese mit dem Stichprobenumfang der Länge n = 50 und einem im Vergleich zu Aufgabe 3.1 veränderten Signifikanzniveau α einen Fehler 2. Art zu begehen (Operationscharakteristik).
Geben Sie β bei diesem Test mithilfe des Materials an, wenn der tatsächliche Anteil p_1 der Internetnutzer, die das Internet im Frühjahr 2014 zum Telefonieren nutzen, 35% beträgt, und erläutern Sie den Wert im Sachzusammenhang.
Bestimmen Sie den zu diesem Test zugehörigen Ablehnungsbereich.

Material

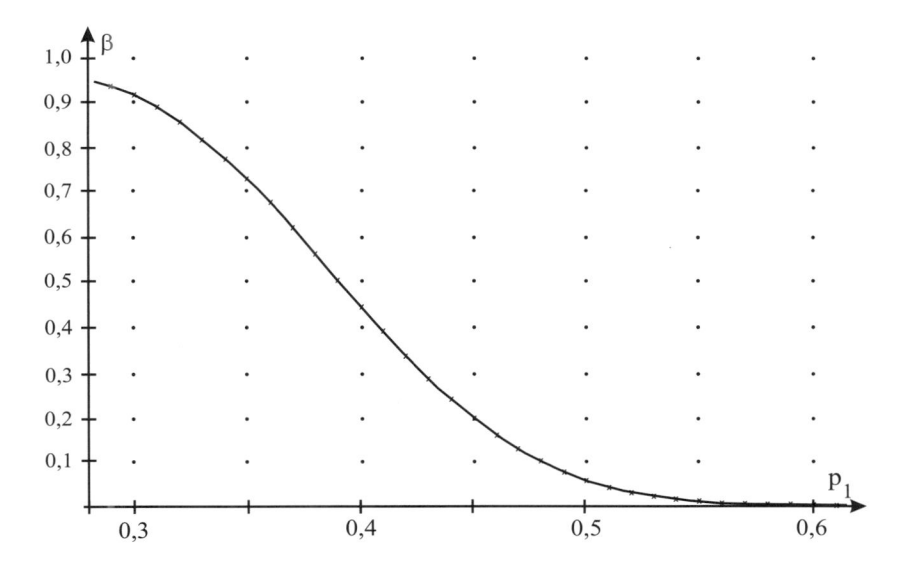

29 Automobil-Zulieferer

Tipps ab Seite 111, Lösungen ab Seite 245

Ein Unternehmen der Automobil-Zulieferindustrie produziert an einem Standort A elektronische Bauteile für Personenkraftwagen. Um seine Wirtschaftlichkeit zu erhöhen, möchte das Unternehmen einen Teil der 1200 Mitarbeiter, die in der Produktion arbeiten, langfristig in zwei andere Standorte B und C verlegen. Da diese Standorte attraktiver sind, finden sich dauerhaft genügend Freiwillige. Einige der nach Standort B und C versetzten Mitarbeiter sollen nach gewisser Zeit zurück zum Standort A kommen, um Wissenstransfer zu gewährleisten. Im Sinne einer langfristigen Personalentwicklungsplanung legt die Firma Quoten für den Wechsel der Standorte fest, die über mehrere Jahre stabil bleiben.

Das Unternehmen setzt daher folgende Übergangsmatrix M fest (Die Übergänge finden «von Spalten zu Zeilen» statt:

$$M = \begin{pmatrix} 0{,}7 & 0{,}1 & 0{,}1 \\ 0{,}2 & 0{,}85 & 0 \\ 0{,}1 & 0{,}05 & 0{,}9 \end{pmatrix}$$

a) Stellen Sie die Entwicklung der Mitarbeiterzahlen in einem Übergangsdiagramm dar und erklären Sie am Beispiel einer Zeile und einer Spalte von M, wie sich die Mitarbeiterzahlen innerhalb eines Jahres entwickeln werden.

b) Zu Beginn arbeiten sämtliche 1200 Mitarbeiter am Standort A. Berechnen Sie die Verteilung auf die Standorte A, B und C nach einem und nach zwei Jahren

c) Berechnen Sie M^2 und interpretieren Sie die Koeffizienten dieser Matrix im Anwendungszusammenhang.

d) Es gilt:
$$M^{10} = \begin{pmatrix} 0{,}255 & 0{,}249 & 0{,}248 \\ 0{,}382 & 0{,}426 & 0{,}230 \\ 0{,}363 & 0{,}325 & 0{,}522 \end{pmatrix}$$

Interpretieren Sie die Bedeutung dieser Matrix bezüglich der Entwicklung der Mitarbeiterzahlen der Standorte A, B und C im Unternehmen.

30 Insektenpopulation

Tipps ab Seite 111, Lösungen ab Seite 247

Viele Insektenarten vermehren sich nicht nur durch befruchtete Eier, sondern auch durch unbefruchtete Eier. Unter Laborbedingungen entwickelt sich die Population einer solchen Insektenart nach einem stark vereinfachten Modell in drei Entwicklungsstufen. Dabei schlüpfen aus Eiern (E) nach einer Woche Insekten der ersten Entwicklungsstufe (I_1), die nach einer Woche unbefruchtete Eier legen und sich in voll ausgebildete Insekten (I_2) verwandeln. Diese legen nach einer weiteren Woche befruchtete Eier und sterben danach. Gezählt werden neben den Eiern jeweils nur die weiblichen Insekten. Die wöchentliche Entwicklung der Population kann durch den abgebildeten Übergangsgraphen beschrieben werden.

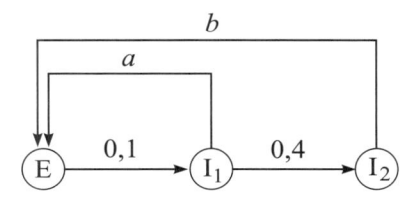

a) Begründen Sie, dass die in dem Übergangsgraphen dargestellte Populationsentwicklung durch die Übergangsmatrix $\ddot{U}_{a,b} = \begin{pmatrix} 0 & a & b \\ 0{,}1 & 0 & 0 \\ 0 & 0{,}4 & 0 \end{pmatrix}$ angegeben wird, und erklären Sie die Bedeutung der Parameter a und b.

b) Ein Laborversuch wird mit 1000 Eiern, aber ohne Insekten der Entwicklungsstufen I_1 und I_2 gestartet. Außerdem gelte $a = 10$ und $b = 5$.
Geben Sie die spezielle Übergangsmatrix an und untersuchen Sie die Entwicklung der Population für die folgenden drei Wochen.

c) **LK:** Nach vier Wochen besteht die in Teilaufgabe b) beobachtete Population aus 1000 Eiern, 20 Insekten der Entwicklungsstufe I_1 und 40 Insekten der Entwicklungsstufe I_2.
Durch einen einmaligen Pestizideinsatz werden 60 % der Eier und 60 % der Insekten jeder der beiden Entwicklungsstufen I_1 und I_2 vernichtet. Zudem geht den Insekten der beobachteten Population dauerhaft die Fähigkeit verloren, auf der Entwicklungsstufe I_1 unbefruchtete Eier zu legen.
Geben Sie die zugehörige Übergangsmatrix an.
Prüfen Sie, ob die so geschwächte Population auf lange Sicht überlebensfähig ist.

d) **LK:** Ermitteln Sie die langfristige Entwicklung der Anfangspopulation (z.B. nach 4 Wochen) aus Teilaufgabe b) unter der Voraussetzung, dass die Überlebens- und Vermehrungsverhältnisse dauernd durch die Übergangsmatrix $\ddot{U}_{a,b}$ aus Teilaufgabe a) mit $a = 10$ und $b = 5$ gegeben sind.

e) **LK:** Eine andere Insektenpopulation vermehre sich ebenfalls gemäß der Übergangsmatrix

$$\ddot{U}_{a,b} = \begin{pmatrix} 0 & a & b \\ 0,1 & 0 & 0 \\ 0 & 0,4 & 0 \end{pmatrix},$$

die Werte der Parameter a und b seinen aber nicht bekannt.

Prüfen Sie, ob es Werte für a und b gibt, so dass sich eine Anfangspopulation aus 500 Eiern, 0 Insekten der Entwicklungsstufe I_1 und 50 Insekten der Entwicklungsstufe I_2 nach 3 Wochen zu einer Population von 600 Eiern, 30 Insekten der Entwicklungsstufe I_1 und 24 Insekten der Entwicklungsstufe I_2 entwickeln kann. Falls ja, bestimmen Sie a und b.

31 Supermarkt

Tipps ab Seite 112, Lösungen ab Seite 251

Modellhaft werden die Umsätze dreier Unternehmensgruppen betrachtet:

- der Supermarktkette S
- des Kaffee-Filialisten K sowie
- aller restlichen Unternehmen, die mit D bezeichnet werden.

Sowohl die Supermarktkette S als auch der Kaffee-Filialist K sind seit einiger Zeit besorgt über ihre Umsätze. Die jährliche Umsatzentwicklung kann durch die folgende Matrix N beschrieben werden:

$$\text{nach } \begin{matrix} \\ S \\ K \\ D \end{matrix} \quad N = \begin{pmatrix} \overset{\text{von}}{S} & K & D \\ 0{,}9 & 0 & 0 \\ 0 & 0{,}95 & 0 \\ 0{,}1 & 0{,}05 & 1 \end{pmatrix}$$

a) Die anfänglichen jährlichen Umsätze werden durch den Vektor $\vec{a_0} = \begin{pmatrix} 8 \\ 2 \\ 5 \end{pmatrix}$ dargestellt, wobei 8 den Umsatz von S, 2 den Umsatz von K und 5 den Umsatz von D bedeutet (in Millionen €).

Berechnen Sie davon ausgehend die Umsätze von S und von K nach 1 und nach 2 Jahren.

Erläutern Sie die erste Spalte der Matrix N im Sachzusammenhang.

Erläutern Sie die dritte Spalte der Matrix N im Sachzusammenhang.

b) **LK:** Marketing-Untersuchungen haben ergeben, dass sich durch eine Aufnahme von K-Filialen in die S-Märkte die Umsätze beider Partner anders entwickeln, und zwar wie durch folgende Matrix dargestellt:

$$M = \begin{pmatrix} 0{,}9 & 0{,}2 & 0{,}1 \\ 0{,}05 & 0{,}9 & 0{,}1 \\ 0{,}05 & 0{,}1 & 0{,}8 \end{pmatrix}$$

Beurteilen Sie – von $\vec{a_0}$ ausgehend – aus der Sicht beider Partner, ob sich eine Aufnahme von K-Filialen in die S-Märkte lohnen wird.

Der Vektor $\vec{a} = \begin{pmatrix} s \\ k \\ d \end{pmatrix}$ stellt den Umsatz in einem Jahr dar. Dabei steht s für den Umsatz von S, k für den Umsatz von K und d für die Umsätze der restlichen Unternehmen D.

Zeigen Sie:

Der Gesamtumsatz aller drei Unternehmensgruppen im Folgejahr beträgt $s + 1{,}2k + d$.

Untersuchen Sie, durch welche Eigenschaft von M die Steigerung begründet ist.

Tipps

1. Prüfungsteil (HMF)

Analysis

1. a) Überlegen Sie, welcher Punkt auf dem Graphen von f liegt, wo der Graph von f eine waagrechte Tangente oder einen Wendepunkt hat und ob es eine waagrechte Asymptote gibt.

   b) Verwenden Sie zum Skizzieren die gegebenen Eigenschaften.

2. a) Beachten Sie die Anzahl der Extrempunkte, die Symmetrie und das Verhalten der Graphen für $x \to \pm\infty$.

   b) Das angegebene Integral erhalten Sie mithilfe des Hauptsatzes der Differential- und Integralrechnung. Verwenden Sie die angegebene Funktion h als Stammfunktion.

3. a) Leiten Sie f drei mal ab und bestimmen Sie die Wendestelle x_W mithilfe der notwendigen Bedingung $f''(x) = 0$. Prüfen Sie, ob $f'''(x_W) \neq 0$ ist. Den zugehörigen y-Wert y_W erhalten Sie, indem Sie x_W in $f(x)$ einsetzen. Die Steigung m_t der Tangente erhalten Sie, indem Sie x_W in $f'(x)$ einsetzen. Die Gleichung der Tangente t erhalten Sie mithilfe der Punkt-Steigungsform: $y - y_W = m_t \cdot (x - x_W)$.

   b) Setzen Sie den Term der Tangente im Wendepunkt gleich Null und lösen Sie die Gleichung nach x auf.

4. Überlegen Sie, welche Graphen die Graphen trigonometrischer Funktionen sind.
   Betrachten Sie beispielsweise bei $x \approx 3$, welcher Graph einen Sattelpunkt hat, welcher Graph die x-Achse berührt (Tiefpunkt) und welcher Graph eine Nullstelle mit Vorzeichenwechsel von $-$ nach $+$ hat.
   Überlegen Sie, welche Graphen die Graphen ganzrationaler Funktionen sind und welchen Grad die Funktionen jeweils haben.

5. a) Die Schnittstellen der beiden Graphen von f und g erhalten Sie, indem Sie die Funktionsterme gleichsetzen und die enststandene Gleichung nach x auflösen.

   b) Den Flächeninhalt A der Fläche, die die beiden Graphen einschließen, erhalten Sie mithilfe eines Integrals; die Integrationsgrenzen sind die beiden Schnittstellen. Beachten Sie, dass K_f oberhalb von K_g verläuft.

6. Wählen Sie als Ansatz für die Funktion f den Term $f(x) = ax^3 + bx^2 + cx + d$ und bestimmen Sie die zugehörigen Ableitungen $f'(x)$ und $f''(x)$.

Bestimmen Sie jeweils zwei Bedingungen für den Wendepunkt W und den Hochpunkt H und geben Sie die entsprechenden Gleichungen an.

7. Skizzieren Sie die Problemstellung. Überlegen Sie, wie die Grundseite g und die zugehörige Höhe h in Abhängigkeit von x bestimmt werden können. Bestimmen Sie den Flächeninhalt $A(x) = g \cdot h$ des betrachteten Rechtecks in Abhängigkeit von x.

8. a) Die Nullstellen der Funktion f erhalten Sie, indem Sie die Gleichung $f(x) = 0$ mithilfe des Satzes vom Nullprodukt nach x auflösen.
   b) Bilden Sie die 1. Ableitung von F mit der Produktregel $(u \cdot v)' = u' \cdot v + u \cdot v'$. Falls $F'(x) = f(x)$ gilt, ist F eine Stammfunktion von f.
   Verwenden Sie als Ansatz einer weiteren Stammfunktion G von f die Form: $G(x) = F(x) + c$. Stellen Sie mit $G(1) = 2e$ eine Gleichung auf und lösen Sie diese nach c auf.

9. (1) Beachten Sie, dass der Graph von f die Steigung des Graphen von F beschreibt. Eine Funktion F ist monoton wachsend, wenn gilt: $F'(x) \geqslant 0$.
   (2) Überlegen Sie, an welchen Stellen der Graph von f Punkte mit waagerechter Tangente hat. Daraus können Sie folgern, dass f' an diesen Stellen Nullstellen hat.
   (3) Verwenden Sie die Tatsache, dass f eine Stammfunktion von f' ist und berechnen Sie das Integral mithilfe des Hauptsatzes der Differential- und Integralrechnung:
   $$\int_a^b f(x)\,\mathrm{d}x = F(b) - F(a).$$
   (4) Überlegen Sie, ob der Graph von f bei $x = 0$ einen Wendepunkt hat und wie groß die Steigung an dieser Stelle ist. Beachten Sie, dass der Graph von f für $-1 \leqslant x < 0$ und für $0 < x \leqslant 1$ eine negative Steigung hat.

10. a) Überlegen Sie, wie der Graph von e^{-x} aus dem Graph von e^x hervorgeht und welche Bedeutung das Minuszeichen vor e^{-x} sowie die Zahl (+2) haben.
    b) Bestimmen Sie mithilfe der Kettenregel die 1. Ableitung von $f(x)$ und $g(x)$ und berechnen Sie $f(0)$, $g(0)$, $f'(0)$ und $g'(0)$.

11. Verwenden Sie $f(x) = x^2 + bx + c$ sowie deren 1. Ableitung.
    Stellen Sie mithilfe des gegebenen Punktes und der Steigung in diesem Punkt zwei Gleichungen auf und lösen Sie das entstandene Gleichungssystem.

12. a) Zur Bestimmung des Monotonieverhaltens von f lesen Sie aus dem gegebenen Graph von f' ab, wo die Kurve oberhalb, auf bzw. unterhalb der x-Achse verläuft.
    Ist $f'(x) \geqslant 0$, so ist f monoton wachsend.
    Zur Bestimmung der Extremstellen von f lesen Sie die Schnittstellen der zu f' gehörigen Kurve mit der x-Achse (Nullstellen mit Vorzeichenwechsel) ab.
    Zur Bestimmung der Wendestellen von f lesen Sie die Extremstellen von f' ab.

b) Um den Graph von f zu skizzieren, verwenden Sie obige Aussagen. Bestimmen Sie die Art der Extremstelle und beachten Sie jeweils die Steigung in den Wendepunkten, die Sie am Graph von f' ablesen können.

13. a) Die zweite Ableitung f'' erhalten Sie, indem Sie die gegebene 1. Ableitung mithilfe der Produkt- und Kettenregel ableiten: $(u(x) \cdot v(x))' = u'(x) \cdot v(x) + u(x) \cdot v'(x)$ sowie $(u(v(x)))' = u'(v(x)) \cdot v'(x)$.

b) Bestimmen Sie die doppelte Nullstelle von f sowie das Verhalten von $f(x)$ für $x \to \infty$.

14. a) Beachten Sie, dass der Graph von f eine Extremstelle (Minimum) hat, so dass der Graph von f' an dieser Stelle eine Nullstelle mit Vorzeichenwechsel von $-$ nach $+$ hat.
Beachten Sie, dass der Graph von f eine Wendestelle mit positiver Steigung hat, so dass der Graph von f' an dieser Stelle eine Extremstelle (Maximum) hat.
Beachten Sie, dass der Graph von f eine Wendestelle mit Steigung Null (Sattelpunkt) hat, so dass der Graph von f' an dieser Stelle eine Nullstelle ohne Vorzeichenwechsel, d.h. eine Extremstelle hat. Kontrollieren Sie, ob die Steigung vor und nach dem Sattelpunkt positiv ist, so dass der Graph von f' an dieser Stelle ein Minimum hat.

b) Überlegen Sie, wie viele Wendepunkte der Graph von f mindestens besitzt und wie viele Lösungen damit die Gleichung $f''(x) = 0$ mindestens hat. Schließen Sie dann vom Grad der Funktionsgleichung der 2. Ableitungsfunktion auf den Grad von f.

15. a) Überlegen Sie, welche Bedeutung die Nullstellen sowie die Extremstelle von f für die Funktion F haben. Beachten Sie, dass F keine eindeutige Stammfunktion ist.

b) Schreiben Sie $F(6) - F(2)$ mithilfe des Hauptsatzes der Differential- und Integralrechnung als Integral und interpretieren Sie dieses als Flächeninhalt der Fläche zwischen dem Graph von f und der x-Achse. Schätzen Sie dann diesen Flächeninhalt ab.

16. a) Beachten Sie, dass der Graph von f eine verschobene Normalparabel und der Graph von g eine Gerade ist.

b) Stellen Sie zuerst eine Funktion $d(x)$ auf, welche die Differenz der Funktionswerte von f und g angibt. Anschließend bestimmen Sie das Minimum von $d(x)$ mit der 1. und 2. Ableitung von $d(x)$. Als notwendige Bedingung lösen Sie die Gleichung $d'(x) = 0$ und prüfen Sie, ob $d''(x) > 0$ ist.

17. a) Setzen Sie die x-Koordinate von C in $f(x)$ ein.

b) Skizzieren Sie das Rechteck ABCD und den Graphen von f und bestimmen Sie die Schnittstellen des Graphen von f mit dem Rechteck. Den Flächeninhalt A_1 der unteren Teilfläche erhalten Sie mithilfe eines Integrals. Die Integrationsgrenzen sind die Schnittstellen. Bestimmen Sie den Flächeninhalt des Rechtecks und damit den

Flächeninhalt A_2 der oberen Teilfläche. Das Verhältnis v der Inhalte der beiden Teilflächen erhalten Sie, indem Sie die eine Teilfläche durch die andere Teilfläche teilen.

18. a) Setzen Sie $x = 4$ in $f(x)$, $f'(x)$ und $f''(x)$ ein und zeigen Sie damit, dass der Graph von f bei $x = 4$ einen Hochpunkt hat.

    b) Überlegen Sie, welche Stellen der Funktion f durch die gegebene Gleichung berechnet werden, wie viele Extrempunkte der Graph von f haben kann und wo diese liegen.

19. Überlegen Sie, was mithilfe der Terme $\int_0^a f_3(x)\,\mathrm{d}x$ und $\int_0^b f_4(x)\,\mathrm{d}x$ berechnet wird. Beachten Sie, dass der Flächeninhalt A des markierten Flächenstücks einen positiven Wert aufweist.

20. (1) Prüfen Sie, ob beim Graph von f' eine Nullstelle mit Vorzeichenwechsel von $-$ nach $+$ vorliegt.

    (2) Prüfen Sie, ob f für $-2 < x < -1$ streng monoton wachsend ist; dies ist der Fall, wenn in diesem Intervall der Graph von f' oberhalb der x-Achse verläuft. Alternativ können Sie auch mithilfe eines Integrals und dem zugehörigen Flächeninhalt argumentieren.

    (3) Bestimmen Sie $f''(-2)$ mithilfe der Steigung des Graphen von f' sowie $f'(-2)$ mithilfe des gegebenen Graphen.

    (4) Überlegen Sie anhand der Anzahl der Extrempunkte von f', welchen Grad f' hat. Beachten Sie, dass bei einer ganzrationalen Funktion gilt: Grad $f = $ Grad $f' + 1$.

21. Skizzieren Sie die Gerade mit der Gleichung $y = 4 - \frac{1}{2}x$ im Intervall $[0; 4]$, welche um die x-Achse rotiert. Beachten Sie, dass ein abgeschnittener Körper vorliegt.

22. a) Um zu zeigen, dass sich die Graphen von f und g im Ursprung berühren, weisen Sie nach, dass beide Graphen den Ursprung $(0 \mid 0)$ enthalten und dass die Steigung im Ursprung jeweils gleich groß ist. Setzen Sie $x = 0$ in $f(x)$ und $g(x)$ ein und setzen Sie $x = 0$ in $f'(x)$ und $g'(x)$ ein.

    b) Sie erhalten einen Rechenausdruck zur Berechnung des Flächeninhalts A der Fläche, die von den Graphen von f und g im 1. Feld eingeschlossen wird, mit Hilfe eines Integrals. Zur Bestimmung der Integrationsgrenzen bestimmen Sie die Schnittstellen der Graphen von f und g durch Gleichsetzen. Verwenden Sie den Satz vom Nullprodukt. Beachten Sie, dass der Graph von f oberhalb des Graphen von g verläuft.

23. a) Die Nullstellen der Funktion f_a erhalten Sie, indem Sie die Gleichung $f_a(x) = 0$ nach x auflösen.

b) Bestimmen Sie zuerst die 1. Ableitung von f_a mithilfe der Produkt- und Kettenregel. Setzen Sie die positive Nullstelle von f_a in $f_a{'}(x)$ ein. Falls das erhaltene Ergebnis ungleich Null ist, ist die notwendige Bedingung für eine Extremstelle nicht erfüllt.

24. a) Lösen Sie die Gleichung $f_a(-2) = -2$ durch Logarithmieren nach a auf; beachten Sie, dass $\ln 1 = 0$ ist.

    b) Bestimmen Sie mithilfe der Produkt- und Kettenregel die 1. und 2. Ableitung von f_a. Lösen Sie als notwendige Bedingung die Gleichung $f_a{'}(x) = 0$ nach x auf. Setzen Sie den erhaltenen x-Wert in $f_a{''}(x)$ ein; falls $f_a{''}(x) > 0$ handelt es sich um einen Tiefpunkt.

25. a) Den y-Wert des Punktes $P_a(1 \mid f_a(1))$ erhalten Sie, indem Sie $x = 1$ in $f_a(x)$ einsetzen.

    b) Zur Bestimmung der Gleichung der Tangente t_a an den Graphen der Funktion f_a im Punkt P_a benötigen Sie die Koordinaten des Punktes P_a sowie die Steigung m_a in P_a. Die Steigung m_a in P_a erhalten Sie, indem Sie $x = 1$ in die 1. Ableitung von f_a einsetzen, die Sie mit der Kettenregel bestimmen. Setzen Sie die Koordinaten von P_a und die Steigung m_a in die Punkt-Steigungsform $y - y_1 = m \cdot (x - x_1)$ ein.

Vektorgeometrie

1. Prüfen Sie, ob die Richtungsvektoren ein Vielfaches voneinander sind und machen Sie eine Punktprobe. Setzen Sie dazu den Ortsvektor des Stützpunktes $P(2 \mid 9 \mid 4)$ der Geraden g in die Gleichung von h ein und lösen Sie das Gleichungssystem. Bei einem Widerspruch sind die beiden Geraden parallel.

2. a) Zeigen Sie mithilfe des Skalarprodukts, dass der Normalenvektor der Ebene F senkrecht auf beiden Spannvektoren der Ebene E steht (das Skalarprodukt zweier Vektoren ist genau dann gleich Null, wenn diese senkrecht aufeinander stehen). Alternativ können Sie auch mithilfe des Kreuzprodukts einen Normalenvektor von E bestimmen und zeigen, dass dieser ein Vielfaches des Normalenvektors von F ist.

   b) Um den Abstand der beiden Ebenen zu bestimmen, setzen Sie einen Punkt von E und die Ebene F in Koordinatenform in die Abstandsformel $d(P; F) = \frac{|a \cdot p_1 + b \cdot p_2 + c \cdot p_3 - d|}{\sqrt{a^2 + b^2 + c^2}}$ ein, wobei $\begin{pmatrix} a \\ b \\ c \end{pmatrix}$ ein Normalenvektor von F ist.

3. a) Bestimmen Sie die Spurpunkte von E (E ist zu einer Koordinatenachse parallel!).

   b) Schreiben Sie die Gerade g als allgemeinen Punkt P_r und setzen Sie diesen in die Koordinatengleichung von E ein. Bei einem Widerspruch ist g parallel zu E, bei einer wahren Aussage liegt g in E, bei einer eindeutigen Lösung gibt es einen Schnittpunkt.

c) Den Abstand d des Ursprungs von E erhalten Sie mithilfe der Abstandsformel:

$d(P;E) = \frac{|a \cdot p_1 + b \cdot p_2 + c \cdot p_3 - d|}{\sqrt{a^2+b^2+c^2}}$, wobei $\begin{pmatrix} a \\ b \\ c \end{pmatrix}$ ein Normalenvektor von E ist.

4. Um zu zeigen, dass sich drei Punkte A, B und C zu einem Quadrat ergänzen lassen, müssen Sie zuerst nachweisen, dass das Dreieck ABC gleichschenklig und rechtwinklig ist; hierzu berechnen Sie die Längen der Verbindungsvektoren von je zwei Punkten und das Skalarprodukt zwischen gleich langen Verbindungsvektoren, welches Null sein muss. Anschließend skizzieren Sie das Dreieck und stellen eine Vektorkette auf, um die Koordinaten des Punktes D zu erhalten.

5. a) Lösen Sie das lineare Gleichungssystem mithilfe des Gaußschen Lösungsverfahrens. Hat eine Gleichung noch zwei Unbekannte, setzen Sie eine Unbekannte gleich t und bestimmen Sie die anderen Unbekannten in Abhängigkeit von t.

   b) Überlegen Sie, welches die geometrischen Entsprechungen einer Gleichung bzw. der Lösungsmenge des LGS sind.

6. a) Den Abstand $d(P;E)$ des Punktes P von der Ebene E erhalten Sie mithilfe der Abstandsformel: $d(P;E) = \frac{|a \cdot p_1 + b \cdot p_2 + c \cdot p_3 - d|}{\sqrt{a^2+b^2+c^2}}$, wobei $\begin{pmatrix} a \\ b \\ c \end{pmatrix}$ ein Normalenvektor von E ist.
   Alternativ können Sie auch eine Lotgerade von Punkt P auf die Ebene E aufstellen und diese mit E schneiden. Anschließend berechnen Sie die Länge des Verbindungsvektors von P zum Schnittpunkt.

   b) Skizzieren Sie die Problemstellung.
   Die Koordinaten des Punktes Q erhalten Sie mithilfe einer Vektorkette.

7. a) Verwenden Sie das Gaußsche Eliminationsverfahren. Beachten Sie, dass es unendlich viele Lösungen geben kann. Wählen Sie $x_3 = t$ und stellen Sie x_1 und x_2 in Abhängigkeit von t dar.

   b) Damit die Lösungsmenge des Gleichungssystems leer wird, muss beispielsweise ein Widerspruch entstehen. Ersetzen Sie in Gleichung I die Zahl 4 durch eine andere Zahl und versuchen Sie das System zu lösen.

8. a) Skizzieren Sie das Viereck ABCD. Um nachzuweisen, dass das Viereck ABCD ein Parallelogramm ist, bestimmen Sie die Verbindungsvektoren der Seiten des Vierecks. Falls gegenüberliegende Vektoren gleich sind, handelt es sich um ein Parallelogramm.
   Um zu zeigen, dass das Viereck ABCD kein Rechteck ist, prüfen Sie mithilfe des

Skalarprodukts zweier Verbindungsvektoren anliegender Seiten, ob ein rechter Winkel vorhanden ist. Falls das Ergebnis ungleich Null ist, gibt es keinen rechten Winkel.

b) Die Koordinaten des Mittelpunktes M der Punkte A und C erhalten Sie mit der Mittelpunktsformel $M\left(\frac{a_1+c_1}{2} \mid \frac{a_2+c_2}{2} \mid \frac{a_3+c_3}{2}\right)$. Den Radius r des Kreises, der durch die Punkte A und C verläuft, erhalten Sie, indem Sie die Länge des Verbindungsvektors von A zu M bestimmen.

9. Beachten Sie, dass das Skalarprodukt zweier Vektoren eine Zahl und und der Betrag eines Vektors eine Zahl ergibt.

10. Berechnen Sie die Länge des entsprechenden Verbindungsvektors. Skizzieren Sie die Problemstellung. Stellen Sie für die Koordinaten der Punkte C und D jeweils eine geeignete Vektorkette auf.

11. Skizzieren Sie die verschiedenen Parallelogramme und stellen Sie geeignete Vektorketten auf.

Stochastik

1. a) Zeichnen Sie ein Baumdiagramm mit den Ästen Gewinn (g) und Niete (n). Beachten Sie, dass sich beim Ziehen ohne Zurücklegen die Wahrscheinlichkeiten bei jedem Ziehen ändern. Überlegen Sie, welche Ergebnisse zum gesuchten Ereignis gehören und verwenden Sie die Pfadregeln.

   b) Überlegen Sie, welche Lose zuerst gezogen werden müssen und verwenden Sie die 1. Pfadregel.

2. Beachten Sie, dass es sich um ein Bernoulli-Experiment handelt, da es nur zwei verschiedene Ausgänge bei einem Spiel gibt. Geben Sie die Trefferwahrscheinlichkeit p für das Verlieren eines Spiels an und legen Sie X als Zufallsvariable für die Anzahl der verlorenen Spiele fest.

   a) Um ein Ereignis A anzugeben, formen Sie die gegebene Wahrscheinlichkeit so um, dass bei jedem Summanden die Bernoulli-Formel $P(X = k) = \binom{n}{k} \cdot p^k \cdot (1-p)^{n-k}$ sichtbar wird. Bestimmen Sie anschließend die Anzahl der Spiele (n) und die Anzahl der verlorenen Spiele (k).

   b) Bestimmen Sie n (Anzahl der Spiele) und k (Anzahl der verlorenen Spiele) und verwenden Sie die Bernoulli-Formel $P(X = k) = \binom{n}{k} \cdot p^k \cdot (1-p)^{n-k}$.

3. a) Überlegen Sie, wie groß die Mittelpunktswinkel aufgrund der angegebenen Wahrscheinlichkeiten für die einzelnen Sektoren sein müssen und welche Beträge auf den Sektoren stehen.

1. Prüfungsteil   Tipps

b) Den Erwartungswert E von X (Zufallsvariable für die Höhe des Gewinns) erhalten Sie, indem Sie die möglichen Auszahlungsbeträge mit den zugehörigen Wahrscheinlichkeiten multiplizieren und den Einsatz x subtrahieren. Stellen Sie eine Gleichung auf und lösen Sie diese.

4.   a) Verwenden Sie die Formeln $E(X) = n \cdot p$ und $\sigma = \sqrt{n \cdot p \cdot (1-p)}$.

      b) Den Erwartungswert der Zufallsgröße Y erhalten Sie, indem Sie die Werte mit den entsprechenden Wahrscheinlichkeiten multiplizieren und die Ergebnisse addieren.

5.   a) Verwenden Sie die Formel: $E(X) = n \cdot p$. Beachten Sie, dass $P(X = E(X))$ maximal sein muss.

      b) Überlegen Sie, welche Wahrscheinlichkeiten addiert werden müssen bzw. rechnen Sie mit dem Gegenereignis $\bar{A}$ und verwenden Sie $P(A) = 1 - P(\bar{A})$.

6. Bestimmen Sie den Erwartungswert von X, indem Sie die Werte von X mit der zugehörigen Wahrscheinlichkeit multiplizieren und die Ergebnisse addieren. Überlegen Sie, welchen Wert p_2 höchstens annehmen kann und bestimmen Sie damit den Maximalwert des Erwartungswerts.

7.   a) Beachten Sie, dass es sich beim Aufdecken zweier Karten um «Ziehen ohne Zurücklegen» handelt. Bezeichnen Sie mit a: Ass wird aufgedeckt und mit ā: Ass wird nicht aufgedeckt und zeichnen Sie das zugehörige Baumdiagramm. Bestimmen Sie die Wahrscheinlichkeit für das Aufdecken eines Asses bzw. eines Nicht-Asses. Beachten Sie, dass sich die Wahrscheinlichkeiten beim Aufdecken der 2. Karte ändern. Die Wahrscheinlichkeit für das Ereignis A erhalten Sie mit der 1. Pfadregel (Produktregel).
Bezeichnen Sie mit a: Ass wird gezogen, mit d: Dame wird gezogen und mit k: König wird gezogen, und zeichnen Sie das zugehörige Baumdiagramm mit den entsprechenden Wahrscheinlichkeiten. Beachten Sie, dass sich die Wahrscheinlichkeiten beim Aufdecken der 2. Karte ändern. Die Wahrscheinlichkeit für das Ereignis B erhalten Sie mit der 1. und 2. Pfadregel (Produkt- und Summenregel).

      b) Überlegen Sie, wann spätestens ein Ass erscheint, um die Werte für X zu bestimmen. Bestimmen Sie die Wahrscheinlichkeit, dass beim Aufdecken der 1. Karte ein Ass erscheint und die Wahrscheinlichkeit, dass erst beim Aufdecken der 2. Karte ein Ass erscheint mithilfe der 1. und 2. Pfadregel.
Beachten Sie, dass $P(X \leqslant 2) = P(X = 1) + P(X = 2)$ ist.

8.   a) Verwenden Sie die gegebenen Wahrscheinlichkeiten sowie die Wahrscheinlichkeit des Gegenereignisses: $P(\overline{A}) = 1 - P(A)$.

      b) Beachten Sie, dass für stochastisch unabhängige Ereignisse A und B gilt: $P(A \cap B) = P(A) \cdot P(B)$. Bestimmen Sie $P(A \cap B)$ mit den gegebenen Werten $P(A)$

und $P_A(B)$.
Berechnen Sie daraus $P(B) = \frac{P(A \cap B)}{P(A)}$. Verwenden Sie, dass nun gilt: $P_{\overline{A}}(\overline{B}) = P(\overline{B})$.

9. a) Beachten Sie, dass es insgesamt drei Sektoren gibt und die Wahrscheinlichkeit, dass ein blauer oder ein roter Sektor gedreht wird, also kleiner als 1 sein muss. Lösen Sie die entstandene Ungleichung nach p auf.

    b) Bestimmen Sie die Wahrscheinlichkeit für «nicht Rot» bei einmaligem Drehen: $P(\bar{r})$ und die Wahrscheinlichkeit für «Rot»: $P(r)$.
    Die Wahrscheinlichkeit für das Ereignis E erhalten Sie mithilfe der Pfadregeln. Überlegen Sie, welche Ergebnisse zum Ereignis E gehören. Alternativ können Sie auch mithilfe der Wahrscheinlichkeit des Gegenereignisses rechnen.

10. a) Multiplizieren Sie die Wahrscheinlichkeiten jeder Stufe.

    b) Bestimmen Sie die Wahrscheinlichkeit, dass eine Tasse nicht fehlerfrei glasiert ist und überlegen Sie, wie viele von den entnommenen Tassen höchstens nicht fehlerfrei glasiert sind.

11. a) Bestimmen Sie anhand der gegebenen Abbildung $P(X = -2)$, $P(X = 1)$ und $P(X = 2)$. Den Erwartungswert $E(X)$ der Zufallsvariablen X erhalten Sie, indem Sie die Werte von X mit den entsprechenden Wahrscheinlichkeiten multiplizieren und die Ergebnisse addieren.

    b) Bestimmen Sie die drei Möglichkeiten dafür, dass die Summe der beiden Werte von X negativ ist. Die Wahrscheinlichkeit P, dass die Summe dieser beiden Werte negativ ist, erhalten Sie mithilfe der Pfadregeln.

12. a) Beachten Sie, was die Zufallsvariable X angibt und prüfen Sie, ob es bei jedem Experiment nur zwei relevante Ausgänge gibt und ob die Wahrscheinlichkeit für «Rot» immer gleich ist.

    b) Verwenden Sie die Wahrscheinlichkeit des Gegenereignisses sowie die Werte der gegebenen Tabelle.

13. a) Beachten Sie, dass es sich bei einem Schuss um ein Bernoulli-Experiment handelt, da es nur die Ergebnisse «Treffer» oder «Nicht-Treffer» geben kann.
    Die Wahrscheinlichkeit des Ereignisses A erhalten Sie mithilfe der Bernoulliformel $P(X = k) = \binom{n}{k} \cdot p^k \cdot (1-p)^{n-k}$. Legen Sie dazu X als binomialverteilte Zufallsvariable für die Anzahl der Treffer bei fünf Schüssen mit den Parametern n und p fest.

    b) Beachten Sie, dass die modellhafte Beschreibung der Schießeinlage durch eine Bernoullikette nur dann gegeben ist, wenn der Biathlet bei jedem Schuss die gleiche Trefferwahrscheinlichkeit p aufweist. Überlegen Sie, bei welcher Situation dies nicht mehr der Fall sein könnte.

1. Prüfungsteil   *Tipps*

14. Schreiben Sie die Prozentzahlen als Dezimalzahlen in das Übergangsdiagramm. Beachten Sie, dass die Spaltensumme der Übergangsmatrix M immer 1 ergeben muss.

15. Um zu zeigen, dass $\vec{v}$ und $A \cdot \vec{v}$ Vielfache voneinander sind, berechnen Sie das Matrix-Vektorprodukt.

16. a) Überlegen Sie, wie viel Prozent der Stadtbevölkerung in der Stadt bleibt und wie viel Prozent der Landbevölkerung auf dem Land bleibt. Schreiben Sie die Prozentzahlen als Dezimalzahlen. Beachten Sie, dass die Spaltensummen der Übergangsmatrix jeweils 1 ergeben.

    b) Bestimmen Sie den Startvektor. Schreiben Sie die Prozentzahlen als Dezimalzahlen. Die Verteilung $\vec{v}_1$ der Bevölkerung nach einem Jahr erhalten Sie, indem Sie die Matrix A mit dem Startvektor multiplizieren.

17. a) Üerlegen Sie, wie viele der Alttiere in ihrer Altersklasse verbleiben, wenn 20% der Alttiere sterben. Tragen Sie diesen Wert an die offene Stelle der Matrix ein. Überlegen Sie, ob alle Jungtiere in ihrer Altersklasse verbleiben, wie viel Prozent der Jungtiere sterben und wie lange ein Jungtier ein Jungtier bleibt.

    b) Bestimmen Sie den Startvektor $\vec{v}_0$. Die Verteilung $\vec{v}_1$ von Jung- und Alttieren nach einem Jahr erhalten Sie, indem Sie die Matrix M mit $\vec{v}_0$ multiplizieren. Die Verteilung $\vec{v}_2$ von Jung- und Alttieren nach zwei Jahren erhalten Sie, indem Sie die Matrix M mit $\vec{v}_1$ multiplizieren. Alternativ können Sie die Verteilung $\vec{v}_2$ von Jung- und Alttieren nach zwei Jahren berechnen, indem Sie die Matrix M^2 mit $\vec{v}_0$ multiplizieren. Bestimmen Sie M^2 durch Matrizenmultiplikation.

18. a) Überlegen Sie zuerst, wieviel Prozent der Spiele nicht versendet werden. Zeichnen Sie dann mit diesen Werten den Übergangsgraphen. Um die Übergangstabelle und die Matrix zu erstellen, berücksichtigen Sie, dass die Wechsel immer von «Spalten zu Zeilen» stattfinden.

    b) Multiplizieren Sie den Vektor der Eingangswerte mit der Matrix.

2. Prüfungsteil (GTR/CAS)

Analysis

1 Bergstollen

a) Skizzieren Sie den Graphen von f mit Hilfe des GTR/CAS. Die Stellen, an denen die Wände des Stollens am steilsten verlaufen, erhalten Sie, indem Sie die Wendestellen der Funktion f bzw. die Extremstellen von $f'(x)$ mit Hilfe des GTR/CAS bestimmen.
Den Winkel α, den die Wände an diesen Stellen mit der Horizontalen einschließen, erhalten Sie mit der Formel $\tan\alpha = m$. Sie erhalten m, indem Sie einen der erhaltenen x-Werte in $f'(x)$ einsetzen. Beachten Sie, dass der Graph von f symmetrisch ist.
Die Wassermenge V bei einer Höhe von $1,7$ m erhalten Sie, indem Sie die zugehörige Querschnittsfläche Q mit der Länge l multiplizieren: $V = Q \cdot l$. Beachten Sie, dass sich die Querschnittsfläche Q aus drei Teilflächen Q_1, Q_2 und Q_3 zusammensetzt. Q_1 und Q_3 erhalten Sie mit Hilfe eines Integrals. Die Integrationsgrenzen sind die Nullstellen von f und die Schnittstellen des Graphen von f mit der Geraden $y = 1,7$. Verwenden Sie den GTR/CAS und beachten Sie die vorhandene Symmetrie. Q_2 ist ein Rechteck mit der Grundseite g, der Höhe h und dem Flächeninhalt $Q_2 = g \cdot h$.

b) Überlegen Sie, in welchem Punkt L die Lampe hängt; beachten Sie die vorhandene Symmetrie. Die Entfernung $d(x)$ von L zu einem beliebigen Punkt $P(x \mid f(x))$ des Graphen von f erhalten Sie mit Hilfe der Formel $d = \sqrt{(x_2 - x_1)^2 + (y_2 - y_1)^2}$ für den Abstand zweier Punkte. Bestimmen Sie mit Hilfe des GTR/CAS das Minimum von $d(x)$ und prüfen Sie damit, ob der Sicherheitsabstand eingehalten wird.

c) Skizzieren Sie die Problemstellung im Querschnitt. Das entstandene Quadrat hat maximale Breite, wenn die rechte obere Ecke (oder linke obere Ecke) auf dem Graphen von f liegt, also die Koordinaten $P(u \mid f(u))$ mit $u > 0$ hat. Bestimmen Sie die Quadratseiten in Abhängigkeit von u. Da alle Seiten gleich lang sind, lösen Sie die Gleichung $2u = f(u)$ mit Hilfe des GTR/CAS und bestimmen Sie damit die Breite des Quadrats bzw. des Behälters.

2 Küstenlinie

a) Überlegen Sie anhand der Anzahl der Extrempunkte, warum eine Polynomfunktion 4. Grades als Ansatz für die Küstenlinie sinnvoll ist.
Sie können 5 Bedingungen aufstellen; verwenden Sie die Koordinaten der angegebenen Punkte sowie die Tatsache, dass die Punkte B und C Extrempunkte mit Steigung Null sind.
Verwenden Sie den Ansatz $f(x) = ax^4 + bx^3 + cx^2 + dx + e$ mit

3. Gelände   *Tipps*

$f'(x) = 4ax^3 + 3bx^2 + 2cx + d$.

Stellen Sie ein Gleichungssystem auf und lösen Sie dieses mit Hilfe des GTR/CAS.

b) Bestimmen Sie anhand der Zeichnung den x-Wert des Punktes D und berechnen Sie den zugehörigen y-Wert.

Den Abstand d zwischen zwei Punkten $(x_1 \mid y_1)$ und $(x_2 \mid y_2)$ erhalten Sie mit der Formel:

$$d = \sqrt{(x_2 - x_1)^2 + (y_2 - y_1)^2}$$

Beachten Sie, dass eine Längeneinheit 10 km entspricht.

c) Bestimmen Sie den Abstand $d(x)$ zwischen B und einem allgemeinen Punkt P$(x \mid k(x))$ der gegenüberliegenden Küstenlinie in Abhängigkeit von x und berechnen Sie anschließend das Minimum von $d(x)$ mit Hilfe des GTR/CAS. Beachten Sie, dass eine Längeneinheit 10 km entspricht.

d) Zeichnen Sie mit B und P als Eckpunkten ein rechtwinkliges Dreieck und überlegen Sie, welcher Winkel gesucht ist. Verwenden Sie ein trigonometrisches Verhältnis zur Winkelberechnung.

e) Skizzieren Sie beide Kurven und berechnen Sie den Flächeninhalt zwischen diesen mit Hilfe des Integrals über dem Intervall zwischen den x-Werten von A und C. Es genügt, ein einziges Integral zu berechnen, da ein Landverlust einem Flächeninhalt mit negativem Vorzeichen entspricht. Überlegen Sie, wann es beim Integrieren zu negativen Vorzeichen kommt. Verwenden Sie den GTR/CAS. Beachten Sie, dass eine Flächeneinheit 100 km^2 entspricht.

3 Gelände

a) Zum Skizzieren des Graphen von f bestimmen Sie mit Hilfe des GTR/CAS die Koordinaten des Hochpunkts H und des Tiefpunkts T. Überlegen Sie, auf welcher Höhe H und T liegen. Beachten Sie, dass eine Längeneinheit 100 m entspricht. Bestimmen Sie die Höhe der Seeoberfläche sowie die Gleichung der zugehörigen Geraden im Modell. Die Breite des Sees erhalten Sie, indem Sie den Graphen von $f(x)$ mit der Geraden schneiden oder die entsprechende Gleichung lösen. Die Breite b des Sees erhalten Sie, indem Sie die Differenz der Schnittstellen berechnen. Beachten Sie, dass eine Längeneinheit 100 m entspricht. Die steilste Stelle des Profils zwischen See und höchstem Punkt erhalten Sie, indem Sie die Wendestelle des Graphen von f berechnen. Dazu bestimmen Sie das Maximum von f' mit Hilfe des GTR/CAS oder lösen die Gleichung $f''(x) = 0$. Die Steigung m an der steilsten Stelle erhalten Sie, indem Sie den berechneten x-Wert in $f'(x)$ einsetzen. Den Steigungswinkel α an der steilsten Stelle erhalten Sie mit der Formel $\tan \alpha = m$.

b) Skizzieren Sie die Problemstellung. Überlegen Sie auf welcher Geraden die Oberkante der Wand verläuft. Die Koordinaten des Punktes Q der Oberkante am Hang erhalten Sie, indem Sie den Graphen von f mit der Geraden schneiden oder die entsprechende Gleichung lösen. Bestimmen Sie die Koordinaten des Punktes P auf der Oberkante westlich von Q sowie die Koordinaten des Punktes R vertikal unterhalb des Punktes P auf dem Graphen von f. Die Länge der westlichen Wandseite erhalten Sie als Differenz der y-Werte von P und R. Beachten Sie, dass eine Längeneinheit 100 m entspricht. Den Flächeninhalt A des sichtbaren Wandteils erhalten Sie mit Hilfe eines Integrals sowie des GTR/CAS. Die Integrationsgrenzen sind die x-Werte der Punkte P und Q. Beachten Sie, dass die Gerade oberhalb des Graphen von f verläuft und verwenden Sie die Formel für den Flächeninhalt zwischen zwei Kurven: $A = \int_{x_1}^{x_2} (g(x) - f(x))\, dx$. Beachten Sie, dass eine Flächeneinheit $100\,\text{m} \cdot 100\,\text{m} = 10\,000\,\text{m}^2$ entspricht.

c) Skizzieren Sie die Problemstellung. Als Ansatz für eine Parabel p zweiter Ordnung verwenden Sie $p(x) = ax^2 + bx + c$ mit $p'(x) = 2ax + b$. Beachten Sie, dass die y-Werte und die Steigungen der beiden Graphen an der Stelle $x = 5$ übereinstimmen müssen und dass die Steigung der Parabel bei $x = 6$ Null ist. Stellen Sie damit drei Bedingungen auf und lösen Sie das zugehörige lineare Gleichungssystem mit Hilfe des GTR/CAS oder «von Hand». Den tiefsten Punkt des benachbarten Tals erhalten Sie, indem Sie den Tiefpunkt S (Scheitel) des Graphen von $p(x)$ mit dem GTR/CAS bestimmen. Alternativ können Sie auch $x = 6$ in $p(x)$ einsetzen. Beachten Sie, dass eine Längeneinheit 100 m entspricht.

4 Straße

a) Berechnen Sie mit Hilfe des GTR den Hochpunkt H des Schaubildes von $f(x)$.
Die Entfernung d von H zu M erhalten Sie mit Hilfe der Formel für den Abstand zweier Punkte: $d = \sqrt{(x_2 - x_1)^2 + (y_2 - y_1)^2}$
Bestimmen Sie die Wendestelle mit Hilfe der 2. Ableitung von $f(x)$. Alternativ können Sie auch die Extremstelle von $f'(x)$ mit Hilfe des GTR bestimmen. Den zugehörigen y-Wert erhalten Sie, indem Sie den berechneten x-Wert in $f(x)$ einsetzen.
Berechnen Sie mit Hilfe von $f'(x)$ die Steigung m_A der Kurve im Punkt A sowie die Steigung m_{AB} der Geraden durch die Punkte A und B mit Hilfe der Formel $m = \frac{y_2 - y_1}{x_2 - x_1}$.
Falls $m_A = m_{AB}$ mündet die Umgehungsstraße ohne Knick in die Ortsdurchfahrt ein.

b) Den Flächeninhalt A_1 der Fläche zwischen dem Schaubild von $f(x)$ und der Geraden AB erhalten Sie mit Hilfe eines Integrals. Beachten Sie, dass das Schaubild von $f(x)$ oberhalb der Geraden verläuft. Die Gleichung der Geraden g durch A und B erhalten Sie mit Hilfe der Punkt-Steigungsform (PSF) $y - y_1 = m \cdot (x - x_1)$. Setzen Sie die Koordinaten von A (oder B) und m_{AB} in die PSF ein.
Die Fläche des Gemeindegebiets erhalten Sie, indem Sie den Flächeninhalt A_2 eines Halb-

5. *Brosche* *Tipps*

kreises bestimmen. Berechnen Sie die Differenz von A_1 und A_2 und teilen Sie diese durch A_1, um den gesuchten Anteil zu erhalten.

c) Stellen Sie die Gleichung der Tangente t auf, die durch den Punkt P verläuft und das Schaubild von $f(x)$ im Punkt $Q(u \mid f(u))$ berührt.
Die Tangentengleichung in Abhängigkeit von u erhalten Sie mit Hilfe der Punkt-Steigungsform $y - y_1 = m \cdot (x - x_1)$. Setzen Sie die Koordinaten von P und $m = f'(u)$ in die Tangentengleichung ein und lösen Sie die erhaltene Gleichung mit Hilfe des GTR nach u auf; überlegen Sie, welche Lösung in Frage kommt. Berechnen Sie den zugehörigen y-Wert. Lösen Sie die Gleichung $f'(x) = m_{AB}$ mit Hilfe des GTR/CAS; überlegen Sie, welche Lösung in Frage kommt. Berechnen Sie den zugehörigen y-Wert.

5 Brosche

a) Bestimmen Sie die Nullstellen von f und verwenden Sie den «Nullstellenansatz» $f(x) = a \cdot (x - x_1) \cdot (x - x_2) \cdot (x - x_2)$. Setzen Sie die Nullstellen x_1, x_2 und x_3 sowie den gegebenen Punkt P in diesen Ansatz ein. Alternativ können Sie aufgrund der Punktsymmetrie zum Ursprung den Ansatz $f(x) = ax^3 + bx$ wählen. Setzen Sie die Koordinaten von $P\left(1 \mid -\frac{2}{3}\right)$ und $Q(2 \mid 0)$ in diesen Ansatz ein und lösen Sie das zugehörige lineare Gleichungssystem mithilfe des GTR/CAS.

b) Den Flächeninhalt A des schraffierten Bereichs in Material 1 erhalten Sie als Summe des Viertelkreises A_1 und der Fläche A_2 zwischen dem Graphen von f und der x-Achse. Bestimmen Sie den Radius des Viertelkreises und verwenden Sie die Kreisflächenformel $A_{Kreis} = \pi \cdot r^2$. Den Flächeninhalt A_2 erhalten Sie mithilfe eines Integrals. Bestimmen Sie die Integrationsgrenzen und beachten Sie, dass der Graph von f unterhalb der x-Achse verläuft. Das Volumen V der vergoldeten Schicht mit Schichtdicke d erhalten Sie durch $V = A \cdot d$. Die Masse der Legierung erhalten Sie, indem Sie das Volumen der vergoldeten Schicht mit der Dichte von $12 \frac{g}{cm^3}$ multiplizieren.

c) Überlegen Sie, in welche Richtung der Graph von f gestreckt wird. Bei einer Streckung in y-Richtung werden alle y-Werte mit dem Streckfaktor multipliziert. Überlegen Sie, wie sich dies auf Nullstellen und Extrempunkte auswirkt.
Den Flächeninhalt A^* der schraffierten Fläche in Material 2 erhalten Sie mithilfe eines Integrals und der berechneten Fläche A_2 aus Aufgabe 2. Aus Symmetriegründen genügt es, eine Teilfläche zu bestimmen. Beachten Sie, dass der Graph von f im Intervall $[0; 2]$ oberhalb des Graphen von g verläuft. Alternativ können Sie das Integral auch ausführlich berechnen (ohne Verwendung von A_2). Da der schraffierte Flächeninhalt $1,6 \, cm^2$ betragen soll, lösen Sie die Gleichung $A^* = 1,6$ nach a auf.

d) Überlegen Sie, was mithilfe der Gleichung $k(x) = g(x)$ berechnet werden soll. Beachten Sie, dass zwei Lösungen der Gleichung vom Parameter a abhängen. Überlegen Sie, welche

Bedeutung es für die Anzahl der Lösungen hat, wenn der Radikand $16a^2 - 81 \geq 0$ ist. Geben Sie die Anzahl der Schnittstellen in Abhängigkeit von a an und überlegen Sie, für welche Werte von a eine Brosche möglich ist.

6 Medikament

a) Für die Skizze verwenden Sie den GTR/CAS; beachten Sie dabei die richtige Einstellung für den Zeichenbereich.
Bestimmen Sie das Maximum mit dem GTR/CAS.
Für die wirksame Zeitspanne schneiden Sie das Schaubild von f mit der Geraden $y = 4$ (GTR/CAS). Geben Sie die beiden Schnittstellen an und berechnen Sie deren Differenz.
Die mittlere Konzentration $\overline{K}$ erhalten Sie durch Integration: $\overline{K} = \frac{1}{b-a} \int_a^b f(t)dt$ (GTR/CAS).

b) Um den Zeitpunkt, zu dem das Medikament am stärksten abgebaut wird, zu erhalten, berechnen Sie das Minimum von f' (GTR/CAS).
Die momentane Änderungsrate erhalten Sie mit $f'(t)$.
Für die Tangentengleichung setzen Sie den Punkt $(4 \mid f(4))$ und $m = f'(4)$ in die Punkt-Steigungsform $y - y_1 = m(t - t_1)$ ein; schneiden Sie die Tangente mit der x-Achse.

c) Um die Gesamtkonzentration zu skizzieren, können Sie entweder eine Wertetabelle aufstellen oder eine Funktionsgleichung für die Gesamtkonzentration angeben; dabei berücksichtigen Sie, dass bei der Addition ab $t = 4$ die ursprüngliche Funktion um vier Einheiten nach rechts verschoben hinzukommt.
Prüfen Sie, ob in der Wertetabelle der Wert von 20 überschritten wird oder berechnen Sie das Maximum der Funktion der Gesamtkonzentration mit dem GTR/CAS.

d) Stellen Sie mit Hilfe der Funktion $g(t)$ und ihrer Ableitung sowie den gegebenen Daten zwei Gleichungen mit zwei Unbekannten auf und lösen Sie diese; beachten Sie, dass das Maximum angegeben ist.

7 Smartphone

a) Den Zeitpunkt, an dem die meisten Smartphones (pro Tag) verkauft werden erhalten Sie, indem Sie die Koordinaten des Hochpunkts des Graphen von g mit Hilfe des GTR/CAS berechnen.

b) Beachten Sie, dass die Säulen die Breite 1 haben und für die entsprechenden Jahre mittig angeordnet sind.
Um zu zeigen, dass die Entwicklung der Verkaufszahlen von Smartphones in diesem Zeitraum annähernd exponentiell verlief, berechnen Sie das Verhältnis der Verkaufszahlen aufeinanderfolgender Jahre; falls sich immer das annähernd gleiche Ergebnis ergibt, ist der Verlauf exponentiell.

8. Motorboot Tipps

Die Gleichung einer Funktion v der Form $v(t) = a \cdot b^t$ erhalten Sie, indem Sie für b das berechnete Verhältnis verwenden und a mithilfe der Anfangsbedingung bestimmen. Lösen Sie dazu die Gleichung $v(0) = 5,00$ nach a auf.

c) Zum Skizzieren des Verlaufs des Funktionsgraphen von f im Intervall $[-0,5;5,5]$ erstellen Sie eine Wertetabelle.
Den Wert des Integrals $\int_0^5 f(t)\,dt$ erhalten Sie mithilfe einer Stammfunktion von f und des Hauptsatzes der Differential- und Integralrechnung: $\int_a^b f(x)\,dx = F(b) - F(a)$, wobei F eine Stammfunktion von f ist. Beachten Sie, dass eine Summe berechnet wird. Alternativ können Sie auch den GTR/CAS verwenden.

d) Die Gesamtzahl der in den Jahren 2008 bis einschließlich 2013 tatsächlich verkauften Smartphones erhalten Sie mithilfe von Material 1, indem Sie die gegebenen Verkaufszahlen aller Jahre zusammenzählen. Überlegen Sie, warum dieser Wert deutlich höher ist als der Wert aus Aufgabe c).
Beachten Sie, wo die Säulen des Säulendiagramms beginnen und enden und welche Fläche durch das gegebene Integral berechnet wird. Ändern Sie die Integrationsgrenzen des gegebenen Integrals und berechnen Sie den dazugehörigen Wert mit Hilfe des GTR/CAS.

e) Die zu erwartenden Verkaufszahlen von Smartphones im Jahr 2030 in diesem Land erhalten Sie, indem Sie $t = 22$ in $f(t)$ einsetzen. Vergleichen Sie das Ergebnis mit der Einwohnerzahl des betrachteten Landes. Überlegen Sie, welches Wachstum die Funktion f beschreibt und ob damit längerfristige Prognosen sinnvoll sind.

8 Motorboot

a) Zum Skizzieren des Schaubilds von f müssen Sie den Zeichenbereich des GTR/CAS entsprechend einstellen.
Den Hochpunkt von v bestimmen Sie mit Hilfe des GTR/CAS.
Die stärkste Geschwindigkeitsabnahme erhalten Sie, indem Sie den Tiefpunkt von $v'(t)$ mit Hilfe des GTR/CAS bestimmen. Die 1. Ableitung von v erhalten Sie mit Hilfe der Kettenregel.
Um die mittlere Geschwindigkeit $\bar{v}$ des Motorbootes zu bestimmen, benutzen Sie das Integral $\bar{v} = \frac{1}{b-a}\int_a^b v(t)\,dt$. Schneiden Sie das Schaubild von v mit der Geraden $y = 160$ mit Hilfe des GTR/CAS und bestimmen Sie die Differenz der Schnittstellen t_1 und t_2.

b) Die Strecke s, die das Motorboot in den ersten zwei Minuten zurücklegt, erhalten Sie mit Hilfe eines Integrals.
Den vom Motorboot in der Zeit t zurückgelegten Weg $s(t)$ können Sie ebenfalls mit Hilfe eines Integrals bestimmen.

Berechnen Sie $\lim_{t \to \infty} s(t)$ und beachten Sie, dass e^{-2t} und e^{-t} für $t \to \infty$ gegen Null gehen.
Überlegen Sie, durch welche Gleichung der Weg des Segelbootes beschrieben wird und setzen Sie die beiden «Weggleichungen» gleich; verwenden Sie den GTR/CAS.

c) Zur Bestimmung der Gleichung der Tangente benötigen Sie den Funktionswert zum Zeitpunkt $t_0 = 2{,}55$, also $v(2{,}55)$, sowie die zugehörige Steigung $m = v'(2{,}55)$, welche Sie mit Hilfe des GTR/CAS bestimmen.
Setzen Sie diese in die Punkt-Steigungsform $y - y_1 = m \cdot (t - t_0)$ ein.
Das Motorboot kommt zum Stillstand, wenn die neue Geschwindigkeit, die durch die Tangentengleichung beschrieben wird, Null ist. Setzen Sie also $y = 0$ und lösen Sie die Gleichung nach t auf.
Da das Segelboot am gleichen Ort wie das Motorboot zum Stillstand kommt, müssen die ab dem Zeitpunkt $t_0 = 2{,}55$ zurückgelegten Wege gleich groß sein. Fertigen Sie zur Veranschaulichung eine Skizze im Zeit-Geschwindigkeits-Schaubild an.
Überlegen Sie, welchen Flächen die ab dem Zeitpunkt $t_0 = 2{,}55$ und dem jeweiligen Stillstandszeitpunkt zurückgelegten Wege entsprechen. Setzen Sie diese gleich.

9 Käfer

a) Skizzieren Sie den Graphen von k mit Hilfe einer Wertetabelle oder des GTR/CAS. Die Koordinaten des Extrempunkts des Graphen von k erhalten Sie mithilfe des GTR/CAS.
Die Koordinaten des Wendepunkts des Graphen von k erhalten Sie, indem Sie den t-Wert des Extrempunkts von $k'(t)$ bestimmen. Den zugehörigen y-Wert erhalten Sie, indem Sie den erhaltenen t-Wert in $k(t)$ einsetzen.
Schreiben Sie $k(t)$ als Bruch und betrachten Sie das Verhalten des Zählers und des Nenners für $t \to \infty$.

b) Überlegen Sie, wie viele Käfer es zu Beginn, wann es am meisten Käfer und wie viele Käfer es langfristig gibt. Beachten Sie, dass die Wachstumsgeschwindigkeit durch die jeweilige Steigung des Graphen beschrieben wird und dass die Steigung im Wendepunkt extrem ist.

c) Um zu zeigen, dass K eine Stammfunktion von k ist, bestimmen Sie die 1. Ableitung von K mithilfe der Produkt- und Kettenregel. Falls $K'(t) = k(t)$, so ist K eine Stammfunktion von k. Den Wert des angegebenen Integrals erhalten Sie mithilfe des Hauptsatzes der Diffferential- und Integralrechnung: $\int_a^b f(x)\,dx = F(b) - F(a)$, wobei F eine Stammfunktion von f ist. Verwenden Sie die angegebene Stammfunktion oder berechnen Sie das Integral direkt mit dem GTR/CAS. Beachten Sie, dass ein Durchschnittswert berechnet wird.

d) Die momentane Wachstumsgeschwindigkeit bei $t = 55$ erhalten Sie, indem Sie $t = 55$ in die 1. Ableitung von k einsetzen. Da ab diesem Zeitpunkt die Größe der Population durch ein lineares Wachstum beschrieben wird, erhalten Sie die Funktionsgleichung für den weiteren Verlauf, indem Sie die Gleichung der Tangente an der Stelle $t_1 = 55$ aufstellen. Bestimmen Sie den zugehörigen Funktionswert und setzen Sie die Steigung m und die Koordinaten des Punktes in die Punkt-Steigungs-Form $y - y_1 = m \cdot (t - t_1)$ ein. Schneiden Sie die Tangente mit der t-Achse, indem Sie $y = 0$ setzen und die Gleichung nach t auflösen.

10 Temperatur

a) Berechnen Sie mit Hilfe des GTR/CAS die Koordinaten des Hochpunkts von $f(t)$.
Zum Skizzieren des Schaubilds von f müssen Sie den Zeichenbereich des GTR/CAS entsprechend einstellen.
Beachten Sie, dass die Zeitpunkte der stärksten Zu- bzw. Abnahme der Temperatur die Extremstellen der 1. Ableitung von $f(t)$ sind; bestimmen Sie mit Hilfe der Produkt- und Kettenregel $f'(t)$ und skizzieren Sie das zugehörige Schaubild mit Hilfe des GTR/CAS; das Maximum von $f'(t)$ können Sie ablesen, das Minimum von $f'(t)$ berechnen Sie mit Hilfe des GTR/CAS.

b) Skizzieren Sie die Problemstellung im Koordinatensystem und lösen Sie mit dem GTR/CAS die Gleichung $f(t) = 37$ oder berechnen Sie die Schnittstellen des Schaubilds von $f(t)$ mit der Geraden $y = 37$.
Weisen Sie nach, dass $f(t)$ streng monoton fallend ist, indem Sie diejenigen Zeiträume ermitteln, für die $f'(t) < 0$ gilt.
Die mittlere Körpertemperatur $\overline{T}$ erhalten Sie mit Hilfe des Integrals $\overline{T} = \frac{1}{b-a} \cdot \int_a^b f(t) dt$; beachten Sie die Integrationsgrenzen.
Wenn zu einem Zeitpunkt t die Körpertemperatur $f(t)$ beträgt, so hat die Körpertemperatur nach weiteren 2 Stunden den Wert $f(t+2)$. Da die Zunahme ein Grad betragen soll, lösen Sie die Gleichung $f(t+2) - f(t) = 1$ mit Hilfe des GTR/CAS.

c) Bestimmen Sie a und k mit Hilfe der gegebenen Randbedingungen: Für $t^* = 0$ hat die Temperatur den Wert der Fieberkurve für $t = 5$ und für $t^* = 2$ ist die Temperatur gegeben. Da der Zeitpunkt t^* nach Einnahme des Medikaments gesucht ist, zu welchem der Unterschied der Körpertemperatur ohne Medikament zur Körpertemperatur mit Medikament ein Grad beträgt, beachten Sie, dass 5 Stunden nach Ausbruch der Krankheit das Medikament eingenommen wird.
Stellen sie die Gleichung $f(t^* + 5) - g(t^*) = 1$ auf und lösen die Gleichung mit Hilfe des GTR/CAS nach t^* auf.

11 Tanne

a) Skizzieren Sie den Graphen von f mit Hilfe des GTR/CAS. Setzen Sie $t = 0$ in $f(t)$ ein, um den Stammumfang zu Beginn des Beobachtungszeitraums zu bestimmen. Zur Begründung, dass der Stammumfang der Tanne nicht mehr als vier Meter betragen kann, betrachten Sie zunächst den Nenner der Funktion. Zeigen Sie, dass der Nenner immer größer als 1 ist und nutzen Sie dies zur geforderten Begründung.

b) Schreiben Sie $f(t)$ als Potenz mit negativem Exponenten und leiten Sie $f(t)$ mit Hilfe der Kettenregel ab. Den Zeitpunkt des stärksten Wachstums erhalten Sie, indem Sie das Maximum bzw. das Minimum von $f'(t)$ mit Hilfe des GTR/CAS bestimmen. Setzen Sie den erhaltenen t-Wert in $f(t)$ ein und bestimmen Sie den Stammumfang.

c) Beachten Sie die Bedeutung des Operators «bestimmen»: Verwenden Sie zur Bestimmung das angegebene Integral direkt mit Hilfe des GTR/CAS. Beachten Sie für die Deutung im Sachzusammenhang, dass der Faktor $\frac{1}{10}$ bei einer Summierung von 10 Werten auf eine Mittelwert- oder Durchschnittsbildung hindeutet.

d) Lösen Sie die Ungleichung $f(t) \geqslant 0,6$ nach t auf, um die Umkehrfunktion zu bestimmen. Schreiben Sie y statt $f(t)$, vertauschen Sie y und t und stellen Sie die Gleichung nach y um. Zeigen Sie, dass die Funktion f streng monoton steigend ist, indem Sie nachweisen, dass stets $f'(t) > 0$ gilt.

e) Setzen Sie $S = 4$ und $f(t)$ in die angegebene Bedigung $f'(t) = c \cdot f(t) \cdot (S - f(t))$ ein und fassen Sie die rechte Seite zusammen. Verwenden Sie $f'(t)$ und führen Sie einen Koeffizientenvergleich durch.

12 Glocke

a) Beachten Sie, dass der Graph der Funktion f offensichtlich einen Wendepunkt ungefähr bei $x = 0$ hat. Überlegen Sie, welchen Grad f'' bzw. f' und daher f mindestens haben müssen, damit eine ganzrationale Funktion f einen Wendepunkt besitzt.
Verwenden Sie als Ansatz einer Funktion f dritten Grades $f(x) = ax^3 + bx^2 + cx + d$ sowie deren Ableitungen. Stellen Sie aus den angegebenen Bedingungen vier Gleichungen auf. Aus der Angabe des Wendepunktes können Sie zwei Gleichungen aufstellen. Lösen Sie das lineare Gleichungssystem.

b) Verwenden Sie zur Bestimmung des Rotationsvolumens die Formel $V = \pi \cdot \int_{x_1}^{x_2} (f(x))^2 \, dx$ sowie den GTR/CAS.

c) Setzen Sie $t = 1,183$ und $x = 1,000$ in $f_t(x)$ ein.
Stellen Sie die Gleichung einer neuen Funktion k_t auf, deren Graph um eine Einheit nach unten verschoben ist, d.h. $k_t(x) = f_t(x) - 1$. Setzen Sie $-x$ in $k_t(x)$ ein und zeigen Sie, dass

13. Strauch   *Tipps*

gilt: $k_t(-x) = -k_t(x)$.

Aus der Punktsymmetrie zum Koordinatenursprung des Funktionsgraphen von k_t ergibt sich eine Punktsymmetrie des Graphen von f_t. Überlegen Sie, zu welchem Punkt.

Bestimmen Sie zunächst die ersten drei Ableitungen von f_t mit Hilfe der Kettenregel. Als notwendige Bedingung für eine Wendestelle lösen Sie die Gleichung $f_t''(x) = 0$ nach x auf. Setzen Sie den erhaltenen x-Wert in $f_t'''(x)$ ein. Falls das Ergebnis ungleich Null ist, handelt es sich um eine Wendestelle. Falls $f_t'''(x) > 0$ handelt es sich um eine Rechts-Linkskrümmung, falls $f_t'''(x) < 0$ handelt es sich um eine Links-Rechtskrümmung.

d) Um die beiden Methoden A und B zu vergleichen, stellen Sie zunächst die Gleichung der beschriebenen Geraden auf. Verwenden Sie dazu entweder die Zwei-Punkte-Form für Geradengleichungen oder die Punkt-Steigungs-Form. Setzen Sie die Gleichung der Geraden in die Formel der Methode A ein und verwenden Sie den GTR/CAS. Für Methode B können Sie die Radien r_1 und r_2 aus den gegebenen Punkten unmittelbar ablesen (y-Werte). Die Mantellinie s berechnen Sie mit dem Satz des Pythagoras.

Bestimmen Sie die gesuchte Mantelfläche M mit Hilfe der Funktion g und der gegebenen Formel mit Hilfe des GTR/CAS.

13 Strauch

a) Lösen Sie die Gleichung $h_1(t) = 0,5$ mit Hilfe des GTR/CAS oder durch Logarithmieren. Die Pflanze wächst am schnellsten, wenn der Graph von $h_1(t)$ die größte Steigung hat. Überlegen Sie, wie der Graph der gegebenen Exponentialfunktion verläuft und an welcher Stelle dies der Fall ist. Die zugehörige Wachstumsgeschwindigkeit berechnen Sie mit Hilfe der 1. Ableitung von $h_1(t)$, die Sie mit der Kettenregel erhalten. Setzen Sie den bestimmten Zeitpunkt in $h_1'(t)$ ein.

Überlegen Sie, wie die gegebene Funktion weiter verläuft.

Sie erhalten einen Term $h_2(t)$ für die Beschreibung der Höhe des Strauchs für die Zeit nach 20 Tagen, indem Sie zur bereits berechneten Höhe nach 20 Tagen die Zuwächse in Abhängigkeit von t addieren. Diese bestimmen Sie durch Integration der Zuwachsratenfunktion $z(t)$ mit variabler oberer Grenze t.

Betrachten Sie das Verhalten von $h_2(t)$ für $t \to \infty$.

b) Setzen Sie G = 1,2 in f_1 ein. Stellen Sie zwei Bedingungen auf und lösen Sie das entstandene Gleichungssystem.

Setzen Sie $t = 0$ und $t = 20$ in $f_2(t)$ ein. Betrachten Sie das Verhalten von f_2 für $t \to \infty$.

c) Überlegen Sie, welche Bedeutung das Krümmungsverhalten für das Wachstumsverhalten des Strauchs hat. Beachten Sie, dass in einem Wendepunkt die Änderungsrate maximal ist.

d) Überlegen Sie, durch welche Funktion d die Differenz von h_1 und f beschrieben wird und wie die Extremstellen von d im Intervall $[0; 20]$ berechnet werden. Beachten Sie die Randstellen des Intervalls.

14 Buche

a) Wählen Sie für die Zeichnung folgenden Zeichenbereich des Koordinatensystems: $0 \leqslant x \leqslant 225$ und $0 \leqslant y \leqslant 1,4$. Skizzieren Sie die Kurve so, dass sie möglichst passend zwischen den Punkten verläuft. Die Kurve muss nicht alle Punkte treffen, den Anfangspunkt jedoch schon.

Um den Verlauf der Kurve als exponentielles Wachstum mit einer Funktion f zu beschreiben, wählen Sie als Ansatz $f(x) = a \cdot e^{b \cdot x}$ und bestimmen die Parameter a und b mit Hilfe der beiden Messpunkte mit $t = 0$ und $t = 75$.

Zur Berechnung der Verdopplungszeit setzen Sie den Funktionsterm mit $2 \cdot 0,05 = 0,1$ gleich und lösen die entstehende Gleichung oder schneiden den Graphen mit der Geraden $y = 0,1$.

b) Setzen Sie den Funktionsterm $d(x)$ gleich 1 und lösen Sie die entstehende Gleichung nach x auf. Alternativ können Sie auch den Graphen von $d(x)$ mit der Geraden $y = 1$ schneiden oder die Gleichungslösefunktion des GTR/CAS verwenden.

Der Baum wächst dann am schnellsten, wenn die Wachstumsgeschwindigkeit maximal ist. Die Wachstumsgeschwindigkeit ist $d'(x)$. Also müssen Sie das Maximum von $d'(x)$ mit Hilfe des GTR/CAS bestimmen.

c) Um die beiden Kurven qualitativ zu vergleichen, untersuchen Sie den Verlauf ihrer Graphen im Hinblick auf die gegebenen Messdaten. Um sie quantitativ zu vergleichen, berechnen Sie jeweils die Abweichung der beiden Modelle von den Messwerten und summieren die einzelnen Differenzwerte.

d) Setzen Sie verschiedene Werte für p ein und zeichnen Sie jeweils den zugehörigen Graphen; es bieten sich $p = 50$, $p = 100$ und $p = 150$ an. Überlegen Sie, wie sich mit wachsendem p das Verhalten der Graphen ändert. Bestimmen Sie auch die Asymptote der Graphen.

Das Vektorprodukt   Tipps

Vektorgeometrie

Das Vektorprodukt

Wenn man einen Vektor $\vec{n}$ sucht, der senkrecht auf zwei gegebenen Vektoren $\vec{a}$ und $\vec{b}$ steht (der Normalenvektor), geschieht dies einfach und schnell mit dem

Vektorprodukt / Kreuzprodukt

$$\vec{n} = (\vec{a} \times \vec{b}) = \begin{pmatrix} a_y b_z - a_z b_y \\ a_z b_x - a_x b_z \\ a_x b_y - a_y b_x \end{pmatrix}$$

Die Merkhilfe dazu:

1. Beide Vektoren werden je zweimal untereinandergeschrieben, dann werden die erste und die letzte Zeile gestrichen.
2. Anschließend wird «über Kreuz» multipliziert. Dabei erhalten die abwärts gerichteten Pfeile ein positives und die aufwärts gerichteten Pfeile ein negatives Vorzeichen.
3. Die einzelnen Komponenten werden subtrahiert – fertig!

$$\begin{array}{cc} \cancel{a_1} & \cancel{b_1} \\ a_2 & b_2 \\ a_3 & b_3 \\ a_1 & b_1 \\ a_2 & b_2 \\ \cancel{a_3} & \cancel{b_3} \end{array} \quad \Rightarrow \quad \begin{pmatrix} a_2 b_3 - a_3 b_2 \\ a_3 b_1 - a_1 b_3 \\ a_1 b_2 - a_2 b_1 \end{pmatrix}$$

Anmerkung: Der Betrag des senkrecht stehenden Vektors entspricht genau der Flächenmaßzahl des Parallelogramms, das von den beiden Vektoren aufgespannt wird.

Beispiel: Sind $\vec{a} = \begin{pmatrix} 1 \\ 3 \\ 2 \end{pmatrix}$ und $\vec{b} = \begin{pmatrix} -1 \\ 4 \\ 0 \end{pmatrix}$, ergibt sich für den gesuchten Vektor:

$$\begin{array}{cc} \cancel{1} & \cancel{-1} \\ 3 & 4 \\ 2 & 0 \\ 1 & -1 \\ 3 & 4 \\ \cancel{2} & \cancel{0} \end{array} \Rightarrow \begin{pmatrix} 3 \cdot 0 - 2 \cdot 4 \\ 2 \cdot (-1) - 1 \cdot 0 \\ 1 \cdot 4 - 3 \cdot (-1) \end{pmatrix} = \begin{pmatrix} -8 \\ -2 \\ 7 \end{pmatrix}$$

Anmerkung:
Mit Hilfe des Kreuzprodukts lässt sich die Fläche des Dreiecks ABC direkt ausrechnen. Es ist:

$$A_\triangle = \frac{1}{2} |\overrightarrow{AB} \times \overrightarrow{AC}|$$

15 Turm

a) Aus der Skizze können Sie sehen, dass die horizontalen Kanten AB, DC, EF und HG parallel zur x_2-Achse und die horizontalen Kanten DA, CB, HE und GF parallel zur x_1-Achse liegen.
Als vertikale Kanten bleiben AE, BF, CG und DH übrig.
Die Spitze S liegt 6 m über dem Mittelpunkt des Quadrates EFGH.
Für die Berechnungen des Neigungswinkels können Sie die Pyramide in der Spitze parallel zur x_2x_3-Ebene durchschneiden und mit einer geeigneten Skizze den Winkel trigonometrisch berechnen.
Für die Berechnung der Dachfläche ermitteln Sie zuerst die Dreiecksfläche einer Seitenfläche der Pyramide: $A_\triangle = \frac{1}{2} \cdot g \cdot h_s$. Die Seitenflächenhöhe h_s erhalten Sie mit Hilfe des Satzes des Pythagoras.

b) Bestimmen Sie zuerst die Koordinaten der Spitze S′ des Mastes. Den Schattenpunkt Z′ der Spitze S′ an der Wand erhalten Sie, indem Sie mit S′ und der gegebenen Richtung des Sonnenlichtes eine Gerade g aufstellen, welche Sie mit der Turmebene ABFE schneiden. Um eine Parameterform der Ebene ABFE zu bestimmen, können Sie z.B. den Vektor $\overrightarrow{OA}$ als Stützvektor und die Vektoren $\overrightarrow{AB}$ und $\overrightarrow{AF}$ als Spannvektoren verwenden. Den Schnittpunkt Z′ der Ebene ABFE und der Geraden g erhalten Sie durch Gleichsetzen. Lösen Sie das Gleichungssystem «von Hand» oder mit dem GTR/CAS. Um die gesamte Schattenlänge zu erhalten, müssen Sie noch überlegen, in welchem Punkt der Schatten vom Boden auf die Wand übergeht. Berechnen Sie die Längen der entsprechenden Verbindungsvektoren.

c) Überlegen Sie, wie man den Standort K des Kindes erhalten könnte. Stellen Sie zwei Geraden auf und schneiden Sie diese durch Gleichsetzen und Lösen des Gleichungssystems. Die Entfernung des Kindes zur Kante erhalten Sie, indem Sie die Länge des entsprechenden Verbindungsvektors berechnen.

16 Haus

a)
- Die Länge der Dachkante $\overline{EB}$ erhalten Sie, indem Sie die Länge des Verbindungsvektors von E zu B bestimmen.

- Zum Aufstellen der Parametergleichung der Ebene E_1 verwenden Sie beispielsweise den Stützpunkt B und die Spannvektoren $\overrightarrow{BC}$ und $\overrightarrow{BE}$.
Setzen Sie die Koordinaten von F in die Parametergleichung von E_1 ein und lösen Sie das entstandene Gleichungssystem; bei eindeutigen Parametern liegt auch der Punkt F in E_1.

- Den Winkel β, den die Kanten $\overline{BC}$ und $\overline{BE}$ einschließen, erhalten Sie mithilfe der Formel $\cos\beta = \frac{\overrightarrow{BC}\cdot\overrightarrow{BE}}{|\overrightarrow{BC}|\cdot|\overrightarrow{BE}|}$.

17. Pyramide — Tipps

- Um zu zeigen, dass es sich bei der Dachfläche um ein achsensymmetrisches Trapez handelt, weisen Sie nach, dass die Kanten $\overline{BC}$ und $\overline{EF}$ parallel sind, d.h. dass die Vektoren $\overrightarrow{BC}$ und $\overrightarrow{EF}$ ein Vielfaches voneinander sind, und dass der Winkel γ, den die Kanten $\overline{CB}$ und $\overline{CF}$ einschließen, gleich groß wie der Winkel β ist.
  Den Flächeninhalt A des Trapezes erhalten Sie mit der Formel $A = \frac{a+c}{2} \cdot h$, wobei $a = \overline{BC}$ und $c = \overline{EF}$ die beiden parallelen Seiten des Trapezes sind. Die Höhe h des Trapezes erhalten Sie mithilfe des Sinus-Verhältnisses $\sin\beta = \frac{h}{\overline{EB}}$. Alternativ erhalten Sie die Höhe h des Trapezes, indem Sie den Abstand des Mittelpunktes M_{EF} der Kante $\overline{EF}$ zum Mittelpunkt M_{BC} der Kante $\overline{BC}$ bestimmen.

b)
- Überlegen Sie, in welcher Richtung der Dachfirst des Anbaus verläuft. Die Koordinaten des Punktes R erhalten Sie, indem Sie die Gerade g, die durch den Punkt W geht und als Richtungsvektor die Richtung des Dachfirsts des Anbaus hat, mit der Ebene E_1 schneiden. Lösen Sie das durch Gleichsetzen entstandene Gleichungssystem «von Hand» oder mit Hilfe des GTR/CAS.
- Die Koordinaten des Punktes Q erhalten Sie mithilfe des Strahlensatzes sowie einer Vektorkette.

17 Pyramide

a) Berechnen Sie die Seitenlängen des Dreiecks ABC und weisen Sie mithilfe des Skalarprodukts zweier Verbindungsvektoren einen rechten Winkel nach. Skizzieren Sie das Quadrat. Den Flächeninhalt A dieses Quadrates erhalten Sie, indem Sie eine Seitenlänge quadrieren. Die Koordinaten des vierten Quadrateckpunktes D erhalten Sie mithilfe einer Vektorkette.

b) Beachten Sie, dass die ursprüngliche Spitze S der Pyramide auf der Geraden g durch die Punkte A und E sowie auf der Geraden h durch die Punkte B und F liegt. Stellen Sie die beiden Geradengleichungen auf und bestimmen Sie den Schnittpunkt der beiden Geraden durch Gleichsetzen; lösen Sie hierzu das entstandene Gleichungssystem.
Beachten Sie, dass die Grundfläche der Pyramide in der $x_1 x_2$-Ebene liegt.

c) Den Schattenpunkt M der Pyramidenspitze S erhalten Sie, indem Sie zuerst eine Gerade g^* aufstellen, die durch die Spitze S geht und als Richtungsvektor die Richtung $\vec{v}$ der Sonnenstrahlen hat. Anschließend schneiden Sie g^* mit der $x_1 x_2$-Ebene durch Gleichsetzen. Lösen Sie das entstandene Gleichungssystem «von Hand» oder mit dem GTR/CAS.

d) Überlegen Sie, welche Punkte der Pyramide in der Ebene E liegen können. Prüfen Sie, ob Verbindungsvektoren zwischen diesen Punkten mit den Spannvektoren der Ebene E übereinstimmen.

Beachten Sie, dass zwei Vektoren orthogonal sind, wenn das Skalarprodukt dieser Vektoren Null ergibt.

Überlegen Sie, wie der Vektor $\begin{pmatrix} 144 \\ 42 \\ 125 \end{pmatrix}$ zur Ebene E steht.

e) Den Winkel α, den die Vektoren $\vec{h}$ und $\vec{r}$ einschließen, erhalten Sie mit der Formel $\cos \alpha = \frac{\vec{h} \cdot \vec{r}}{|\vec{h}| \cdot |\vec{r}|}$. Beachten Sie, dass $\vec{h}$ orthogonal zur Pyramidenseitenfläche BCS (siehe Aufgabe d) und $\vec{r}$ orthogonal zur Pyramidenseitenfläche ABS verläuft. Überlegen Sie, welcher Winkel der Pyramide damit bestimmt wird.

18 Bühne

a) Beachten Sie, dass die Rampe 3 m breit und rechteckig sein soll.
Die Länge l der Rampe erhalten Sie, indem Sie den Betrag des Verbindungsvektors von R_2 zu R_3 bestimmen.

b) Den Steigungswinkel α der Rampe erhalten Sie mithilfe der Trigonometrie im rechtwinkligen Dreieck. Vergleichen Sie α mit dem maximal zulässigen Winkel.

c) Berechnen Sie das Skalarprodukt der Vektoren $\overrightarrow{AB}$ und $\overrightarrow{AP}$. Falls das Ergebnis Null ist, liegt bei A ein rechter Winkel vor. Skizzieren Sie das Dreieck ABP und ein beliebiges Dreieck ABC. Beachten Sie, dass der Vektor $\overrightarrow{AC}$ die gleiche Richtung hat wie der Vektor $\overrightarrow{AP}$.

d) Bestimmen Sie die Gleichung der Ebene E, in welcher der Bühnenboden liegt. Die Koordinaten des Schattenpunktes A_S auf dem Bühnenboden erhalten Sie, indem Sie die Gerade g, die durch A geht und den Richtungsvektor $\vec{v}$ hat, mit E schneiden. Durch Gleichsetzen erhalten Sie ein Gleichunssystem, welches Sie «von Hand» oder mit dem GTR/CAS lösen.

19 Seilbahn

a)
- Bestimmen Sie die Koordinaten der Punkte A, F, G und T anhand der gegebenen Abbildung.
Die Dachebene E_1 hat beispielsweise den Stützpunkt F und die Spannvektoren $\overrightarrow{FS}$ und $\overrightarrow{FG}$.

- Stellen Sie eine Gleichung der Geraden g durch die Punkte P und Q auf. Die Koordinaten des Punktes R, in dem das Seil die Dachebene E_1 durchstößt, erhalten Sie, indem Sie g mit E_1 schneiden. Lösen Sie das durch Gleichsetzen entstandene Gleichungssystem «von Hand» oder mit dem GTR/CAS.

- Die Länge l des Seils erhalten Sie, indem Sie den Betrag des Verbindungsvektors von P zu Q berechnen.

20. Maibaum — Tipps

b) Bestimmen Sie eine Gleichung der Geraden h mit dem Stützpunkt K und dem Richtungsvektor $\vec{v}$. Um zu zeigen, dass sich die beiden Geraden nicht schneiden, setzen Sie die beiden Geradengleichungen gleich. Lösen Sie das entstandene Gleichungssystem nach den Parametern auf. Falls ein Widerspruch entsteht, gibt es keinen Schnittpunkt.

c) Bestimmen Sie die allgemeinen Koordinaten eines Punktes U_t auf k und die allgemeinen Koordinaten eines Punktes V_s auf l sowie den Verbindungsvektor zwischen U_t und V_s.
Da der Vektor $\overrightarrow{UV}$ senkrecht zur x_1x_2-Ebene sein soll, muss gelten: $\overrightarrow{UV} = r \cdot \begin{pmatrix} 0 \\ 0 \\ 1 \end{pmatrix}$ bzw.
$\overrightarrow{U_tV_s} = r \cdot \begin{pmatrix} 0 \\ 0 \\ 1 \end{pmatrix}$. Stellen Sie ein lineares Gleichungssystem auf und lösen Sie dieses «von Hand» oder mithilfe des GTR/CAS. Setzen Sie die erhaltenen Parameterwerte in U_t und V_s ein.

20 Maibaum

a) Zur Bestimmung einer Koordinatengleichung der Hangebene H benötigen Sie einen Normalenvektor von H. Diesen erhalten Sie mithilfe des Vektorprodukts der beiden Spannvektoren. Der Neigungswinkel des Hangs ist der Schnittwinkel der Ebene H und der x-y-Ebene. Zur Berechnung des Schnittwinkels zwischen zwei Ebenen mit den Normalenvektoren $\vec{n}_1$ und $\vec{n}_2$ verwenden Sie die Formel $\cos\alpha = \frac{|\vec{n}_1 \cdot \vec{n}_2|}{|\vec{n}_1| \cdot |\vec{n}_2|}$.
Bestimmen Sie zunächst die Spurpunkte der Ebene – das sind die Schnittpunkte von H mit den Koordinatenachsen. Verbinden Sie diese drei Punkte, so erhalten Sie einen Ausschnitt der Ebene. Der Maibaum ist in der Zeichnung die Verbindungslinie der Punkte F und S.

b) Um zu überprüfen, ob der Abstand eingehalten wird, bestimmen Sie zunächst den geforderten Mindestabstand des Hanges zum Baum und berechnen Sie dann den tatsächlichen Abstand des Fußpunktes F des Maibaumes zur Spurgeraden g_{xy} – das ist die Gerade durch die Spurpunkte der x- und der y-Achse.
Um diesen Abstand zu berechnen, wählen Sie einen «allgemeinen Punkt» B auf der Geraden g_{xy} und bestimmen Sie den Abstand $d(\lambda) = \left|\overrightarrow{BF}\right|$ in Abhängigkeit eines Parameters λ. Berechnen Sie das Minimum der Funktion $d(\lambda)$ mit Hilfe des GTR/CAS. Den Lotfußpunkt erhalten Sie für den Parameter, für den der Abstand $\left|\overrightarrow{BF}\right|$ minimal ist. Der Abstand der Geraden zu dem Punkt F ist dann der Abstand von F zum Lotfußpunkt.

c) Den Schattenpunkt der Spitze S auf der Hangebene erhalten Sie als Schnittpunkt der Geraden g_S durch S mit dem Richtungsvektor $\vec{v}$ und der Ebene H. Um diesen zu berechnen, setzen Sie einen allgemeinen Punkt der Geraden g_S in die Koordinatengleichung von H ein.
Für den Punkt R, in dem der Schatten des Maibaums «abknickt», muss gelten, dass er in

Tipps   *21. Solaranlage*

der x-y–Ebene und der Hangebene H liegt und dass es einen Punkt auf dem Maibaum gibt, der auf den Punkt R durch den Sonnenstrahl abgebildet wird. Um die Ebenenbedingungen zu überprüfen, setzen Sie R in die beiden Ebenengleichungen ein. Bestimmen Sie einen allgemeinen Punkt M_t auf dem Maibaum. Überprüfen Sie, ob es ein t gibt, so dass die Gerade durch M_t mit dem Richtungsvektor $\vec{v}$ die Gerade g_{xy} in R schneidet.

21 Solaranlage

a) Um zu zeigen, dass das Viereck ABCD ein Rechteck ist, bestimmen Sie die Verbindungsvektoren der Seiten, von denen jeweils zwei gleich sein müssen, und berechnen das Skalarprodukt zweier anliegender Seitenvektoren, welches Null ergeben muss. Den Flächeninhalt A des Rechtecks erhalten Sie mit der Formel $A = a \cdot b$, wobei a und b die Längen der Seitenvektoren sind.

b) Die Richtung $\vec{n}_1$ der Sonnenstrahlen soll orthogonal zur Kollektorfläche stehen. Beachten Sie, dass damit $\vec{n}_1$ ein Normalenvektor der Kollektorfläche sein muss. Bestimmen Sie $\vec{n}_1$ mithilfe des Vektorprodukts (siehe Seite 98) der Spannvektoren $\overrightarrow{AB}$ und $\overrightarrow{AD}$. Beachten Sie, dass die Sonnenstrahlen «von oben» scheinen, d.h. die z-Koordinate des berechneten Normalenvektors muss also negativ sein. Eventuell verwenden Sie den Gegenvektor des berechneten Vektors.

c) Den Winkel zwischen der Dachfläche (x-y-Ebene) und der Kollektorfläche (ABCD) erhalten Sie mit der Formel $\cos(\alpha) = \frac{|\vec{n}_1 \cdot \vec{n}_2|}{|\vec{n}_1| \cdot |\vec{n}_2|}$, wobei $\vec{n}_1$ der Normalenvektor der Kollektorfläche und $\vec{n}_2$ der Normalenvektor der x-y-Ebene ist.

d) Skizzieren Sie die Problemstellung. Hier erkennen Sie, dass die Seite $\overline{AD'}$ der Fläche F_{eff} orthogonal zum Sonnenstrahlenvektor $\vec{v}$ steht, also ist der gesuchte Punkt D' der Lotfußpunkt von A auf die Gerade g, die durch D und D' verläuft. Stellen Sie die Gleichung von g auf. Da D' auf g liegt, können Sie die Koordinaten von D' in Abhängigkeit vom Geradenparameter angeben. Da der Vektor $\overrightarrow{AD'}$ orthogonal zu $\vec{v}$ ist, ist das Skalarprodukt der beiden Vektoren Null. Stellen Sie die zugehörige Gleichung auf und lösen Sie diese. Setzen Sie den erhaltenen Wert in D' ein.

Alternativ können Sie die Gerade g durch D und D' aufstellen, indem Sie als Richtungsvektor $\vec{v}$ verwenden. Bestimmen Sie eine Koordinatenform von F_{eff}. Diese geht durch A und hat als Normalenvektor den Vektor $\vec{v}$. Schneiden Sie g mit der Ebene F_{eff}, indem Sie den allgemeinen Punkt P_t von g in F_{eff} einsetzen. Setzen Sie den erhaltenen t-Wert in P_t ein und Sie erhalten D'.

e) Zur Bestimmung des Flächeninhalts von F_{eff} berechnen Sie die beiden Seitenlängen der Fläche, also die Länge von $\overline{AB}$ und von $\overline{AD'}$. Um den prozentualen Anteil an der maximalen Leistung zu berechnen, teilen Sie F_{eff} durch A, wobei A die in a) berechnete Fläche ist.

22 Fabrikhalle

a) Skizzieren Sie die Problemstellung. Die Koordinaten von C erhalten Sie, indem Sie eine geeignete Vektorkette aufstellen. Um nachzuweisen, dass bei A ein rechter Winkel ist, berechnen Sie das Skalarprodukts der Vektoren $\overrightarrow{AB}$ und $\overrightarrow{AD}$. Ist das Ergebnis Null, beträgt der Winkel zwischen den beiden Vektoren 90°.
Verwenden Sie A als Stützpunkt und die Vektoren $\overrightarrow{AB}$ und $\overrightarrow{AF}$ als zugehörige Spannvektoren. Einen Normalenvektor $\vec{n}$ von H erhalten Sie mithilfe des Vektorprodukts (siehe Seite 98) der Spannvektoren.
Alternativ können Sie $\vec{n}$ auch mithilfe des Skalarprodukts bestimmen; da $\vec{n}$ sowohl auf $\overrightarrow{AB}$ als auch auf $\overrightarrow{AF}$ senkrecht steht, muss gelten: $\vec{n} \cdot \overrightarrow{AB} = 0$ und $\vec{n} \cdot \overrightarrow{AF} = 0$. Lösen Sie das zugehörige lineare Gleichungssystem.
Die Koordinatengleichung von H erhalten Sie dann, indem Sie $\vec{n}$ und die Koordinaten von A in die Ebenengleichung $n_x x + n_y y + n_z z = d$ einsetzen und d bestimmen.
Alternativ können Sie auch die Normalenform $(\vec{x} - \vec{a}) \cdot \vec{n} = 0$ verwenden.

b) Der Punkt E ist der Schnittpunkt der Visiergeraden g_V durch P mit der Richtung $\vec{v}$ und der Hangebene H. Stellen Sie die Gleichung von g_V auf und setzen Sie den allgemeinen Punkt P_t von g_V in die Koordinatenform von H ein. Setzen Sie den erhaltenen t-Wert in P_t ein, so erhalten Sie die Koordinaten von E.
Der Winkel zwischen der Ebene J und der x-y-Ebene entspricht dem Winkel zwischen ihren Normalenvektoren, da beide um jeweils 90° zur Ebene gedreht sind. Den Normalenvektor von J können Sie aus der gegebenen Koordinatengleichung ablesen. Den Winkel zwischen den beiden Normalenvektoren erhalten Sie mit der Formel $\cos(\alpha) = \frac{|\vec{n}_1 \cdot \vec{n}_2|}{|\vec{n}_1| \cdot |\vec{n}_2|}$.

c) Bestimmen Sie zunächst den Mittelpunkt M der Fläche ABCD mithilfe einer Vektorkette. Bestimmen Sie die Koordinaten des Punktes N, der «2 m unterhalb des Mittelpunkts» liegt. Den Richtungsvektor der Geraden g_E der Entwässerungsleitung erhalten Sie, indem Sie die gegebenen x- und y-Koordinaten der Projektionsgeraden übernehmen und die z-Koordinate mithilfe der Gefälle-Angabe 2% $= -0,02$ berechnen. Bestimmen Sie dazu zuerst die Länge des Projektionsvektors. Aus dem Produkt der Länge des Projektionsvektors und des Gefälles erhalten Sie dann die z-Koordinate.

d) Die Länge des Fallschachts können Sie nicht über den Abstand windschiefer Geraden ermitteln, da damit nicht garantiert ist, dass dieser senkrecht liegt. Den senkrechten Abstand erhalten Sie, wenn Sie zunächst die beiden Geraden g_E und g_H in die x-y-Ebene projizieren und den Schnittpunkt der Projektionsgeraden g_{Exy} von g_E und g_{Hxy} von g_H ermitteln. Setzen Sie nun die Geradenparameter für diesen Schnittpunkt in die 3-dimensionalen Geraden g_E und g_H ein, so erhalten Sie die z-Koordinaten, die zum Anfangs- und Endpunkt des Fallschachts gehören. Ihre Differenz liefert die gesuchte Länge.

e) Hier ist keine explizite Rechnung notwendig, sondern ein nachvollziehbarer Ansatz, wie der Körper der Baugrube so in verschiedene Körper aufzuteilen ist, dass er gut zu errechnen ist. Es empfiehlt sich die Zerlegung in ein schiefes Prisma und eine Dreieckspyramide. Überlegen Sie, wie eine sinnvolle Unterteilung des Körpers aussehen könnte.

23 Lichtstrahl

a) Die Längen der Vektoren $\overrightarrow{BA}$ und $\overrightarrow{BC}$ erhalten Sie, indem Sie ihre Beträge berechnen.
Die Richtung $\vec{v}$ des Einfallslots berechnen Sie durch Einsetzen von $\overrightarrow{BA}$ und $\overrightarrow{BC}$ in die gegebene Formel.
Den Einfallswinkel α des Lichtstrahls bestimmen Sie mit der Formel $\cos(\alpha) = \frac{\overrightarrow{BA} \cdot \vec{v}}{|\overrightarrow{BA}| \cdot |\vec{v}|}$
Statt $\overrightarrow{BA}$ können Sie auch $\overrightarrow{BC}$ verwenden.

b) Das Einfallslot steht orthogonal zur Spiegelebene. Als Normalenvektor von F verwenden Sie den Vektor $\vec{v}$. Die Koordinatenform erhalten Sie, indem Sie die Normalenform $\left(\vec{x} - \vec{b}\right) \cdot \vec{n} = 0$ verwenden und ausmultiplizieren.
Es ist nicht notwendig, die Ebene E durch die Punkte A, B und C aufzustellen, um die gegenseitige Lage von g und der Ebene E zu untersuchen. Wenn Sie den Stützvektor mit den gegebenen Punkten vergleichen, erkennen Sie, dass es sich um den Ortsvektor des Punktes B handelt. Da von der «besonderen» Lagebeziehung die Rede ist, liegt die Vermutung nahe, dass die Gerade g die Ebene E orthogonal schneidet. Dies prüfen Sie entweder, indem Sie den Normalenvektor der Ebene mithilfe des Vektorprodukts von $\overrightarrow{BA}$ und $\overrightarrow{BC}$ ausrechnen und mit dem Richtungsvektor von g vergleichen oder indem Sie zeigen, dass die Skalarprodukte des Richtungsvektors von g mit $\overrightarrow{BA}$ und $\overrightarrow{BC}$ gleich Null sind.

c) Achten Sie bei den Zeilen (I) bis (III) auf die verwendeten Punkte und Vektoren für die Gerade k in (I) und die Ebene H in (II). Beachten Sie, dass H beispielsweise denselben Normalenvektor wie F hat, also parallel zu F liegt.
Beachten Sie, dass bei (III) ein allgemeiner Punkt von k in H eingesetzt wird.
In Zeile (IV) steht $\vec{a}$ für den Vektor $\overrightarrow{OA}$. Skizzieren Sie die beschriebene Vektorkette.

d) Setzen Sie die Koordinaten eines allgemeinen Punktes P_r von g jeweils in F und E_a ein und zeigen Sie, dass das Ergebnis jeweils eine wahre Aussage ist. Zeigen Sie dann, dass keine Zahl a existiert, für die sich E_a als F darstellen lässt, indem Sie einen Koeffizientenvergleich durchführen.

e) Beachten Sie, dass der Lichtstrahl von A nach B genau dann in sich selbst reflektiert wird, wenn seine Richtung mit der des Einfallslots übereinstimmt, d.h. wenn $\overrightarrow{BA}$ ein Vielfaches des Normalenvektors der Ebene E_a ist. Stellen Sie eine Gleichung auf und lösen Sie dann das überbestimmte Gleichungssystem. Setzen Sie den erhaltenen a-Wert in E_a ein.

Stochastik

24 Bäckerei

a) Legen Sie X als binomialverteilte Zufallsgröße für die Anzahl der Brote mit einer Abweichung vom Sollgewicht mit den Parametern n und p fest. Den Erwartungswert von X erhalten Sie durch $E(X) = \mu = n \cdot p$. Überlegen Sie, wie viele «Ausgänge» es bei einem gelieferten Toastbrot gibt und ob die Wahrscheinlichkeit auf jeder Stufe gleich bleibt.

b) Legen Sie X als binomialverteilte Zufallsgröße für die Anzahl der Brote mit einer Abweichung vom Sollgewicht mit den Parametern n und p fest. Die Wahrscheinlichkeit für das Ereignis A erhalten Sie mithilfe der Wahrscheinlichkeit des Gegenereignisses und der Binomialsummenfunktion.
Legen Sie Y als binomialverteilte Zufallsgröße für die Anzahl der Brote ohne Abweichung vom Sollgewicht mit den Parametern n und p fest.
Die Wahrscheinlichkeit für das Ereignis B erhalten Sie ebenfalls mithilfe der Wahrscheinlichkeit des Gegenereignisses und der Binomialsummenfunktion.

c) Den Erwartungswert E^* des Brotgewichts Y für die neue Maschine erhalten Sie, indem Sie die jeweiligen Brotgewichte mit den entsprechenden Wahrscheinlichkeiten multiplizieren und die Ergebnisse addieren. Die Standardabweichung σ^* von Y erhalten Sie, indem Sie zuerst die Varianz $V^*(Y)$ bestimmt und anschließend daraus die Wurzel ziehen. Vergleichen Sie die Erwartungswerte und die Standardabweichungen.

d) Bezeichnen Sie mit f: Verpackung ist fehlerhaft, mit $\bar{f}$: Verpackung ist ordnungsgemäß, mit s: Brot wird aussortiert und mit $\bar{s}$: Brot wird nicht aussortiert. Bestimmen Sie anhand der gegebenen Daten folgende Wahrscheinlichkeiten: $P(f)$ und dann mithilfe der Wahrscheinlichkeit des Gegenereignisses: $P(\bar{f})$. Ebenso $P_f(\bar{s})$ und mithilfe der Wahrscheinlichkeit des Gegenereignisses: $P_f(s)$. Ferner $P_{\bar{f}}(s)$ und mithilfe der Wahrscheinlichkeit des Gegenereignisses: $P_{\bar{f}}(\bar{s})$. Damit können Sie ein Baumdiagramm zeichnen.
Zur Erstellung einer Vierfeldertafel können Sie $P(f)$ und $P(\bar{f})$ direkt eintragen. Bestimmen Sie mithilfe der bedingten Wahrscheinlichkeiten folgende Wahrscheinlichkeiten:
$P(f \cap \bar{s}) = P(f) \cdot P_f(\bar{s})$ und $P(\bar{f} \cap s) = P(\bar{f}) \cdot P_{\bar{f}}(s)$. Tragen Sie diese Wahrscheinlichkeiten in die Vierfeldertafel ein und vervollständigen Sie diese durch Summen-und Differenzenbildung.
Die Wahrscheinlichkeit, dass die Verpackung eines aussortierten Brotes tatsächlich fehlerhaft ist, erhalten Sie mithilfe der bedingten Wahrscheinlichkeit: $P_s(f) = \frac{P(s \cap f)}{P(s)}$.

e) Zum Testen der gegebenen Nullhypothese: $H_0: p \leq 0{,}02$ legen Sie X als Zufallsvariable für die Anzahl der fehlerhaft verpackten Brote fest. Formulieren Sie die zugehörige Alternativhypothese $H_1: p > \ldots$. Beachten Sie, dass es sich wegen $H_1: p > \ldots$ um einen rechtsseitigen Test mit dem Ablehnungsbereich $\bar{A} = \{k, \ldots, 100\}$ und dem Signifikanzniveau $\alpha \leq 5\%$ handelt. Bestimmen Sie mit Hilfe des GTR/CAS ein minimales $k \in \mathbb{N}$

so, dass die Wahrscheinlichkeit, dass X einen Wert zwischen k und 100 annimmt, kleiner als α ist, d.h. dass gilt: $P(X \in \overline{A}) \leq \alpha$ bzw. $P(X \geq k) \leq \alpha$. Verwenden Sie die Wahrscheinlichkeit des Gegenereignisses $P(X \geq k) = 1 - P(X \leq k-1)$. Bestimmen Sie damit den Ablehnungsbereich $\overline{A}$ und formulieren Sie die Entscheidungsregel. Überlegen Sie, ob die gegebene Anzahl fehlerhaft verpackter Brote im Ablehnungsbereich liegt.

25 Reisen

a) Für die ersten beiden Ereignisse legen Sie X als binomialverteilte Zufallsgröße für die Anzahl der Reiseziele innerhalb Deutschlands mit den Parametern n und p fest.
Die Wahrscheinlichkeit für das erste Ereignis erhalten Sie mithilfe der Binomialverteilung des GTR/CAS. Die Wahrscheinlichkeit für das zweite Ereignis erhalten Sie mithilfe der Wahrscheinlichkeit des Gegenereignisses und der kumulierten Binomialverteilung unter Verwendung des GTR/CAS. Für das dritte Ereignis legen Sie Y als binomialverteilte Zufallsgröße für die Anzahl der Fernreisen mit den Parametern n und p fest. Verwenden Sie Differenzen der kumulierten Binomialverteilung des GTR/CAS.

b) Um die Bedeutung der gegebenen Gleichung zu erläutern, legen Sie zuerst die Zufallsvariable X fest, zu der die Trefferwahrscheinlichkeit von $p = 0{,}618 = 61{,}8\%$ gehört. Verwenden Sie hierzu die angegebenen Prozentsätze.

c) Zur Erstellung eines Baumdiagramms bezeichnen Sie mit I: Kurzurlaub geht ins Inland, $\overline{I}$: Kurzurlaub geht ins Ausland, S: Kurzurlaub ist eine Städtereise und $\overline{S}$: Kurzurlaub ist keine Städtereise. Anhand der gegebenen Daten können Sie folgende Wahrscheinlichkeiten bestimmen: $P(I)$ und damit $P(\overline{I})$, $P_I(S)$ und damit $P_I(\overline{S})$ und wegen $P(\overline{I} \cap S)$ erhalten Sie $P_{\overline{I}}(S) = \frac{P(\overline{I} \cap S)}{P(\overline{I})}$ und damit $P_{\overline{I}}(\overline{S})$. Zur Erstellung einer Vierfeldertafel verwenden Sie $P(I)$ und damit $P(\overline{I})$ sowie $P(\overline{I} \cap S)$. Mithilfe von $P(I \cap S)$ können Sie durch Summen-und Differenzbildung die Vierfeldertafel vervollständigen.
Die Wahrscheinlichkeit, dass eine Städtereise durchgeführt wurde, erhalten Sie beim Baumdiagramm mithilfe der 1. und 2. Pfadregel: $P(S) = P(I \cap S) + P(\overline{I} \cap S)$. Diesen Wert können Sie in der Vierfeldertafel direkt ablesen.
Sie erhalten die Gesamtzahl der Städtereisen, indem Sie die Anzahl der Kurzreisen mit der Wahrscheinlichkeit einer Städtereise multiplizieren.
Die Wahrscheinlichkeit, dass es sich bei einer Städtereise um eine Auslandsreise handelt, erhalten Sie mithilfe der bedingten Wahrscheinlichkeit: $P_S(\overline{I}) = \frac{P(S \cap \overline{I})}{P(S)}$.

d) Berechnen Sie zuerst die relative Häufigkeit h für den Anteil der Schwarzwaldreisen der Stichprobe und verwenden Sie dann die Formel $\left[h - 1{,}96 \cdot \sqrt{\frac{h \cdot (1-h)}{n}} \,;\, h + 1{,}96 \cdot \sqrt{\frac{h \cdot (1-h)}{n}}\right]$ für das 95%-Konfidenzintervall.

e) Zum Testen der gegebenen Nullhypothese: $H_0: p \leq 0{,}08$ legen Sie X als Zufallsvariable für die Anzahl der online gebuchten Pauschalreisen fest. Formulieren Sie die zuge-

26. Ampel Tipps

hörige Alternativhypothese $H_1 : p > \ldots$. Beachten Sie, dass es sich wegen $H_1 : p > \ldots$ um einen rechtsseitigen Test mit dem Ablehnungsbereich $\overline{A} = \{k, \ldots, 100\}$ und dem Signifikanzniveau $\alpha \leqslant 5\%$ handelt. Bestimmen Sie mit der kumulierten Binomialverteilung und des GTR/CAS ein minimales $k \in \mathbb{N}$ so, dass die Wahrscheinlichkeit, dass X einen Wert zwischen k und 100 annimmt, kleiner als α ist, d.h. dass gilt: $P(X \in \overline{A}) \leqslant \alpha$ bzw. $P(X \geqslant k) \leqslant \alpha$. Verwenden Sie dafür die Wahrscheinlichkeit des Gegenereignisses $P(X \geqslant k) = 1 - P(X \leqslant k - 1)$. Bestimmen Sie damit den Ablehnungsbereich $\overline{A}$ und formulieren Sie die Entscheidungsregel.

f) Beachten Sie, dass bei einem Fehler 1. Art die Nullhypothese fälschlicherweise abgelehnt wird und bei einem Fehler 2. Art fälschlicherweise beibehalten wird.
Legen Sie Y als binomialverteilte Zufallsvariable für die Anzahl der online gebuchten Pauschalreisen im Jahr 2013 mit den Parametern n und p fest.
Um die Wahrscheinlichkeit, dass die Reisebürokette bei ihrem Hypothesentest einen Fehler 2. Art beging, zu ermitteln, berechnen Sie die Wahrscheinlichkeit, dass Y im Annahmebereich A der Nullhypothese aus Aufgabe 3.1 liegt. Verwenden Sie die kumulierte Binomialverteilung des GTR/CAS.

26 Ampel

a) Überlegen Sie, ob die beiden Ampeln abhängig oder unabhängig voneinander sein müssen und wie Wahrscheinlichkeiten bei zweistufigen Zufallsexperimenten bestimmt werden.
Verwenden Sie die Produktregel bei zweistufigen Zufallsexperimenten; stellen Sie eine Gleichung auf und lösen Sie diese.

b) Überlegen Sie, welche Ausgänge des Experiments es gibt und ob sich der Anteil der Verkehrsteilnehmer, der sich an die Geschwindigkeitsbegrenzung hält, ändert.
Legen Sie X als binomialverteilte Zufallsvariable für die Anzahl der geblitzten Autofahrer fest und bestimmen Sie die Parameter p und n.
Die Wahrscheinlichkeit für das Ereignis A erhalten Sie mithilfe der Bernoulli-Formel $P(X = k) = \binom{n}{k} \cdot p^k \cdot (1-p)^{n-k}$. Formulieren Sie Ereignis B um und verwenden Sie ebenfalls die Bernoulli-Formel. Die Wahrscheinlichkeit für das Ereignis C erhalten Sie mithilfe des Gegenereignisses sowie der gegebenen Tabelle.

c) Legen Sie X als binomialverteilte Zufallsvariable für die Anzahl der geblitzten Autofahrer fest und bestimmen Sie die Parameter p und n. Den Erwartungswert von X erhalten Sie mit der Formel $E(X) = \mu = n \cdot p$, die Standardabweichung von X mit der Formel $\sigma = \sqrt{n \cdot p \cdot (1-p)}$.

d) Berechnen Sie zuerst die relative Häufigkeit h für den Anteil geblitzter Autos der Stichprobe und verwenden Sie anschließend die Formel $\left[h - 1{,}96 \cdot \sqrt{\frac{h \cdot (1-h)}{n}} \,;\, h + 1{,}96 \cdot \sqrt{\frac{h \cdot (1-h)}{n}}\right]$ für das 95%-Konfidenzintervall.

e) Legen Sie als Nullhypothese $H_0: p \geq 0,2$ mit $n = 20$ fest und formulieren Sie die zugehörige Alternativhypothese $H_1: p < ...$.
Wegen $H_1: p < ...$ handelt es sich um einen linksseitigen Test mit dem Ablehnungsbereich $\overline{A} = \{0, ..., k\}$ und einem nicht festgelegten Signifikanzniveau α. Es wäre also ein maximales $k \in \mathbb{N}$ so zu bestimmen, dass gilt: $P(X \in \overline{A}) \leq \alpha$ bzw. $P(X \leq k) \leq \alpha$.
Beachten Sie, dass bei einem Fehler erster Art die Nullhypothese abgelehnt wird, obwohl sie zutrifft.
Beachten Sie, dass bei einem Fehler zweiter Art die Nullhypothese beibehalten wird, obwohl sie nicht zutrifft.

27 Handys

a) Überlegen Sie, wie viele Ausfälle es bei der Ziehung eines Handys gibt, wie oft dasselbe Experiment gemacht wird und welche Wahrscheinlichkeiten auftreten.
Legen Sie die Zufallsvariable X für die Anzahl der fehlerhaften Handys fest. Mit Hilfe des GTR/CAS können Sie die Wahrscheinlichkeiten $P(X \leq k)$ für $n = 100$ und $p = 0,1$ bestimmen.

b) Bestimmen Sie verschiedene Intervalle mit Mittelpunkt 10 und berechnen Sie die entsprechenden Wahrscheinlichkeiten. Sobald eine Wahrscheinlichkeit von 0,95 erreicht ist, haben Sie das kleinstmögliche Intervall.
Anschließend nehmen Sie an, dass n Handys entnommen werden. Rechnen Sie mit dem Gegenereignis und stellen Sie eine Ungleichung auf.

c) Verwenden Sie F für «fehlerhaft» und A für «ausgesondert». Bestimmen Sie aus den gegebenen Daten die entsprechenden Wahrscheinlichkeiten, auch für die Schnittmengen.
Anschließend tragen Sie diese in eine Vierfeldertafel ein und lesen hieraus die gesuchte Wahrscheinlichkeit ab.

d) Berechnen Sie zuerst die relative Häufigkeit h für den Anteil fehlerhafter Handys der Stichprobe und verwenden Sie dann die Formel $\left[h - 1,96 \cdot \sqrt{\frac{h \cdot (1-h)}{n}} \; ; \; h + 1,96 \cdot \sqrt{\frac{h \cdot (1-h)}{n}}\right]$ für das 95%-Konfidenzintervall, da die Irrtumswahrscheinlichkeit 5% beträgt.

e) Stellen Sie zunächst die Nullhypothese auf und bestimmen Sie dann den Annahmebereich A^* und den Ablehnungsbereich $\overline{A^*}$ für die vorgegebene Irrtumswahrscheinlichkeit. Zum Schluss prüfen Sie, in welchen Bereich die konkret durchgeführte Stichprobe fällt.

28 Internet

a) Legen Sie X als binomialverteilte Zufallsgröße für die Anzahl der Personen, die das Internet für Telefonate benutzen mit den Parametern n und p fest.
Die Wahrscheinlichkeit für das erste Ereignis erhalten Sie mithilfe der Binomialverteilung

28. Internet   Tipps

des GTR/CAS. Die Wahrscheinlichkeit für das zweite Ereignis erhalten Sie mithilfe der kumulierten Binomialverteilung des GTR/CAS.

b) Beachten Sie, dass es sich bei diesem Zufallsexperiment um ein «Ziehen ohne Zurücklegen» handelt. Betrachten Sie den Versuch als 3-stufiges Zufallsexperiment und zeichnen Sie ein Baumdiagramm. Bezeichnen Sie mit IT: «verwendet das Internet für Telefonate» und $\overline{IT}$: «verwendet das Internet nicht für Telefonate» und verwenden Sie die gegebenen Daten.
Die Wahrscheinlichkeit, dass unter den ersten drei Befragten genau einer dabei ist, der das Internet für Telefonate nutzt, erhalten Sie mithilfe der Pfadregeln.

c) Mit den Angaben des Artikels können Sie ein Baumdiagramm erstellen.
Dabei stellt die erste Stufe das Alter der Internetnutzer dar und die zweite Stufe die Nutzung des Internets für Telefonate. Bezeichnen Sie mit x den Anteil der Personen, die 10 bis 24 Jahre alt sind, mit IT: «verwendet das Internet für Telefonate» und mit $\overline{IT}$: «verwendet das Internet nicht für Telefonate».

Die Wahrscheinlichkeit, dass eine Person im Alter von 25 bis 54 Jahre ist und das Internet für Telefonate nutzt, erhalten Sie mit der ersten Pfadregel.
Die Wahrscheinlichkeit, dass ein Internetnutzer 10 bis 24 Jahre alt ist, können Sie sich mithilfe der Pfadregeln folgendermaßen überlegen: Es sei x der Anteil der Internetnutzer 2013 im Alter von 10 bis 24 Jahre. Bekannt ist der Anteil aller Internetnutzer, die das Internet auch für Telefonate nutzen: $p = 0,28$. Diese Wahrscheinlichkeit setzt sich zusammen aus allen 10- bis 24-Jährigen, die das Internet für Telefonate nutzen, allen 25- bis 54-Jährigen, die das Internet für Telefonate nutzen sowie allen 55-Jährigen und älteren, die das Internet für Telefonate nutzen. Stellen Sie eine Gleichung auf und lösen Sie diese nach x auf.

d) Zum Testen der Nullhypothese: $H_0: p \leq 0,28$ legen Sie X als Zufallsvariable für die Anzahl der Internetnutzer, die im Jahr 2014 das Internet auch zum Telefonieren nutzen, fest. Formulieren Sie die zugehörige Alternativhypothese $H_1: p > ...$. Beachten Sie, dass es sich wegen $H_1: p > ...$ um einen rechtsseitigen Test mit dem Ablehnungsbereich $\overline{A} = \{k, ..., 50\}$ und dem Signifikanzniveau $\alpha \leq 1\%$ handelt. Bestimmen Sie mithilfe der kumulierten Binomialverteilung des GTR/CAS ein minimales $k \in \mathbb{N}$ so, dass die Wahrscheinlichkeit, dass X einen Wert zwischen k und 50 annimmt, kleiner als α ist, d.h. dass gilt: $P(X \in \overline{A}) \leq \alpha$ bzw. $P(X \geq k) \leq \alpha$. Verwenden Sie die Wahrscheinlichkeit des Gegenereignisses $P(X \geq k) = 1 - P(X \leq k-1)$. Bestimmen Sie damit den Ablehnungsbereich $\overline{A}$ und formulieren Sie die Entscheidungsregel.

e) Aus der angegebenen Grafik können Sie β als Wert auf der y-Achse an der Stelle $p_1 = 0,35$ ablesen. Beachten Sie, dass β den Fehler 2. Art angibt, d.h. dass die Nullhypothese beibehalten wird, obwohl sie nicht stimmt.

Um den zugehörigen Ablehnungsbereich $\overline{A} = \{k, ..., 50\}$ von H_0 zu bestimmen, verwenden Sie $n = 50$ und $p_1 = 0,35$ und berechnen ein minimales k so, dass es im Ablehnungsbereich liegt bzw. $P(X < k) = \beta$ gilt. Verwenden Sie die kumulierte Binomialverteilung des GTR/CAS.

29 Automobil-Zulieferer

a) Schreiben Sie die Dezimalzahlen der Übergangsmatrix als Prozentzahlen. Eine Spalte der Matrix gibt an, wie viel Prozent der Mitarbeiter von einem bestimmten Standort zu den jeweiligen anderen wechseln. Eine Zeile der Matrix gibt an, wie viel Prozent der Mitarbeiter von den drei Standorten zu einem bestimmten Standort wechseln.

b) Bestimmen Sie den Startvektor $\vec{x}$. Die Verteilung $\vec{y}$ nach einem Jahr erhalten Sie, indem Sie die Übergangsmatrix M mit dem Startvektor $\vec{x}$ multiplizieren. Die Verteilung $\vec{z}$ nach zwei Jahren erhalten Sie, indem Sie die Übergangsmatrix M mit dem Vektor $\vec{y}$ multiplizieren.

c) Die Matrix M^2 erhalten Sie, indem Sie die Matrix M mit sich selbst multiplizieren. Interpretieren Sie die Koeffizienten der Matrix als Übergangsquoten für einen Zeitraum von jeweils 2 Jahren.

d) Interpretieren Sie die Koeffizienten der Matrix M^{10} als Übergangsquoten für einen Zeitraum von 10 Jahren. Überlegen Sie, welche Bedeutung es für die Anzahl der Mitarbeiter hat, wenn in einer Zeile fast identische Koeffizienten stehen.

30 Insektenpopulation

a) Berechnen Sie das Matrix-Vektor-Produkt aus der Matrix $Ü_{a,b}$ und einem die Anfangsverteilung beschreibenden Startvektor $\vec{x}$ der Population. Vergleichen Sie den Produktvektor mit den Angaben des Übergangsgraphen, um zu begründen, dass $Ü_{a,b}$ die Populationsentwicklung wie im Übergangsgraphen darstellt.
Die Bedeutung von a und b ergibt sich aus dem Übergangsgraphen.

b) Setzen Sie in die Übergangsmatrix $Ü_{a,b}$ die Werte $a = 10$ und $b = 5$ ein. Stellen Sie den Startvektor der Population mit den Angaben im Text auf und berechnen Sie die Verteilung der Population nach einer Woche, indem Sie die Übergangsmatrix mit dem Startvektor multiplizieren. Bilden Sie das Produkt aus der Matrix und dem Vektor, der die Population nach einer Woche beschreibt, um die Verteilung nach zwei Wochen zu erhalten. Wiederholen Sie diese Berechnung mit dem neuen Vektor für die Verteilung nach drei Wochen.

c) Um die neue Übergangsmatrix anzugeben, beachten Sie, dass I_1-Insekten keine Eier mehr legen und ändern Sie dementsprechend den Wert für a. Beachten Sie, dass zur Überprüfung der Überlebensfähigkeit der geschwächten Population die Angaben zur Vernichtung der Eier und Insekten nicht notwendig sind. Betrachten Sie vielmehr den zugehörigen Übergangsgraphen. Berechnen Sie aus den Angaben, wie sich ein Ei durchschnittlich entwickelt und wieviele Eier es letztendlich hervorbringt.
Alternativ können Sie auch mit Hilfe der passenden Übergangsmatrix berechnen, wie sich

31. Supermarkt   *Tipps*

    der Startvektor, der für ein Ei und keine Insekten I_1 und I_2 steht, in drei Wochen entwickelt.
Als weitere Alternative können Sie mit Hilfe der Angaben aus der Aufgabenstellung arbeiten, dieser Weg ist allerdings etwas aufwendiger.

d) Betrachten Sie die durchschnittliche Entwicklung eines Eies mit Hilfe des Übergangsgraphen. Entnehmen Sie diesem die zwei Zyklen, wie aus einem Ei wiederum ein Ei entsteht und berechnen Sie die zugehörigen Raten, um zu entscheiden, ob die Population dauerhaft weiterwächst oder nicht. Alternativ können Sie auch die Übergangsmatrix $\left(Ü_{10,5}\right)^2$ und den Hinweis nutzen, um die Population nach vier Wochen zu ermitteln. Berechnen Sie dazu $\left(Ü_{10,5}\right)^4$. Multiplizieren Sie $\left(Ü_{10,5}\right)^4$ mit einem beliebigen Startvektor $\vec{x}$ um die Populationsentwicklung nach vier Wochen zu erhalten. Berechnen Sie die Gesamtzahl der Population nach vier Wochen, indem Sie die Komponenten von $\vec{x}$ addieren. Zeigen Sie durch eine Ungleichung, dass diese Summe größer ist als $1{,}06 \cdot (x_1 + x_2 + x_3)$ und folgern Sie daraus, was dies für die Populationsentwicklung bedeutet.

e) Multiplizieren Sie die Matrix $Ü_{a,b}$ mit dem «Anfangsvektor» $\begin{pmatrix} 500 \\ 0 \\ 50 \end{pmatrix}$. Wiederholen Sie die Berechnung des Matrix-Vektor-Produkts jeweils mit dem errechneten Ergebnisvektor noch zwei Mal, um den Populationsvektor nach 3 Wochen zu ermitteln.
Vergleichen Sie diesen Vektor mit der Vorgabe für die Population nach 3 Wochen und errechnen Sie aus den dadurch entstehenden drei Gleichungen die Werte für a und b.

31   Supermarkt

a) Um die Umsätze von S und K nach einem bzw. nach zwei Jahren zu berechnen, müssen Sie die Übergangsmatrix mit dem jeweiligen Zustandsvektor multiplizieren. Um die Matrix zu interpretieren, ist es hilfreich, sich klarzumachen, dass die Übergänge immer *von* Spalten *zu* Zeilen stattfinden. Der Eintrag n_{12} in der Matrix N beschreibt z.B. den Übergang von S zu K.

b) Berechnen Sie wie im ersten Aufgabenteil die Zustandsvektoren nach einem bzw. zwei Jahren mit Hilfe des Matrix-Vektorprodukts. Untersuchen Sie, ob die Umsätze von S und K zu- oder abgenommen haben.
Multiplizieren Sie die Matrix M mit dem Vektor $\vec{a}$. Die Gesamtumsätze erhalten Sie, indem Sie die Zeilen des Ergebnisvektors addieren.
Betrachten Sie die Spaltensummen der Matrix M. Wenn alle Spaltensummen gleich 1 sind, bleibt der Gesamtumsatz gleich.

Lösungen

1. Prüfungsteil (HMF)

Analysis

1. a) Die genannten Eigenschaften haben die folgenden Bedeutungen:
    - Die Eigenschaft (1) $f(2) = 1$ bedeutet, dass der Graph von f durch den Punkt $P(2 \mid 1)$ geht.
    - Die Eigenschaft (2) $f'(2) = 0$ bedeutet, dass der Graph von f an der Stelle $x = 2$, d.h. im Punkt $P(2 \mid 1)$, eine waagrechte Tangente hat.
    - Die Eigenschaft (3) $f''(4) = 0$ und $f'''(4) \neq 0$ bedeutet, dass der Graph von f an der Stelle $x = 4$ einen Wendepunkt besitzt.
    - Die Eigenschaft (4) für $x \to +\infty$ und $x \to -\infty$ gilt $f(x) \to 5$ bedeutet, dass der Graph von f eine waagerechte Asymptote mit der Gleichung $y = 5$ für $x \to +\infty$ und $x \to -\infty$ hat.

    b) Damit kann man den Graphen von f etwa folgendermaßen skizzieren:

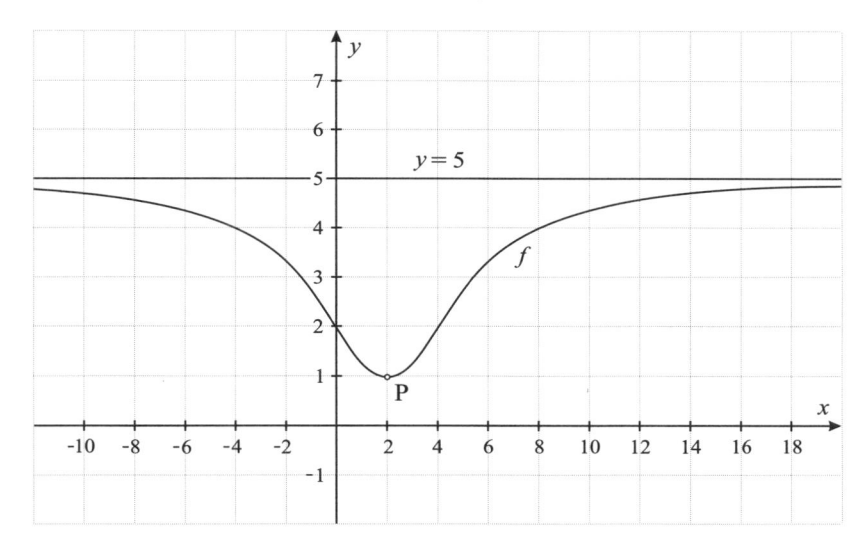

2. Gegeben sind $f(x) = x^2 - x + 1$, $g(x) = x^3 - x + 1$ und $h(x) = x^4 + x^2 + 1$.

    a) Bei Abbildung 1 handelt es sich um den Graph der Funktion g.
    Es kann nicht der Graph von f sein, da der Graph von f eine Parabel ist, welche nur einen Extrempunkt besitzt.
    Es kann nicht der Graph von h sein, da die y-Werte des Graphen von h für $x \to \pm\infty$

gegen $+\infty$ gehen.

Außerdem ist der Graph von h achsensymmetrisch zur y-Achse, da nur gerade Potenzen vorkommen.

b) Das angegebene Integral erhält man mithilfe des Hauptsatzes der Differential- und Integralrechnung. Als Stammfunktion verwendet man die gegebene Funktion h:

$$\int_0^1 h'(x)\mathrm{d}x = \left[h(x)\right]_0^1$$
$$= \left[x^4 + x^2 + 1\right]_0^1$$
$$= (1^4 + 1^2 + 1) - (0^4 - 0^2 + 1)$$
$$= 2$$

3. a) Zur Bestimmung des Wendepunkts des Graphen von $f(x) = -x^3 + 3x^2 - x - 3$ leitet man f drei mal ab und setzt die zweite Ableitung gleich Null:

$$f'(x) = -3x^2 + 6x - 1$$
$$f''(x) = -6x + 6$$
$$f'''(x) = -6$$

Die notwendige Bedingung $f''(x) = 0$ führt zu:

$$-6x + 6 = 0 \Rightarrow x_W = 1$$

Wegen $f'''(1) = -6 \neq 0$ handelt es sich um eine Wendestelle.

Den zugehörigen y-Wert y_W erhält man, indem man $x_W = 1$ in $f(x)$ einsetzt:

$$y_W = -1^3 + 3 \cdot 1^2 - 1 - 3 = -2 \Rightarrow W(1 \mid -2)$$

Die Steigung m_t der Tangente erhält man, indem man $x_W = 1$ in $f'(x)$ einsetzt:

$$m_t = f'(1) = -3 \cdot 1^2 + 6 \cdot 1 - 1 = 2$$

Die Gleichung der Tangente t in W erhält man mithilfe der Punkt-Steigungsform:

$$t : y - y_W = m_t \cdot (x - x_W)$$
$$t : y - (-2) = 2 \cdot (x - 1)$$
$$t : y = 2x - 4$$

Die Tangente im Wendepunkt $W(1 \mid -2)$ hat damit die Gleichung $y = 2x - 4$.

b) Die Koordinaten des Schnittpunkts S der Tangente t in W mit der x-Achse erhält man, indem man den Term von t gleich Null setzt:

$$2x - 4 = 0 \Rightarrow x = 2$$

Somit hat der Schnittpunkt S die Koordinaten $S(2 \mid 0)$.

Lösungen | 1. Prüfungsteil

4. Gegeben waren die folgenden Graphen:

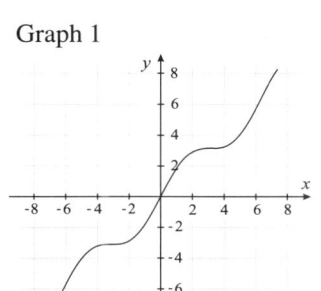

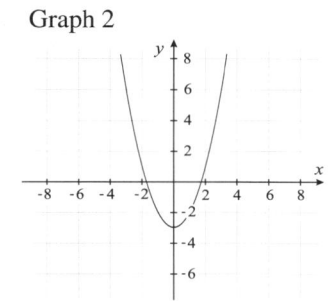

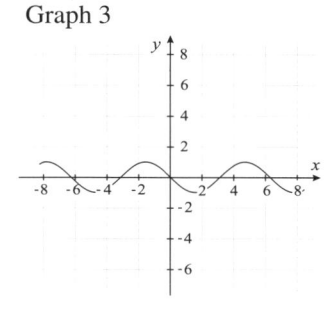

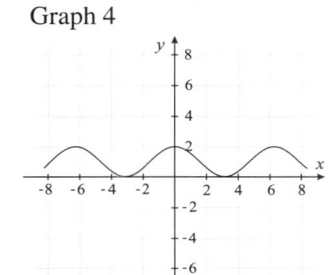

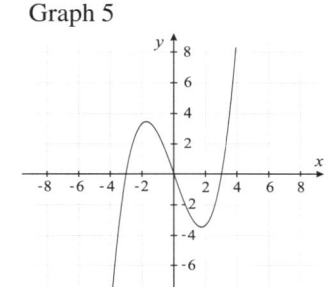

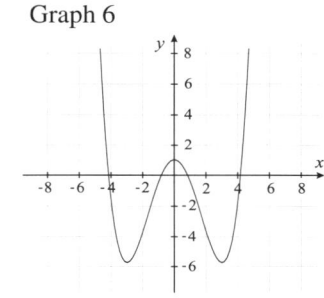

Graph 1   Graph 2   Graph 3

Graph 4   Graph 5   Graph 6

Die Graphen 1, 3 und 4 sind die Graphen trigonometrischer Funktionen.
Ist Graph 4 der Graph einer Funktion f, so ist Graph 1 der Graph der zugehörigen Stammfunktion F und Graph 3 der Graph der zugehörigen Ableitungsfunktion f'. Da beispielsweise bei $x \approx 3$ Graph 1 einen Sattelpunkt hat, Graph 4 die x-Achse berührt (Tiefpunkt) und Graph 3 eine Nullstelle mit Vorzeichenwechsel von $-$ nach $+$ hat.
Die Graphen 2, 5 und 6 sind die Graphen ganzrationaler Funktionen.
Ist der Graph 5 der Graph einer Funktion g, so ist Graph 6 der Graph der zugehörigen Stammfunktion G und Graph 2 der Graph der zugehörigen Ableitungsfunktion g', da der Graph von Graph 5 den Grad 3 hat, während Graph 6 den Grad 4 und Graph 2 den Grad 2 hat.

5. Gegeben ist $f(x) = 4 - x^2$ und $g(x) = x^2 - 4$.

   a) Die Schnittstellen der beiden Graphen von f und g erhält man, indem man die Funktionsterme gleichsetzt:
   $$f(x) = g(x)$$
   $$4 - x^2 = x^2 - 4$$
   $$8 = 2x^2$$
   $$4 = x^2$$
   $$x_{1,2} = \pm 2$$

   Die Schnittstellen sind $x_1 = -2$ und $x_2 = 2$.

b) Den Flächeninhalt A der Fläche, die die beiden Graphen einschließen, erhält man mithilfe eines Integrals; die Integrationsgrenzen sind die beiden Schnittstellen. Da K_f oberhalb von K_g verläuft, erhält man:

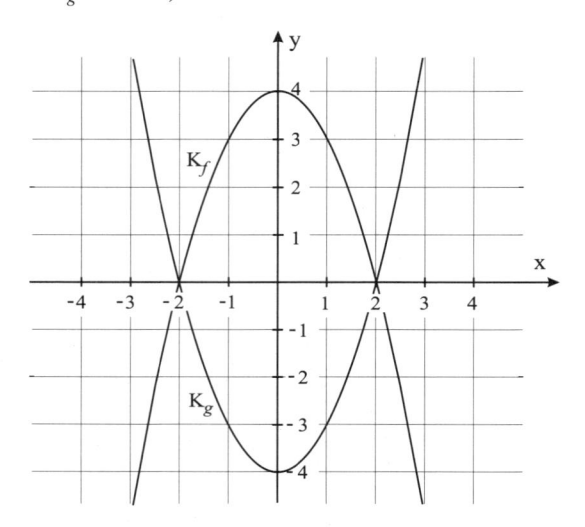

$$A = \int_{-2}^{2} \left((4-x^2) - (x^2-4) \right) dx = \int_{-2}^{2} \left(-2x^2 + 8 \right) dx$$

6. Als Ansatz für die Funktion f wählt man: $f(x) = ax^3 + bx^2 + cx + d$. Die zugehörigen Ableitungen sind $f'(x) = 3ax^2 + 2bx + c$ und $f''(x) = 6ax + 2b$.
Aus dem Wendepunkt $W(0\,|\,0)$ ergibt sich: $f(0) = 0$ und $f''(0) = 0$. Aus dem Hochpunkt $H(2\,|\,2)$ ergeben sich die beiden Bedingungen $f(2) = 2$ und $f'(2) = 0$. Damit erhält man vier Gleichungen mit vier Unbekannten:

$$
\begin{array}{lllllllll}
f(0) = 0 & \Rightarrow & a \cdot 0^3 & + & b \cdot 0^2 & + & c \cdot 0 & + & d = 0 \\
f''(0) = 0 & \Rightarrow & 6a \cdot 0 & + & 2b & & & & = 0 \\
f(2) = 2 & \Rightarrow & a \cdot 2^3 & + & b \cdot 2^2 & + & c \cdot 2 & + & d = 2 \\
f'(2) = 0 & \Rightarrow & 3a \cdot 2^2 & + & 2b \cdot 2 & + & c & & = 0
\end{array}
$$

Daraus ergibt sich das folgende Gleichungssystem:

$$
\begin{array}{rcrcrcrcl}
 & & & & & & & d & = & 0 \\
 & & & & 2b & & & & = & 0 \\
8a & + & 4b & + & 2c & + & d & = & 2 \\
12a & + & 4b & + & c & & & = & 0
\end{array}
$$

7. Man kann die Situation in einer Skizze darstellen.
Das betrachtete Rechteck hat die Grundseite $g = x$ und die Höhe $h = f(x)$.
Der Flächeninhalt $A(x)$ des betrachteten Rechtecks beträgt damit:
$$A(x) = g \cdot h = x \cdot f(x)$$

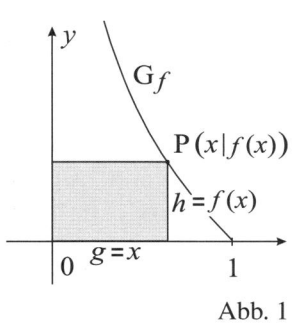

Abb. 1

8. Gegeben ist $f(x) = e^x \cdot (2x + x^2)$.

   a) Die Nullstellen der Funktion f erhält man, indem man die Gleichung $f(x) = 0$ nach x auflöst:
   $$e^x \cdot (2x + x^2) = 0$$
   $$2x + x^2 = 0$$
   $$x \cdot (2 + x) = 0$$

   Mit dem Satz vom Nullprodukt erhält man die Lösungen $x_1 = 0$ und $x_2 = -2$.
   Somit hat f die Nullstellen $x_1 = 0$ und $x_2 = -2$.

   b) Um zu zeigen, dass die Funktion F mit $F(x) = x^2 \cdot e^x$ eine Stammfunktion von f ist, bildet man die 1. Ableitung von F mit der Produktregel:
   $$F'(x) = 2x \cdot e^x + x^2 \cdot e^x = e^x \cdot (2x + x^2) = f(x)$$

   Wegen $F'(x) = f(x)$ ist F eine Stammfunktion von f.
   Die Gleichung einer weiteren Stammfunktion G von f hat die Form:
   $$G(x) = F(x) + c = x^2 \cdot e^x + c$$

   Mit $G(1) = 2e$ erhält man: $1^2 \cdot e^1 + c = 2e \Rightarrow c = e$.
   Somit ist $G(x) = x^2 \cdot e^x + e$ die gesuchte Stammfunktion.

9. (1) Der Graph von f beschreibt die Steigung des Graphen von F.
   Da der Graph von f für $-3 \leqslant x \leqslant 1$ oberhalb der x-Achse verläuft, gilt:
   $F'(x) = f(x) \geqslant 0$. Damit ist F für $-3 \leqslant x \leqslant 1$ monoton wachsend.

   (2) Der Graph von f besitzt einen Hochpunkt bei $x = -2,5$, einen Sattelpunkt bei $x = 0$ und einen Tiefpunkt bei $x = 2,5$. Also gibt es drei waagerechte Tangenten mit Steigung Null, so dass die Ableitungsfunktion f' für $-3,5 \leqslant x \leqslant 3,5$ drei Nullstellen hat.

   (3) Da f eine Stammfunktion von f' ist, ergibt sich für das Integral:
   $$\int_0^3 f'(x)\,dx = \Big[f(x)\Big]_0^3 = f(3) - f(0)$$
   $$= 0 - 1 = -1$$

(4) Der Graph von f hat bei $x = 0$ einen Wendepunkt mit der Steigung Null, also einen Sattelpunkt.
Damit hat der Graph von f' bei $x = 0$ einen Extrempunkt mit y-Wert Null.
Für $-1 \leqslant x < 0$ hat der Graph von f eine negative Steigung, für $x = 0$ ist sie Null und für $0 < x \leqslant 1$ ist sie wieder negativ. Damit hat f' an der Stelle $x = 0$ ein Maximum.
Somit ist O(0 | 0) Hochpunkt des Graphen von f'.

10. a) Wegen $g(x) = -f(-x) + 2$ entsteht der Graph von g aus dem Graph von f durch Spiegelung an der x-Achse, durch Spiegelung an der y-Achse und durch Verschiebung um 2 LE in y-Richtung.

b) Um zu zeigen, dass sich die Graphen von f und g in $P(0 | 1)$ berühren, muss man nachweisen, dass $P(0 | 1)$ auf beiden Graphen liegt (für $x = 0$ müssen also die y-Werte übereinstimmen) und dass die Tangentensteigungen in P bei beiden Graphen gleich sind.
Hierzu setzt man den Wert $x = 0$ in $f(x) = e^x$ und $g(x) = -e^{-x} + 2$ bzw. $f'(x) = e^x$ und $g'(x) = -e^{-x} \cdot (-1) = e^{-x}$ ein:

$$f(0) = e^0 = 1 \qquad\qquad f'(0) = e^0 = 1$$
$$g(0) = -e^{-0} + 2 = -1 + 2 = 1 \qquad g'(0) = e^{-0} = 1$$

Wegen $f(0) = g(0) = 1$ liegt $P(0 | 1)$ auf beiden Graphen.
Wegen $f'(0) = g'(0) = 1$ sind die Tangentensteigungen in P gleich.
Damit berühren sich die Graphen von f und g in $P(0 | 1)$.

11. Es ist $f(x) = x^2 + bx + c$ sowie deren Ableitung $f'(x) = 2x + b$.
Da der Graph von f im Punkt $P(3 | 2)$ die Steigung $m = -1$ hat, gelten die Bedingungen:
$f(3) = 2$ und $f'(3) = -1$.
Damit erhält man folgendes lineares Gleichungssystem:

$$\begin{array}{rrrrrrr} \text{I} & 3^2 & + & b \cdot 3 & + & c & = & 2 \\ \text{II} & 2 \cdot 3 & + & b & & & = & -1 \end{array}$$

Aus Gleichung II ergibt sich: $6 + b = -1 \Rightarrow b = -7$.
Setzt man $b = -7$ in Gleichung I ein, erhält man: $3^2 + (-7) \cdot 3 + c = 2 \Rightarrow c = 14$.
Damit hat die Funktion f die Gleichung:

$$f(x) = x^2 - 7x + 14$$

12. a) Da der Graph von f' für $x \leqslant 3$ oberhalb beziehungsweise auf der x-Achse verläuft, ist dort $f'(x) \geqslant 0$ und damit ist die Funktion f für $x \leqslant 3$ monoton wachsend. Für $x > 3$ ist f streng monoton fallend, da $f'(x) < 0$.
Bei $x = 3$ hat f' eine Nullstelle mit Vorzeichenwechsel von + nach −, also hat die Funktion f dort eine Extremstelle (Hochpunkt).

Bei $x = 0$ hat f' zwar eine Nullstelle, aber es findet kein Vorzeichenwechsel statt. Deshalb hat die Funktion f dort keine Extremstelle sondern einen Sattelpunkt (Wendepunkt mit waagerechter Tangente).

An den Stellen $x = 0$ und $x = 2$ hat f' Extremstellen, also hat die Funktion f dort Wendestellen.

b) Um den Graph von f zu skizzieren, kann man neben $f(0) = 2$ noch obige Eigenschaften verwenden: Bei $x = 0$ ist ein Wendepunkt mit Steigung Null ($f'(0) = 0$), also ein Sattelpunkt (S). Bei $x = 2$ ist ein Wendepunkt (W) mit Steigung 2 ($f'(2) = 2$). Bei $x = 3$ ist ein Hochpunkt (H). Somit erhält man eine Skizze des Graphen von f:

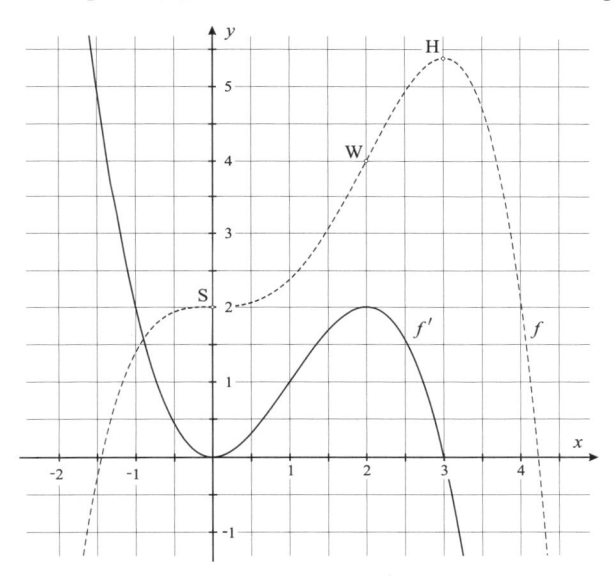

13. Es ist $f(x) = (x+2)^2 \cdot e^{-x}$ und $f'(x) = -\left(x^2 + 2x\right) \cdot e^{-x}$.

    a) Die zweite Ableitung f'' erhält man, indem man die 1. Ableitung mithilfe der Produkt- und Kettenregel ableitet:

    $$f''(x) = -(2x+2) \cdot e^{-x} + \left(-\left(x^2+2x\right)\right) \cdot e^{-x} \cdot (-1) = e^{-x} \cdot \left(x^2 - 2\right)$$

    b) Der Graph der Funktion f hat wegen

    $$f(-2) = (-2+2)^2 \cdot e^{-(-2)} = 0$$

    eine doppelte Nullstelle bei $x = -2$, somit kann der Graph der Abbildung 2 nicht zu f gehören.

    Für $x \to \infty$ geht $f(x) \to 0$, somit können die Graphen der Abbildungen 1 und 3 nicht zu f gehören.

    Damit gehört der Graph von Abbildung 4 zur Funktion f.

14. a) Der Graph von f hat eine Extremstelle (Minimum), daher hat der Graph von f' an dieser Stelle eine Nullstelle mit Vorzeichenwechsel von $-$ nach $+$.
Der Graph von f hat eine Wendestelle mit positiver Steigung, daher hat der Graph von f' an dieser Stelle eine Extremstelle (Maximum).
Der Graph von f hat eine Wendestelle mit Steigung Null (Sattelpunkt), daher hat der Graph von f' an dieser Stelle eine Nullstelle ohne Vorzeichenwechsel, d.h. eine Extremstelle. Da die Steigung vor und nach dem Sattelpunkt positiv ist, hat f' an dieser Stelle ein Minimum.

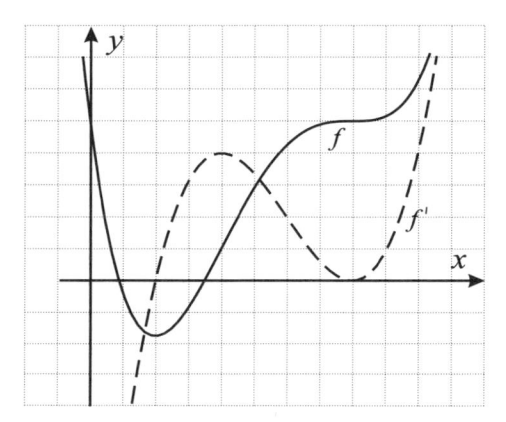

b) Der Graph von f besitzt mindestens zwei Wendepunkte, also hat die Gleichung $f''(x) = 0$ mindestens zwei Lösungen. Somit muss die Funktionsgleichung der 2. Ableitungsfunktion also mindestens zweiten Grades sein. Damit muss die Funktion f eine Funktion mindestens vierten Grades sein.

15. a) Da f bei $x_1 = -1$ und bei $x_2 = 2$ jeweils eine Nullstelle mit Vorzeichenwechsel hat, hat F zwei Extremstellen im Bereich $-2 < x < 7$.
Da f bei $x = 0$ eine Extremstelle hat, hat F dort eine Wendestelle.
Eine Aussage über Nullstellen von F ist nicht möglich, da das absolute Glied von F nicht eindeutig bestimmt ist und der Graph von F deswegen in y-Richtung verschiebbar ist.

b) Schreibt man $F(6) - F(2)$ mithilfe des Hauptsatzes der Differential- und Integralrechnung als Integral, erhält man:

$$F(6) - F(2) = \int_2^6 f(x)\,dx$$

Interpretiert man dieses Integral als Flächeninhalt der Fläche zwischen dem Graph von f und der x-Achse, so kann man anhand des gegebenen Graphen abschätzen bzw. erkennen, dass für $2 \leqslant x \leqslant 6$ dieser Flächeninhalt größer als 1 ist.
Damit ist die Behauptung $F(6) - F(2) > 1$ wahr.

16. Es ist $f(x) = x^2 + 2$ und $g(x) = -2x$.

   a) Der Graph von f ist eine Normalparabel, die um zwei Längeneinheiten nach oben verschoben wurde.
      Der Graph von g ist eine Ursprungsgerade mit der Steigung -2. (Zeichnung unten)

   b) Um die Stelle, an der die Differenz der Funktionswerte von f und g am kleinsten ist, zu berechnen, stellt man zuerst eine Funktion $d(x)$ auf, welche die Differenz der beiden Funktionen darstellt:
   $$d(x) = f(x) - g(x) = x^2 + 2 - (-2x) = x^2 + 2x + 2$$
   Das Minimum von $d(x)$ erhält man mit der 1. und 2. Ableitung von $d(x)$:
   $$d'(x) = 2x + 2$$
   $$d''(x) = 2$$
   Die notwendige Bedingung $d'(x) = 0$ führt zu $2x + 2 = 0 \Rightarrow x = -1$.
   Wegen $d''(-1) = 2 > 0$ handelt es sich um ein Minimum.
   Somit ist an der Stelle $x = -1$ die Differenz der Funktionswerte von f und g am kleinsten mit $d(-1) = 1$.

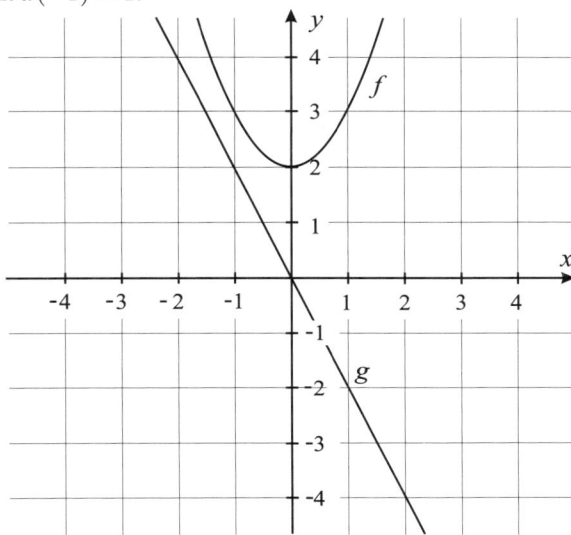

17. Gegeben ist das Rechteck ABCD mit A(0 | 0), B(4 | 0), C(4 | 2) und D(0 | 2) sowie $f(x) = \frac{1}{8}x^2$; $x \in \mathbb{R}$, $x \geqslant 0$.

   a) Setzt man die x-Koordinate von C, also $x = 4$, in $f(x)$ ein, erhält man:
   $$y = f(4) = \frac{1}{8} \cdot 4^2 = 2$$
   Somit liegt der Punkt C auf dem Graphen von f.

b)

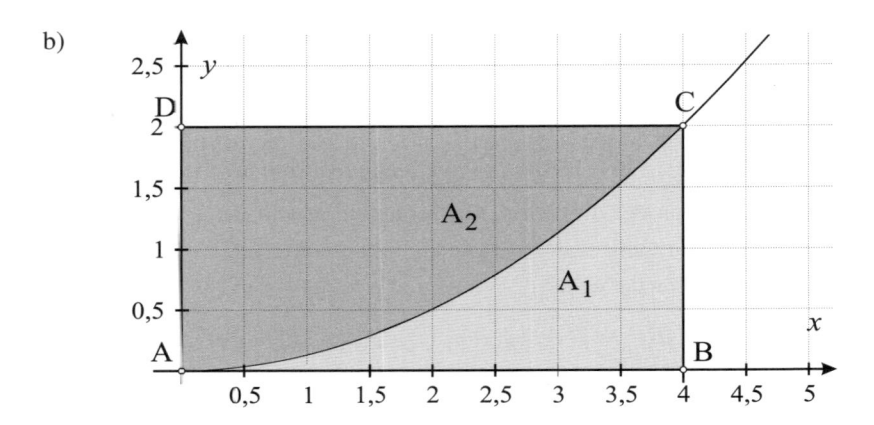

Der Graph von f schneidet das Rechteck ABCD in den Punkten A$(0\,|\,0)$ und C$(4\,|\,2)$ und teilt damit die Fläche A des Rechtecks in zwei Teilflächen A_1 und A_2.
Den Flächeninhalt A_1 der unteren Teilfläche erhält man mithilfe eines Integrals. Die Integrationsgrenzen sind $x_1 = 0$ und $x_2 = 4$. Da der Graph von f oberhalb der x-Achse, auf der die Grundlinie des Rechtecks liegt, verläuft, gilt:

$$A_1 = \int_0^4 f(x)\,dx = \int_0^4 \frac{1}{8}x^2\,dx = \left[\frac{1}{24}x^3\right]_0^4$$
$$= \left(\frac{1}{24}\cdot 4^3\right) - \left(\frac{1}{24}\cdot 0^3\right)$$
$$= \frac{1}{24}\cdot 64 - 0$$
$$= \frac{8}{3}$$

Das Rechteck ABCD hat den Flächeninhalt $A = 4\cdot 2 = 8$.
Damit ergibt sich für den Flächeninhalt A_2 der oberen Teilfläche:

$$A_2 = A - A_1 = 8 - \frac{8}{3} = \frac{24}{3} - \frac{8}{3} = \frac{16}{3}$$

Das Verhältnis v der Inhalte der beiden Teilflächen erhält man, indem man die eine Teilfläche durch die andere Teilfläche teilt:

$$v = \frac{A_1}{A_2} = \frac{\frac{8}{3}}{\frac{16}{3}} = \frac{8}{3}\cdot\frac{3}{16} = \frac{1}{2}$$

Das Verhältnis der beiden Teilflächen A_1 und A_2 beträgt also 1 : 2.

18. Es ist $f(x) = -0,5 \cdot x^3 + 4,5 \cdot x^2 - 12 \cdot x + 8$; $x \in \mathbb{R}$.

   a) Um zu zeigen, dass der Graph von f die x-Achse bei $x = 4$ berührt, setzt man $x = 4$ in $f(x)$, $f'(x)$ und $f''(x)$ ein. Mit $f'(x) = -1,5x^2 + 9x - 12$ und $f''(x) = -3x + 9$ ergibt sich:

   $$f(4) = -0,5 \cdot 4^3 + 4,5 \cdot 4^2 - 12 \cdot 4 + 8 = 0$$
   $$f'(4) = -1,5 \cdot 4^2 + 9 \cdot 4 - 12 = 0$$
   $$f''(4) = -3 \cdot 4 + 9 = -3 < 0$$

   Wegen $f(4) = 0$ hat der Graph von f bei $x = 4$ eine Nullstelle.
   Wegen $f'(4) = 0$ und $f''(4) = -3 < 0$ hat der Graph von f bei $x = 4$ einen Hochpunkt.
   Somit berührt der Graph von f bei $x = 4$ die x-Achse.

   b) Durch die Gleichung

   $$0 = -0,5 \cdot x^3 + 4,5 \cdot x^2 - 12 \cdot x + 8$$

   werden die Nullstellen der Funktion f berechnet. Alle Lösungen der Gleichung sind Nullstellen von f und umgekehrt. Anhand der gegebenen Abbildung erkennt man, dass es eine Nullstelle x_0 im Intervall $[0; 1]$ gibt. Da der Graph von f genau einen Hochpunkt $H(x_H \mid y_H)$ und einen Tiefpunkt $T(x_T \mid y_T)$ hat, kann es keine weiteren Extrempunkte geben, da f' eine quadratische Funktion ist. Da der Hochpunkt auf der x-Achse bei $x = 4$ liegt, verläuft der Graph von f für $x_0 < x < 4$ und für $x > 4$ unterhalb der x-Achse.
   Damit hat f genau zwei Nullstellen und die angegebene Gleichung genau zwei Lösungen.

19. Mithilfe des Terms

$$\int_0^a f_3(x)\,dx$$

erhält man den negativ orientierten Flächeninhalt der Fläche zwischen dem Graphen von f_3 und der x-Achse.
Mithilfe des Terms

$$\int_0^b f_4(x)\,dx$$

erhält man den negativ orientierten Flächeninhalt der Fläche zwischen dem Graphen von f_4 und der x-Achse.
Damit der Flächeninhalt A des markierten Flächenstücks einen positiven Wert aufweist, muss die Differenz zwischen beiden Integralen positiv sein oder der Betrag der Differenz zwischen diesen beiden Integralen wird gebildet.

Damit erhält man die folgende Tabelle:

Term	richtig	falsch
$\left\|\int_d^b f_4(x)\,dx - \int_c^a f_3(x)\,dx\right\|$		X
$\left\|\int_0^a f_4(x)\,dx - \int_0^b f_3(x)\,dx\right\|$		X
$\left\|\int_0^a f_3(x)\,dx - \int_0^b f_4(x)\,dx\right\|$	X	
$\int_0^b f_4(x)\,dx - \int_0^a f_3(x)\,dx$		X
$\int_0^a f_3(x)\,dx - \int_0^b f_4(x)\,dx$	X	
$\int_0^b |f_3(x) - f_4(x)|\,dx$		X

20. (1) Die Aussage ist wahr. Der Graph von f hat bei $x = -3$ einen Tiefpunkt, da der Graph von f' bei $x = -3$ eine Nullstelle mit Vorzeichenwechsel von $-$ nach $+$ hat.

(2) Die Aussage ist wahr. Der Graph von f' verläuft für $-2 < x < -1$ oberhalb der x-Achse, also gilt $f'(x) > 0$ für $-2 < x < -1$. Somit ist f in diesem Intervall streng monoton wachsend, so dass gilt: $f(-2) < f(-1)$.
Alternativ kann man sich auch folgendes überlegen: Es ist

$$\int_{-2}^{-1} f'(x)\,dx = \left[f(x)\right]_{-2}^{-1} = f(-1) - f(-2)$$

Der Wert dieses Integrals kann als Flächeninhalt zwischen dem Graphen von f' und der x-Achse über dem Intervall $[-2; -1]$ gedeutet werden. Da dieser Flächeninhalt positiv ist, gilt: $f(-1) - f(-2) > 0 \Rightarrow f(-1) > f(-2)$ bzw. $f(-2) < f(-1)$.

(3) Die Aussage ist falsch. Da $f''(-2)$ die Steigung des Graphen von f' an der Stelle $x = -2$ beschreibt und der Graph von f' an dieser Stelle einen Hochpunkt hat, gilt: $f''(-2) = 0$. Anhand des gegebenen Graphen von f' kann man ablesen: $f'(-2) = 2$. Somit gilt: $f''(-2) + f'(-2) = 0 + 2 = 2 > 1$.

(4) Die Aussage ist wahr. Da der Graph von f' mindestens zwei Extrempunkte hat, ist der Grad des Graphen von f' mindestens drei. Da der Grad von f um eins größer ist als der Grad von f', ist der Grad der Funktion f mindestens vier.

21. Mit
$$V = \pi \int_0^4 \left(4 - \frac{1}{2}x\right)^2 dx$$
wird der Rauminhalt eines Körpers berechnet, der entsteht, wenn die Gerade mit der Gleichung $y = 4 - \frac{1}{2}x$ im Intervall $[0; 4]$ um die x-Achse rotiert.
Es handelt sich dabei um einen abgeschnittenen Kegel, also einen Kegelstumpf.

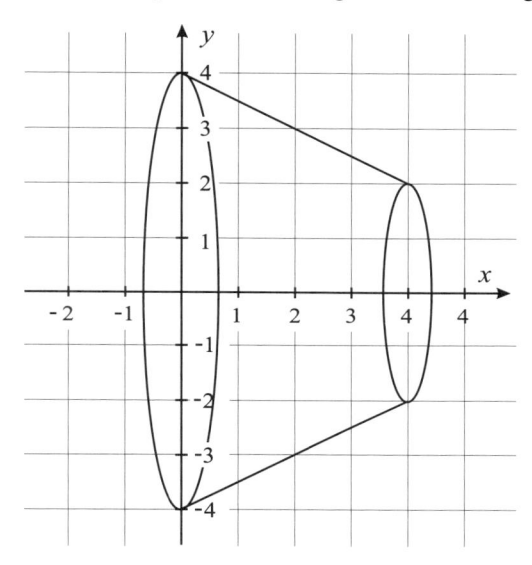

22. a) Um zu zeigen, dass sich die Graphen von f und g im Ursprung berühren, weist man nach, dass beide Graphen den Ursprung $(0 \mid 0)$ enthalten und dass die Steigung im Ursprung jeweils gleich groß ist.
Es ist:
$$f(0) = -0^3 + 3 \cdot 0^2 = 0$$
$$g(0) = 0^2 = 0$$

Wegen $f(0) = g(0) = 0$ enthalten beide Graphen den Ursprung.
Die Steigungen erhält man jeweils mit Hilfe der 1. Ableitungen:
$$f'(x) = -3x^2 + 6x$$
$$g'(x) = 2x$$

Setzt man $x = 0$ jeweils in $f'(x)$ bzw. $g'(x)$ ein, erhält man:
$$f'(0) = -3 \cdot 0^2 + 6 \cdot 0 = 0$$
$$g'(0) = 2 \cdot 0 = 0$$

Wegen $f'(0) = g'(0)$ haben die beiden Graphen im Ursprung die gleiche Steigung.
Somit berühren sich die beiden Graphen im Ursprung.

b) Man erhält einen Rechenausdruck zur Berechnung des Flächeninhalts A der Fläche, die von den Graphen von f und g im 1. Quadranten eingeschlossen wird, mit Hilfe eines Integrals. Zur Bestimmung der Integrationsgrenzen werden die Schnittstellen der Graphen von f und g bestimmt:

$$f(x) = g(x)$$
$$-x^3 + 3x^2 = x^2$$
$$-x^3 + 2x^2 = 0$$
$$x^2 \cdot (-x+2) = 0$$

Mit Hilfe des Satzes vom Nullprodukt erhält man die Schnittstellen $x_1 = 0$ und $x_2 = 2$. Da der Graph von f oberhalb des Graphen von g verläuft, gilt für den Flächeninhalt der eingeschlossenen Fläche:

$$A = \int_0^2 (f(x) - g(x)) \, dx$$
$$= \int_0^2 \left(-x^3 + 3x^2 - x^2\right) dx$$
$$= \int_0^2 \left(-x^3 + 2x^2\right) dx$$

23. Es ist $f_a(x) = (x^2 - a^2) \cdot e^{ax}$ für jede positive Zahl a.

   a) Die Nullstellen der Funktion f_a erhält man, indem man die Gleichung $f_a(x) = 0$ nach x auflöst:

   $$(x^2 - a^2) \cdot e^{ax} = 0$$
   $$x^2 - a^2 = 0$$
   $$x^2 = a^2$$
   $$\Rightarrow x_1 = -a \text{ und } x_2 = a$$

   Somit hat f_a die Nullstellen $x_1 = -a$ und $x_2 = a$.

   b) Um zu zeigen, dass die positive Nullstelle von f_a niemals eine Extremstelle dieser Funktion sein kann, bestimmt man zuerst die 1. Ableitung von f_a mithilfe der Produkt- und Kettenregel:

   $$f_a{'}(x) = 2x \cdot e^{ax} + (x^2 - a^2) \cdot e^{ax} \cdot a = (ax^2 + 2x - a^3) \cdot e^{ax}$$

   Setzt man die positive Nullstelle von f_a, also $x = a$ in $f_a{'}(x)$ ein, erhält man:

   $$f_a{'}(a) = (a \cdot a^2 + 2a - a^3) \cdot e^{a \cdot a} = 2a \cdot e^{a^2}$$

Für $a > 0$ gilt: $f_a'(a) > 0$.
Damit ist die notwendige Bedingung für eine Extremstelle $f_a'(a) = 0$ von f_a bei $x = a$ für kein a erfüllt.
Somit kann die positive Nullstelle von f_a niemals eine Extremstelle dieser Funktion sein.

24. Es ist $f_a(x) = x \cdot e^{x+a}$. Dabei sei a eine positive reelle Zahl.

    a) Man erhält die Gleichung des Graphen f_a, der durch den Punkt $(-2 \mid -2)$ verläuft, indem man die Gleichung $f_a(-2) = -2$ nach a auflöst:

    $$-2 \cdot e^{-2+a} = -2$$
    $$e^{-2+a} = 1$$
    $$-2 + a = \ln 1$$
    $$-2 + a = 0$$
    $$a = 2$$

    Damit erhält man: $f_2(x) = x \cdot e^{x+2}$.

    b) Um nachzuweisen, dass jede Funktion der Schar einen Graphen mit einem Tiefpunkt hat, bestimmt man mithilfe der Produkt- und Kettenregel die 1. und 2. Ableitung von f_a:

    $$f_a'(x) = 1 \cdot e^{x+a} + x \cdot e^{x+a} \cdot 1 = (1+x) \cdot e^{x+a}$$
    $$f_a''(x) = 1 \cdot e^{x+a} + (1+x) \cdot e^{x+a} \cdot 1 = (2+x) \cdot e^{x+a}$$

    Die notwendige Bedingung $f_a'(x) = 0$ führt zu

    $$(1+x) \cdot e^{x+a} = 0 \Rightarrow x = -1$$

    Setzt man $x = -1$ in $f_a''(x)$ ein, ergibt sich:

    $$f_a''(-1) = (2+(-1)) \cdot e^{-1+a} = e^{-1+a} > 0 \Rightarrow \text{Tiefpunkt}$$

    Damit hat jeder Graph der Schar bei $x = -1$ einen Tiefpunkt.

25. Es ist $f_a(x) = e^{a \cdot x^2} - e^a$; $a > 0$, $x \in \mathbb{R}$.

    a) Den y-Wert des Punktes $P_a(1 \mid f_a(1))$ erhält man, indem man $x = 1$ in $f_a(x)$ einsetzt:

    $$y = f_a(1) = e^{a \cdot 1^2} - e^a = e^a - e^a = 0 \Rightarrow P_a(1 \mid 0)$$

    b) Zur Bestimmung der Gleichung der Tangente t_a an den Graphen der Funktion f_a im Punkt P_a benötigt man die Koordinaten des Punktes P_a sowie die Steigung m_a in P_a. Die Steigung m_a in P_a erhält man, indem man $x = 1$ in die 1. Ableitung von f_a

einsetzt, die man mit der Kettenregel erhält: $f_a'(x) = e^{a \cdot x^2} \cdot 2 \cdot a \cdot x$.
Damit ergibt sich:
$$m_a = f_a'(1) = e^{a \cdot 1^2} \cdot 2 \cdot a \cdot 1 = 2 \cdot a \cdot e^a$$

Setzt man die Koordinaten von P_a und die Steigung m_a in die Punkt-Steigungsform $y - y_1 = m \cdot (x - x_1)$ ein, erhält man:
$$y - 0 = 2 \cdot a \cdot e^a \cdot (x - 1)$$
$$y = 2 \cdot a \cdot e^a \cdot x - 2 \cdot a \cdot e^a$$

Damit kann die gesuchte Tangente durch die Gleichung $y = 2 \cdot a \cdot e^a \cdot x - 2 \cdot a \cdot e^a$ beschrieben werden.

Lösungen   *1. Prüfungsteil*

Vektorgeometrie

1. Die Geraden $g\colon \vec{x} = \begin{pmatrix} 2 \\ 9 \\ 4 \end{pmatrix} + s \begin{pmatrix} 3 \\ -4 \\ 1 \end{pmatrix}$ und $h\colon \vec{x} = \begin{pmatrix} 1 \\ 2 \\ 5 \end{pmatrix} + t \begin{pmatrix} 6 \\ -8 \\ 2 \end{pmatrix}$ sind

   parallel oder identisch, da die Richtungsvektoren ein Vielfaches voneinander sind:

   $$\begin{pmatrix} 6 \\ -8 \\ 2 \end{pmatrix} = 2 \cdot \begin{pmatrix} 3 \\ -4 \\ 1 \end{pmatrix}$$

   Setzt man den Ortsvektor des Stützpunktes P(2 | 9 | 4) der Geraden g in die Gleichung von h ein, ergibt sich:

   $$\begin{pmatrix} 2 \\ 9 \\ 4 \end{pmatrix} = \begin{pmatrix} 1 \\ 2 \\ 5 \end{pmatrix} + t \begin{pmatrix} 6 \\ -8 \\ 2 \end{pmatrix}$$

   Damit erhält man folgendes Gleichungssystem:

   $$\begin{array}{rrrrr} \text{I} & 2 & = & 1 & + & 6t \\ \text{II} & 9 & = & 2 & - & 8t \\ \text{III} & 4 & = & 5 & + & 2t \end{array}$$

   Aus Gleichung I ergibt sich: $t = \frac{1}{6}$.
   Aus Gleichung II ergibt sich: $t = -\frac{7}{8}$.
   Aufgrund des Widerspruchs sind die Geraden g und h parallel.

2. a) Um zu zeigen, dass die Ebenen E und F parallel sind, berechnet man jeweils das Skalarprodukt des Normalenvektors $\vec{n_F} = \begin{pmatrix} 2 \\ 2 \\ -1 \end{pmatrix}$ von F mit den beiden Spannvektoren von E. Man erhält:

   $$\begin{pmatrix} 2 \\ 2 \\ -1 \end{pmatrix} \cdot \begin{pmatrix} 1 \\ 0 \\ 2 \end{pmatrix} = 2 \cdot 1 + 2 \cdot 0 + (-1) \cdot 2 = 0$$

   $$\begin{pmatrix} 2 \\ 2 \\ -1 \end{pmatrix} \cdot \begin{pmatrix} -1 \\ 1 \\ 0 \end{pmatrix} = 2 \cdot (-1) + 2 \cdot 1 + (-1) \cdot 0 = 0$$

   Da die Skalarprodukte jeweils Null ergeben, steht der Normalenvektor von F senkrecht auf beiden Spannvektoren von E; somit sind die Ebenen E und F parallel.
   Alternativ kann man auch mithilfe des Kreuzprodukts der beiden Spannvektoren von

E einen Normalenvektor von E bestimmen:

$$\vec{n_E} = \begin{pmatrix} 1 \\ 0 \\ 2 \end{pmatrix} \times \begin{pmatrix} -1 \\ 1 \\ 0 \end{pmatrix} = \begin{pmatrix} -2 \\ -2 \\ 1 \end{pmatrix}$$

Die Normalenvektoren $\vec{n_E}$ und $\vec{n_F}$ sind Vielfache voneinander: $\vec{n_E} = -1 \cdot \vec{n_F}$, also sind die Ebenen E und F parallel.

b) Um den Abstand d der beiden Ebenen zu bestimmen, berechnet man den Abstand des Punktes $P(1 \mid 1 \mid 0)$ der Ebene E von der Ebene F. Dazu wird zuerst die Koordinatengleichung von F bestimmt, indem man die gegebene Normalenform ausrechnet. Man erhält

$$F: 2x_1 + 2x_2 - x_3 - 8 = 0$$

Setzt man die Koordinaten von P in die Abstandsformel mit der Ebene F ein, so erhält man:

$$d = \frac{|2 \cdot 1 + 2 \cdot 1 - 0 - 8|}{\left| \begin{pmatrix} 2 \\ 2 \\ -1 \end{pmatrix} \right|} = \frac{|-4|}{\sqrt{2^2 + 2^2 + (-1)^2}} = \frac{4}{3}$$

Der Abstand der Ebenen E und F beträgt somit $\frac{4}{3}$ LE.

3. a) Zur Veranschaulichung der Ebene $E: x_1 + x_2 = 4$ in einem Koordinatensystem bestimmt man die Spurpunkte von E mit den Koordinatenachsen:
Den Schnittpunkt S_1 auf der x_1-Achse erhält man durch $x_1 + 0 = 4 \Rightarrow S_1(4 \mid 0 \mid 0)$.
Den Schnittpunkt S_2 auf der x_2-Achse erhält man durch $0 + x_2 = 4 \Rightarrow S_2(0 \mid 4 \mid 0)$.
Den Schnittpunkt S_3 auf der x_3-Achse erhält man durch $0 + 0 = 4$.
Aufgrund des Widerspruchs gibt es keinen Schnittpunkt; also ist E parallel zur x_3-Achse:

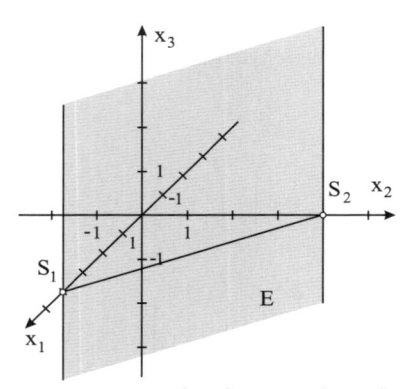

b) Um die gegenseitige Lage von $g: \vec{x} = \begin{pmatrix} 1 \\ 3 \\ 3 \end{pmatrix} + r \cdot \begin{pmatrix} 1 \\ -1 \\ 0 \end{pmatrix}$ und E zu untersuchen, setzt man den allgemeinen Punkt $P_r(1+r \mid 3-r \mid 3)$ von g in die Koordinatengleichung von E ein und erhält:

$$1+r+3-r=4 \Rightarrow 4=4$$

Aufgrund der wahren Aussage liegt g in der Ebene E.

c) Den Abstand d des Ursprungs $O(0 \mid 0 \mid 0)$ von E erhält man mithilfe der Abstandsformel:

$$d(O;E) = \frac{|1 \cdot 0 + 1 \cdot 0 - 4|}{\sqrt{1^2+1^2}} = \frac{4}{\sqrt{2}}$$

Alternativ kann man auch eine Lotgerade l vom Ursprung auf die Ebene E aufstellen und diese mit E schneiden:

$$l: \vec{x} = \begin{pmatrix} 0 \\ 0 \\ 0 \end{pmatrix} + r \cdot \begin{pmatrix} 1 \\ 1 \\ 0 \end{pmatrix}$$

Setzt man den allgemeinen Punkt $P_r(r \mid r \mid 0)$ von l in E ein, erhält man: $r+r=4 \Rightarrow r=2$.

Setzt man $r=2$ in P_r ein, erhält man die Koordinaten des Schnittpunkts $F(2 \mid 2 \mid 0)$ der Lotgeraden l und der Ebene E.

Die Länge des Verbindungsvektors vom Ursprung zu F ist der Abstand vom Ursprung zu E:

$$d(O;E) = \left|\overrightarrow{OF}\right| = \left|\begin{pmatrix} 2 \\ 2 \\ 0 \end{pmatrix}\right| = \sqrt{2^2+2^2} = \sqrt{8}$$

Der Abstand vom Ursprung zur Ebene E beträgt $\sqrt{8}$ LE.

4. Um zu zeigen, dass sich die Punkte $A(3 \mid -2 \mid 1)$, $B(3 \mid 3 \mid 1)$ und $C(6 \mid 3 \mid 5)$ zu einem Quadrat ergänzen lassen, ist nachzuweisen, dass das Dreieck ABC gleichschenklig und rechtwinklig ist. Hierzu bestimmt man die Längen der Verbindungsvektoren von je zwei Punkten sowie das Skalarprodukt der beiden Verbindungsvektoren, die die gleiche Länge

haben. Es ist:

$$\vec{AB} = \begin{pmatrix} 0 \\ 5 \\ 0 \end{pmatrix}, \overline{AB} = |\vec{AB}| = \left| \begin{pmatrix} 0 \\ 5 \\ 0 \end{pmatrix} \right| = \sqrt{0^2 + 5^2 + 0^2} = \sqrt{25} = 5.$$

$$\vec{AC} = \begin{pmatrix} 3 \\ 5 \\ 4 \end{pmatrix}, \overline{AC} = |\vec{AC}| = \left| \begin{pmatrix} 3 \\ 5 \\ 4 \end{pmatrix} \right| = \sqrt{3^2 + 5^2 + 4^2} = \sqrt{50}.$$

$$\vec{BC} = \begin{pmatrix} 3 \\ 0 \\ 4 \end{pmatrix}, \overline{BC} = |\vec{BC}| = \left| \begin{pmatrix} 3 \\ 0 \\ 4 \end{pmatrix} \right| = \sqrt{3^2 + 0^2 + 4^2} = \sqrt{25} = 5.$$

Da $\overline{AB} = \overline{BC}$, ist das Dreieck ABC gleichschenklig.

Da

$$\vec{AB} \cdot \vec{BC} = \begin{pmatrix} 0 \\ 5 \\ 0 \end{pmatrix} \cdot \begin{pmatrix} 3 \\ 0 \\ 4 \end{pmatrix} = 0 \cdot 3 + 5 \cdot 0 + 0 \cdot 4 = 0,$$

hat das Dreieck ABC bei B einen rechten Winkel.

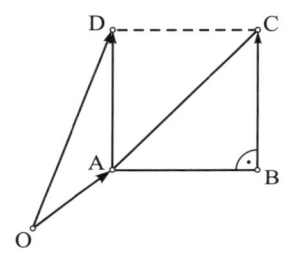

Somit läßt sich das Dreieck ABC zu einem Quadrat ABCD ergänzen, indem man eine Vektorkette zum Punkt D aufstellt:

$$\vec{OD} = \vec{OA} + \vec{BC} = \begin{pmatrix} 3 \\ -2 \\ 1 \end{pmatrix} + \begin{pmatrix} 3 \\ 0 \\ 4 \end{pmatrix} = \begin{pmatrix} 6 \\ -2 \\ 5 \end{pmatrix} \Rightarrow D(6 \mid -2 \mid 5)$$

Der Punkt D hat die Koordinaten $D(6 \mid -2 \mid 5)$.

5. Gegeben ist das lineare Gleichungssystem

$$\begin{array}{rrrrrrr} \text{I} & 3x_1 & - & x_2 & + & 2x_3 & = & 7 \\ \text{II} & x_1 & + & 2x_2 & + & 3x_3 & = & 14 \\ \text{III} & x_1 & - & 5x_2 & - & 4x_3 & = & -21 \end{array}$$

a) Addiert man zu Gleichung I das (-3)-fache von Gleichung II, bzw. zieht man Gleichung III von Gleichung II ab, so erhält man:

$$\begin{array}{rrrrrr}
\text{I} & 3x_1 & - & x_2 & + & 2x_3 & = & 7 \\
\text{IIa} & & & -7x_2 & - & 7x_3 & = & -35 \\
\text{IIIa} & & & 7x_2 & + & 7x_3 & = & 35
\end{array}$$

Da die beiden Gleichungen IIa und IIIa Vielfache voneinander sind, gibt es unendlich viele Lösungen des Gleichungssystems:

Setzt man $x_3 = t$, so ist $x_2 = 5 - t$ und durch Einsetzen in I erhält man $x_1 = 4 - t$.

Die Lösungsmenge des Gleichungssystems ist damit $L = \{(4-t \mid 5-t \mid t) \mid t \in \mathbb{R}\}$.

b) Jede Gleichung des linearen Gleichungssystems entspricht der Gleichung einer Ebene im Raum. Das Gleichungssystem entspricht somit geometrisch der Suche nach Punkten, die in allen drei Ebenen liegen. Die Lösungsmenge gibt diese gemeinsamen Punkte an und entspricht in diesem Fall einer Geraden, der Schnittgeraden g der drei Ebenen:

$$g: \vec{x} = \begin{pmatrix} x_1 \\ x_2 \\ x_3 \end{pmatrix} = \begin{pmatrix} 4 \\ 5 \\ 0 \end{pmatrix} + t \cdot \begin{pmatrix} -1 \\ -1 \\ 1 \end{pmatrix}, \; t \in \mathbb{R}.$$

6. a) Den Abstand d(P; E) des Punktes P(9 | −4 | 1) von der Ebene E: $3x_1 - 4x_3 = -7$ erhält man mithilfe der Abstandsformel:

$$\mathrm{d}(P; E) = \frac{|3 \cdot 9 - 4 \cdot 1 + 7|}{\sqrt{3^2 + (-4)^2}} = \frac{30}{5} = 6$$

Der Abstand des Punktes P zur Ebene E beträgt somit 6 LE.

Alternativ kann man auch eine Lotgerade l vom Punkt P auf die Ebene E aufstellen und diese mit E schneiden (der Normalenvektor von E wird als Richtungsvektor von g verwendet):

$$l: \vec{x} = \begin{pmatrix} 9 \\ -4 \\ 1 \end{pmatrix} + r \cdot \begin{pmatrix} 3 \\ 0 \\ -4 \end{pmatrix}$$

Setzt man den allgemeinen Punkt $P_r(9 + 3r \mid -4 \mid 1 - 4r)$ in E ein, erhält man:

$$3 \cdot (9 + 3r) - 4 \cdot (1 - 4r) = -7 \;\Rightarrow\; r = -\frac{6}{5}$$

Setzt man $r = -\frac{6}{5}$ in P_r ein, erhält man die Koordinaten des Schnittpunkts $F\left(\frac{27}{5} \mid -4 \mid \frac{29}{5}\right)$ der Lotgeraden l und der Ebene E.

Die Länge des Verbindungsvektors von P zu F ist der Abstand von P zu E:

$$\mathrm{d}(P; E) = |\vec{PF}| = \left| \begin{pmatrix} -\frac{18}{5} \\ 0 \\ \frac{24}{5} \end{pmatrix} \right| = \sqrt{\left(-\frac{18}{5}\right)^2 + \left(\frac{24}{5}\right)^2} = 6$$

Der Abstand von P zur Ebene E beträgt 6 LE.

b)

Die Koordinaten des Punktes Q erhält man mithilfe einer Vektorkette:

$$\vec{OQ} = \vec{OS} + \vec{PS} = \begin{pmatrix} -1 \\ 1 \\ 1 \end{pmatrix} + \begin{pmatrix} -10 \\ 5 \\ 0 \end{pmatrix} = \begin{pmatrix} -11 \\ 6 \\ 1 \end{pmatrix} \Rightarrow Q(-11 \mid 6 \mid 1)$$

Der Punkt $Q(-11 \mid 6 \mid 1)$ auf der Geraden durch S und P ist genauso weit von E entfernt wie P.

7. Gegeben ist das Gleichungssystem:

$$\begin{array}{rcrcrcl} x_1 & - & x_2 & + & x_3 & = & 4 \\ 2x_1 & - & x_2 & - & 3x_3 & = & 7 \\ x_1 & + & x_2 & - & 9x_3 & = & 2 \end{array}$$

a) Subtrahiert man Gleichung II vom 2-fachen von Gleichung I und Gleichung III von Gleichung I, erhält man:

$$\begin{array}{lrcrcrcl} \text{I} & x_1 & - & x_2 & + & x_3 & = & 4 \\ \text{IIa} & & & - x_2 & + & 5x_3 & = & 1 \\ \text{IIIa} & & & - 2x_2 & + & 10x_3 & = & 2 \end{array}$$

Subtrahiert man Gleichung IIIa vom 2-fachen von Gleichung IIa, so ergibt sich:

$$\begin{array}{lrcrcrcl} \text{I} & x_1 & - & x_2 & + & x_3 & = & 4 \\ \text{IIa} & & & - x_2 & + & 5x_3 & = & 1 \\ \text{IIIb} & & & & & 0 & = & 0 \end{array}$$

Aufgrund der wahren Aussage in Gleichung IIIb gibt es unendlich viele Lösungen.
Wählt man $x_3 = t$, ergibt sich: $x_2 = -1 + 5t$.
Setzt man $x_2 = -1 + 5t$ in Gleichung I ein, erhält man:

$$x_1 - (-1 + 5t) + t = 4 \Rightarrow x_1 = 3 + 4t$$

Damit hat das Gleichungssystem die folgende Lösungsmenge:
$L = \{(3 + 4t \mid -1 + 5t \mid t) \mid t \in \mathbb{R}\}$.

b) Damit die Lösungsmenge des Gleichungssystems leer wird, muss beispielsweise ein Widerspruch entstehen. Dieser ergibt sich, wenn man z.B. in Gleichung I die Zahl 4 durch die Zahl 3 ersetzt und sonst nichts ändert. Dann ergibt sich bei der Rechnung analog wie bei a):

$$\begin{array}{rrrrrrr} \text{I} & x_1 & - & x_2 & + & x_3 & = & 3 \\ \text{IIa} & & & -x_2 & + & 5x_3 & = & -1 \\ \text{IIIa} & & & -2x_2 & + & 10x_3 & = & 1 \end{array}$$

und

$$\begin{array}{rrrrrrr} \text{I} & x_1 & - & x_2 & + & x_3 & = & 3 \\ \text{IIa} & & & -x_2 & + & 5x_3 & = & -1 \\ \text{IIIb} & & & & & 0 & = & -3 \end{array}$$

In Gleichung IIIb entsteht der Widerspruch $0 = -3$ und das System hat damit eine leere Lösungsmenge.

8. Gegeben ist das Viereck ABCD mit den Eckpunkten $A(1 \mid 1 \mid 1)$, $B(-2 \mid 2 \mid 5)$, $C(3 \mid -3 \mid 5)$ und $D(6 \mid -4 \mid 1)$.

   a) Um nachzuweisen, dass das Viereck ABCD ein Parallelogramm ist, bestimmt man die Verbindungsvektoren der Seiten des Vierecks:

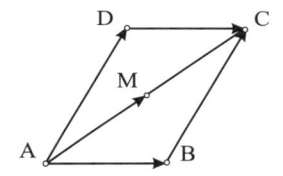

   $$\overrightarrow{AB} = \begin{pmatrix} -3 \\ 1 \\ 4 \end{pmatrix} \qquad \overrightarrow{DC} = \begin{pmatrix} -3 \\ 1 \\ 4 \end{pmatrix}$$

   $$\overrightarrow{BC} = \begin{pmatrix} 5 \\ -5 \\ 0 \end{pmatrix} \qquad \overrightarrow{AD} = \begin{pmatrix} 5 \\ -5 \\ 0 \end{pmatrix}$$

   Wegen $\overrightarrow{AB} = \overrightarrow{DC}$ und $\overrightarrow{BC} = \overrightarrow{AD}$ handelt es sich um ein Parallelogramm.

   Um zu zeigen, dass das Viereck ABCD kein Rechteck ist, prüft man mithilfe des Skalarprodukts zweier Verbindungsvektoren anliegender Seiten, ob ein rechter Winkel vorhanden ist, z.B.:

   $$\overrightarrow{AB} \cdot \overrightarrow{BC} = \begin{pmatrix} -3 \\ 1 \\ 4 \end{pmatrix} \cdot \begin{pmatrix} 5 \\ -5 \\ 0 \end{pmatrix} = (-3) \cdot 5 + 1 \cdot (-5) + 4 \cdot 0 = -20 \neq 0$$

   Wegen $\overrightarrow{AB} \cdot \overrightarrow{BC} \neq 0$ ist bei Punkt B kein rechter Winkel vorhanden, so dass es sich nicht um ein Rechteck handelt.

b) Die Koordinaten des Mittelpunktes M der Punkte A(1 | 1 | 1) und C(3 | −3 | 5) erhält man mit der Mittelpunktsformel:

$$M\left(\frac{1+3}{2} \mid \frac{1+(-3)}{2} \mid \frac{1+5}{2}\right) \Rightarrow M(2 \mid -1 \mid 3)$$

Den Radius r des Kreises, der durch die Punkte A und C verläuft, erhält man, indem man die Länge des Verbindungsvektors von A zu M bestimmt:

$$r = \overline{AM} = \left|\overrightarrow{AM}\right| = \left|\begin{pmatrix} 1 \\ -2 \\ 2 \end{pmatrix}\right| = \sqrt{1^2 + (-2)^2 + 2^2} = \sqrt{9} = 3$$

9. Da das Skalarprodukt zweier Vektoren eine Zahl, das Vektorprodukt zweier Vektoren einen Vektor und der Betrag eines Vektors eine Zahl ergibt, erhält man folgende Tabelle.

Ausdruck	Vektor	Zahl	nicht definiert
$(\vec{u} \cdot \vec{v}) + \vec{w}$			x
$|\vec{u}|^2 - |\vec{w}|^2$		x	
$(\vec{u} \cdot \vec{u}) + (r-t)^2$		x	

10. Gegeben sind die Punkte A(0 | 1 | 2) und B(2 | 5 | 6).
Um zu zeigen, dass die Punkte A und B den Abstand 6 haben, berechnet man die Länge des entsprechenden Verbindungsvektors:

$$\overline{AB} = \left|\overrightarrow{AB}\right| = \left|\begin{pmatrix} 2 \\ 4 \\ 4 \end{pmatrix}\right| = \sqrt{2^2 + 4^2 + 4^2} = \sqrt{36} = 6$$

Somit haben die Punkte A und B den Abstand 6 LE.
Die Koordinaten der Punkte C und D, die auf der Geraden g durch die Punkte A und B liegen, und von A jeweils den Abstand 12 haben, erhält man mithilfe einer Vektorkette:

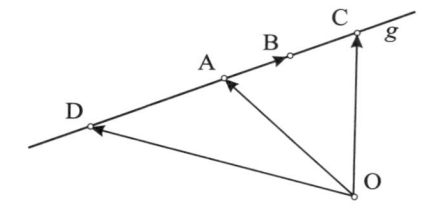

$$\overrightarrow{OC} = \overrightarrow{OA} + 2 \cdot \overrightarrow{AB} = \begin{pmatrix} 0 \\ 1 \\ 2 \end{pmatrix} + 2 \cdot \begin{pmatrix} 2 \\ 4 \\ 4 \end{pmatrix} = \begin{pmatrix} 4 \\ 9 \\ 10 \end{pmatrix} \Rightarrow C(4 \mid 9 \mid 10)$$

$$\overrightarrow{OD} = \overrightarrow{OA} - 2 \cdot \overrightarrow{AB} = \begin{pmatrix} 0 \\ 1 \\ 2 \end{pmatrix} - 2 \cdot \begin{pmatrix} 2 \\ 4 \\ 4 \end{pmatrix} = \begin{pmatrix} -4 \\ -7 \\ -6 \end{pmatrix} \Rightarrow D(-4 \mid -7 \mid -6)$$

11. Gegeben sind die Punkte A(0 | 1 | 2), B(2 | 5 | 6) und E(1 | 2 | 5). Zur Bestimmung der Koordinaten eines weiteren Punktes F, der das Dreieck ABE zu einem Parallelogramm ergänzt, gibt es drei verschiedene Möglichkeiten:

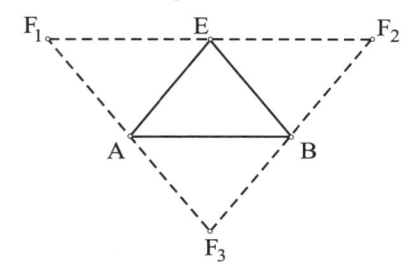

Mithilfe einer Vektorkette kann man die Koordinaten der gesuchten Punkte bestimmen:

$$\overrightarrow{OF_1} = \overrightarrow{OA} + \overrightarrow{BE} = \begin{pmatrix} 0 \\ 1 \\ 2 \end{pmatrix} + \begin{pmatrix} -1 \\ -3 \\ -1 \end{pmatrix} = \begin{pmatrix} -1 \\ -2 \\ 1 \end{pmatrix} \Rightarrow F_1(-1 | -2 | 1)$$

$$\overrightarrow{OF_2} = \overrightarrow{OE} + \overrightarrow{AB} = \begin{pmatrix} 1 \\ 2 \\ 5 \end{pmatrix} + \begin{pmatrix} 2 \\ 4 \\ 4 \end{pmatrix} = \begin{pmatrix} 3 \\ 6 \\ 9 \end{pmatrix} \Rightarrow F_2(3 | 6 | 9)$$

$$\overrightarrow{OF_3} = \overrightarrow{OA} + \overrightarrow{EB} = \begin{pmatrix} 0 \\ 1 \\ 2 \end{pmatrix} + \begin{pmatrix} 1 \\ 3 \\ 1 \end{pmatrix} = \begin{pmatrix} 1 \\ 4 \\ 3 \end{pmatrix} \Rightarrow F_3(1 | 4 | 3)$$

Stochastik

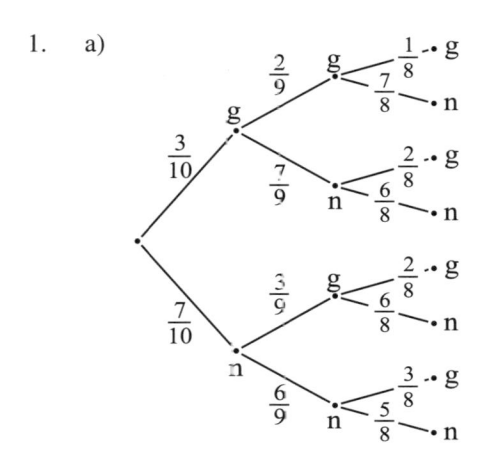

1. a)

   Da 3 Gewinne und 7 Nieten, also insgesamt 10 Lose in der Lostrommel sind, betragen die Wahrscheinlichkeiten beim 1. Ziehen für Gewinn (g): $\frac{3}{10}$ und für Niete (n): $\frac{7}{10}$.

   Danach sind nur noch 9 Lose in der Trommel und die Wahrscheinlichkeiten bei der 2. und 3. Ziehung hängen jeweils davon ab, was beim 1. bzw. 2. Mal gezogen wurde.

   Die Wahrscheinlichkeit, dass genau zwei Gewinne gezogen werden, erhält man mithilfe der 1. und 2. Pfadregel (Produkt- und Summenregel):

   $$P(\text{«genau zwei Gewinne»}) = P(ggn) + P(gng) + P(ngg)$$
   $$= \frac{3}{10} \cdot \frac{2}{9} \cdot \frac{7}{8} + \frac{3}{10} \cdot \frac{7}{9} \cdot \frac{2}{8} + \frac{7}{10} \cdot \frac{3}{9} \cdot \frac{2}{8}$$
   $$= 3 \cdot \frac{3}{10} \cdot \frac{2}{9} \cdot \frac{7}{8}$$
   $$= \frac{7}{40}$$

   b) Die Wahrscheinlichkeit, dass der Gewinn erst beim dritten Zug gezogen wird, erhält man mithilfe der 1. Pfadregel (Produktregel):

   $$P(\text{«Gewinn beim dritten Zug»}) = P(nng) = \frac{7}{10} \cdot \frac{6}{9} \cdot \frac{3}{8} = \frac{7}{40}$$

2. Beim Spiel an einem Spielautomaten gibt es nur die beiden Ausgänge «gewinnen» oder «verlieren», also handelt es sich um ein Bernoulli-Experiment. Da man durchschnittlich zwei Drittel aller Spiele verliert, gilt $p = \frac{2}{3}$ für das Verlieren eines Spiels.
   Es sei X die Zufallsvariable für die Anzahl der verlorenen Spiele.

a) Um ein Ereignis A anzugeben, formt man die gegebene Wahrscheinlichkeit um:

$$P(A) = \binom{10}{8} \cdot \left(\frac{2}{3}\right)^8 \cdot \left(\frac{1}{3}\right)^2 + 10 \cdot \left(\frac{2}{3}\right)^9 \cdot \frac{1}{3} + \left(\frac{2}{3}\right)^{10}$$

$$= \binom{10}{8} \cdot \left(\frac{2}{3}\right)^8 \cdot \left(\frac{1}{3}\right)^2 + \binom{10}{9} \cdot \left(\frac{2}{3}\right)^9 \cdot \left(\frac{1}{3}\right)^1 + \binom{10}{10} \cdot \left(\frac{2}{3}\right)^{10} \cdot \left(\frac{1}{3}\right)^0$$

$$= P(X=8) + P(X=9) + P(X=10)$$

$$= P(X \geq 8)$$

Damit lautet das Ereignis A: «Von 10 Spielen werden mindestens 8 Spiele verloren».

b) Wenn jemand vier Spiele an dem Automaten spielt, gilt: n = 4.
Die Wahrscheinlichkeit, dass er dabei genau zwei Mal verliert, erhält man mithilfe der Bernoulli-Formel:

$$P(X=2) = \binom{4}{2} \cdot \left(\frac{2}{3}\right)^2 \cdot \left(1-\frac{2}{3}\right)^{4-2}$$

$$= \binom{4}{2} \cdot \left(\frac{2}{3}\right)^2 \cdot \left(\frac{1}{3}\right)^2$$

$$= \frac{4 \cdot 3}{2} \cdot \frac{4}{9} \cdot \frac{1}{9}$$

$$= \frac{8}{27}$$

Die Wahrscheinlichkeit, dass bei vier Spielen genau zwei Spiele verloren werden, beträgt $\frac{8}{27}$.

3. a) Aufgrund der gegebenen Rechnung

$$E(X) = x_1 \cdot P(x_1) + x_2 \cdot P(x_2) + x_3 \cdot P(x_3) + x_4 \cdot P(x_4)$$

$$= 1\,€ \cdot \frac{1}{2} + 2\,€ \cdot \frac{1}{4} + 4\,€ \cdot \frac{1}{8} + 6\,€ \cdot \frac{1}{8}$$

könnte das Glücksrad 4 Sektoren mit den Wahrscheinlichkeiten $\frac{1}{2}$, $\frac{1}{4}$, $\frac{1}{8}$ und $\frac{1}{8}$ haben. Diese entsprechen den Mittelpunktswinkeln 180°, 90°, 45° und 45°.
Damit ergibt sich folgendes Glücksrad:

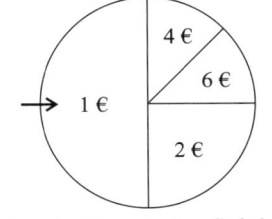

b) Sei X Zufallsvariable für die Höhe des Gewinns und x der Einsatz des Spielers. Den Erwartungswert von X erhält man, indem man die möglichen Auszahlungsbeträge mit den zugehörigen Wahrscheinlichkeiten multipliziert und den Einsatz x subtrahiert:

$$E(X) = 1\,€ \cdot \frac{1}{2} + 2\,€ \cdot \frac{1}{4} + 4\,€ \cdot \frac{1}{8} + 6\,€ \cdot \frac{1}{8} - x\,€ = (2,25 - x)\,€$$

Damit der Spieler mit einem durchschnittlichen Gewinn von 75 Cent rechnen kann, muss der Erwartungswert 0,75 betragen. Also muss gelten:

$$E(X) = 0,75 \Rightarrow 2,25 - x = 0,75 \Rightarrow x = 1,50$$

Der Einsatz des Spielers muss $1,50$ € betragen.

4. a) Die Zufallsgröße X ist binomialverteilt mit den Parametern n = 72 und p = $\frac{1}{3}$. Den Erwartungswert von X erhält man durch:

$$E(X) = n \cdot p = 72 \cdot \frac{1}{3} = 24$$

Die Standardabweichung von X erhält man durch:

$$\sigma = \sqrt{V(X)} = \sqrt{n \cdot p \cdot (1-p)} = \sqrt{72 \cdot \frac{1}{3} \cdot \frac{2}{3}} = \sqrt{16} = 4$$

b) Den Erwartungswert der Zufallsgröße Y erhält man, indem man die Werte mit den entsprechenden Wahrscheinlichkeiten multipliziert und die Ergebnisse addiert:

$$E(Y) = 0 \cdot \frac{1}{2} + 1 \cdot \frac{3}{8} + 29 \cdot \frac{1}{8} = \frac{32}{8} = 4$$

5. a) Die passende Abbildung kann man bestimmen, indem man den Erwartungswert von X mit n = 8 und p = 0,5 berechnet:

$$E(X) = n \cdot p = 8 \cdot 0,5 = 4$$

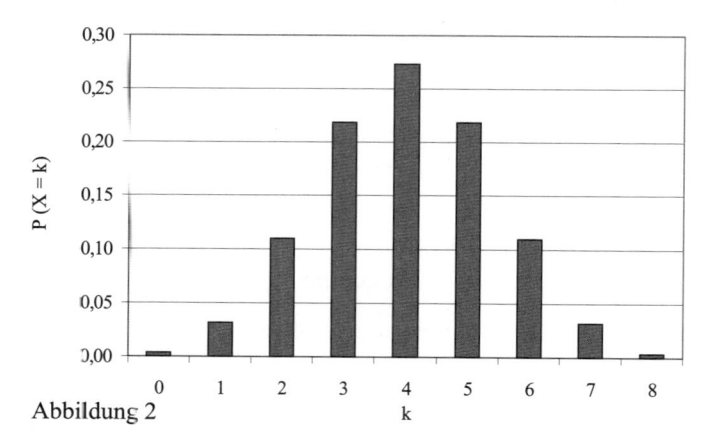

Abbildung 2

Abbildung 2 zeigt die Verteilung von X, da $P(X = 4)$ maximal sein muss.

b) Anhand der gegebenen Abbildung kann man folgende Wahrscheinlichkeiten näherungsweise ablesen:

$$P(X = 3) \approx 0,22$$
$$P(X = 4) \approx 0,27$$
$$P(X = 5) \approx 0,22$$

Damit gilt:

$$P(3 \leqslant X < 6) = P(X = 3) + P(X = 4) + P(X = 5) \approx 0,22 + 0,27 + 0,22 = 0,71$$

und

$$P(X \neq 4) = 1 - P(X = 4) \approx 1 - 0,27 = 0,73$$

6. Um zu zeigen, dass der Erwartungswert von X nicht größer als 2,2 sein kann, bestimmt man den Erwartungswert von X:

$$E(X) = 0 \cdot p_1 + 1 \cdot \frac{3}{10} + 2 \cdot \frac{1}{5} + 3 \cdot p_2 = \frac{7}{10} + 3 \cdot p_2$$

Wegen $p_2 \leqslant 1 - \frac{3}{10} - \frac{1}{5} = \frac{1}{2}$ gilt:

$$E(X) \leqslant \frac{7}{10} + 3 \cdot \frac{1}{2} = 2,2$$

Somit kann der Erwartungswert von X nicht größer als 2,2 sein.

7. a) Wenn Peter zwei zufällig gewählte Karten von neun Spielkarten (vier Asse, drei Könige und zwei Damen) umdreht, handelt es sich um «Ziehen ohne Zurücklegen».
Für die Berechnung der Wahrscheinlichkeit für das Ereignis A: «Es liegt kein Ass aufgedeckt auf dem Tisch» kann man sich mithilfe eines Baumdiagrammes folgendes überlegen:
Bezeichnet man mit a: Ass wird aufgedeckt und mit ā: Ass wird nicht aufgedeckt, so erhält man folgendes Baumdiagramm:

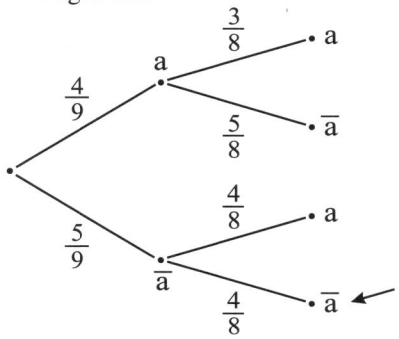

Da vier Asse und fünf Nicht-Asse vorhanden sind, beträgt die Wahrscheinlichkeit für ein Nicht-Ass beim Aufdecken der ersten Karte $\frac{5}{9}$. Da beim Aufdecken der zweiten Karte nur noch vier Nicht-Asse von insgesamt 8 Karten vorhanden sind, beträgt die

Wahrscheinlichkeit für ein Nicht-Ass beim Aufdecken der zweiten Karte $\frac{4}{8}$.
Die Wahrscheinlichkeit für das Ereignis A: «Es liegt kein Ass aufgedeckt auf dem Tisch» erhält man mithilfe der 1. Pfadregel (Produktregel):

$$P(A) = P(\text{kein Ass}) = P(\bar{a}\bar{a}) = \frac{5}{9} \cdot \frac{4}{8} = \frac{5}{18}$$

Die Wahrscheinlichkeit, dass kein Ass aufgedeckt auf dem Tisch liegt, beträgt $\frac{5}{18}$.

Für die Berechnung der Wahrscheinlichkeit für das Ereignis B: «Eine Dame und ein Ass liegen aufgedeckt auf dem Tisch» kann man sich mithilfe eines Baumdiagrammes folgendes überlegen:

Bezeichnet man mit a: Ass wird gezogen, mit d: Dame wird gezogen und mit k: König wird gezogen, so erhält man folgendes Baumdiagramm:

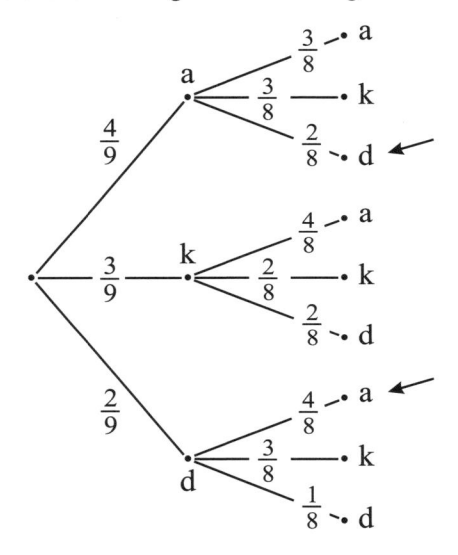

Da vier Asse, drei Könige und zwei Damen, also insgesamt neun Karten vorhanden sind, beträgt die Wahrscheinlichkeit beim Aufdecken der 1. Karte für Ass (a): $\frac{4}{9}$, für König (k): $\frac{3}{9}$ und für Dame (d): $\frac{2}{9}$. Danach sind nur noch 8 Karten vorhanden und die Wahrscheinlichkeiten beim Aufdecken der 2. Karte hängen jeweils davon ab, welche Karte beim ersten Mal aufgedeckt wurde.

Die Wahrscheinlichkeit für das Ereignis B: «Eine Dame und ein Ass liegen aufgedeckt auf dem Tisch» erhält man mit der 1. und 2. Pfadregel (Produkt- und Summenregel):

$$P(B) = P(ad) + P(da) = \frac{4}{9} \cdot \frac{2}{8} + \frac{2}{9} \cdot \frac{4}{8} = \frac{1}{9} + \frac{1}{9} = \frac{2}{9}$$

Die Wahrscheinlichkeit, dass eine Dame und ein Ass aufgedeckt auf dem Tisch liegen, beträgt $\frac{2}{9}$.

b) Wenn X die Anzahl der aufgedeckten Spielkarten angibt, bis ein Ass erscheint, so kann X die Werte von 1 bis 6 annehmen, da spätestens beim Aufdecken der 6. Karte

Lösungen 1. Prüfungsteil

ein Ass erscheinen muss.

Die Wahrscheinlichkeit, dass beim Aufdecken der 1. Karte ein Ass erscheint, beträgt

$$P(X=1) = P(a) = \frac{4}{9}$$

Die Wahrscheinlichkeit, dass erst beim Aufdecken der 2. Karte ein Ass erscheint, erhält man mit der 1. Pfadregel: $P(X=2) = P(\bar{a}a) = \frac{5}{9} \cdot \frac{4}{8} = \frac{5}{18}$.

Damit gilt:

$$P(X \leq 2) = P(X=1) + P(X=2) = \frac{4}{9} + \frac{5}{18} = \frac{8}{18} + \frac{5}{18} = \frac{13}{18}$$

8. Es ist $P(A) = 0,3$, $P_A(B) = 0,6$ und $P_{\overline{A}}(\overline{B}) = 0,1$.

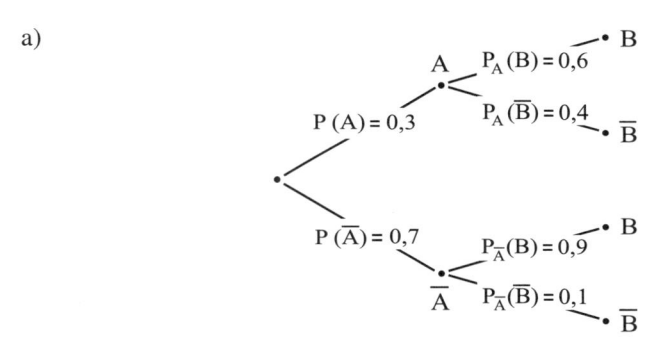

   a)

   Baumdiagramm:
   - $P(A) = 0,3$: $P_A(B) = 0,6 \to B$; $P_A(\overline{B}) = 0,4 \to \overline{B}$
   - $P(\overline{A}) = 0,7$: $P_{\overline{A}}(B) = 0,9 \to B$; $P_{\overline{A}}(\overline{B}) = 0,1 \to \overline{B}$

   b) Damit die Ereignisse A und B stochastisch unabhängig sind, muss gelten:
   $P(A \cap B) = P(A) \cdot P(B)$. Mit $P(A) = 0,3$ und $P_A(B) = 0,6$ erhält man:
   $P(A \cap B) = 0,3 \cdot 0,6 = 0,18$ (siehe Baumdiagramm Aufgabe a))
   Daraus ergibt sich: $P(B) = \frac{P(A \cap B)}{P(A)} = \frac{0,18}{0,3} = 0,6 \Rightarrow P_A(B) = P(B) = 0,6$.
   Somit gilt:

   $$P_{\overline{A}}(\overline{B}) = P(\overline{B}) = 1 - P(B) = 1 - 0,6 = 0,4$$

   Also muss gelten: $P_{\overline{A}}(\overline{B}) = 0,4$.

9. Gegeben ist ein Glücksrad mit einem blauen, einem gelben und einem roten Sektor. Beim Drehen des Glücksrades tritt «Blau» mit der Wahrscheinlichkeit p und «Rot» mit der Wahrscheinlichkeit 2p ein.

   a) Da es insgesamt drei Sektoren gibt, muss die Wahrscheinlichkeit, dass ein blauer oder ein roter Sektor gedreht wird, kleiner als 1 sein. Damit gilt:

   $$P(\text{blau}) + P(\text{rot}) < 1$$
   $$p + 2p < 1$$
   $$3p < 1$$
   $$p < \frac{1}{3}$$

   Bei diesem Glücksrad sind nur Werte von $0 < p < \frac{1}{3}$ möglich.

b) Die Wahrscheinlichkeit für «nicht Rot» beträgt bei einmaligem Drehen:
$$P(\bar{r}) = 1 - 2p$$

Die Wahrscheinlichkeit für «Rot» (r) beträgt bei einmaligem Drehen:
$$P(r) = 2p$$

Die Wahrscheinlichkeit für das Ereignis E: «Es tritt mindestens einmal «Rot» ein» erhält man mithilfe der Pfadregeln:

$$\begin{aligned} P(\text{mindestens einmal rot}) &= P(\bar{r}r) + P(r\bar{r}) + P(rr) \\ &= 2p \cdot (1-2p) + (1-2p) \cdot 2p + 2p \cdot 2p \\ &= 2p - 4p^2 + 2p - 4p^2 + 4p^2 \\ &= 4p - 4p^2 \end{aligned}$$

Alternativ kann man auch mithilfe der Wahrscheinlichkeit des Gegenereignisses rechnen:

$$\begin{aligned} P(\text{mindestens einmal rot}) &= 1 - P(\bar{r}\bar{r}) \\ &= 1 - (1-2p)^2 \\ &= 4p - 4p^2 \end{aligned}$$

Das Ereignis E tritt mit einer Wahrscheinlichkeit von $P(E) = 4p - 4p^2$ ein.

10. Die Wahrscheinlichkeit, dass eine Tasse fehlerfrei glasiert ist, beträgt $p = 0,8$. Es werden 10 Tassen entnommen.

   a) Die Wahrscheinlichkeit des Ereignisses A: «Von den entnommenen Tassen ist nur die 8. nicht fehlerfrei glasiert» erhält man durch Multiplikation der Wahrscheinlichkeiten jeder Stufe:
   $$P(A) = 0,8^7 \cdot 0,2^1 \cdot 0,8^2 = 0,2 \cdot 0,8^9$$

   b) Die Wahrscheinlichkeit, dass eine Tasse nicht fehlerfrei glasiert ist, beträgt $q = 0,2$. Legt man X als Zufallsvariable für die Anzahl der nicht fehlerfreien Tassen an, so gilt:

   $$\begin{aligned} P(B) &= \binom{10}{0} \cdot 0,8^{10} + \binom{10}{1} \cdot 0,8^9 \cdot 0,2^1 + \binom{10}{2} \cdot 0,8^8 \cdot 0,2^2 \\ &= P(X=0) + P(X=1) + P(X=2) \\ &= P(X \leqslant 2) \end{aligned}$$

   Somit kann das Ereinis B folgendermaßen beschrieben werden: «Von den 10 entnommenen Tassen sind höchstens 2 nicht fehlerfrei glasiert».

Lösungen   *1. Prüfungsteil*

11. a) Anhand der gegebenen Abbildung kann man folgende Wahrscheinlichkeiten ablesen:
$$P(X=-2)=0,25$$
$$P(X=1)=0,25$$
$$P(X=2)=0,5$$

Damit erhält man den Erwartungswert E(X) der Zufallsvariablen X, indem man die Werte von X mit den entsprechenden Wahrscheinlichkeiten multipliziert und die Ergebnisse addiert:
$$E(X)=-2\cdot 0,25+1\cdot 0,25+2\cdot 0,5=0,75$$

Der Erwartungswert beträgt $0,75$.

b) Wenn das Zufallsexperiment zweimal durchgeführt wird, gibt es drei Möglichkeiten dafür, dass die Summe der beiden Werte von X negativ ist.

Die Wahrscheinlichkeit P, dass die Summe dieser beiden Werte negativ ist, erhält man mithilfe der Pfadregeln:
$$\begin{aligned}P&=P(-2;-2)+P(-2;1)+P(1;-2)\\&=P(X=-2)\cdot P(X=-2)+P(X=-2)\cdot P(X=1)+P(X=1)\cdot P(X=-2)\\&=0,25\cdot 0,25+0,25\cdot 0,25+0,25\cdot 0,25\\&=\frac{1}{4}\cdot\frac{1}{4}+\frac{1}{4}\cdot\frac{1}{4}+\frac{1}{4}\cdot\frac{1}{4}\\&=\frac{3}{16}\end{aligned}$$

Die Wahrscheinlichkeit, dass die Summe negativ ist, beträgt $\frac{3}{16}$.

12. a) Um zu begründen, dass die Zufallsvariable X, welche angibt, wie oft die Farbe Rot angezeigt wird, binomialverteilt ist, kann man sich folgendes überlegen:

Beim einmaligen Drehen des Glücksrads gibt es nur die beiden Ausgänge «Rot» oder «nicht Rot», also handelt es sich um ein Bernoulli-Experiment. Bei jedem Drehen ist die Wahrscheinlichkeit für «Rot» gleich groß, also handelt es sich bei mehrmaligem Drehen um eine Bernoullikette und X ist damit binomialverteilt.

b) Die Wahrscheinlichkeit des Ereignisses A, dass mindestens dreimal Rot angezeigt wird, erhält man mithilfe der Wahrscheinlichkeit des Gegenereignisses und der gegebenen Tabelle:
$$\begin{aligned}P(A)&=P(X\geqslant 3)\\&=1-P(X\leqslant 2)\\&=1-(P(X=0)+P(X=1)+P(X=2))\\&=1-(0,01+0,06+0,14)\\&=0,79\end{aligned}$$

Die Wahrscheinlichkeit, dass mindestens dreimal Rot angezeigt wird, beträgt 79%.

13. a) Legt man X als Zufallsvariable für die Anzahl der Treffer bei fünf Schüssen fest, so ist X modellhaft binomialverteilt mit den Parametern n = 5 und der Trefferwahrscheinlichkeit p.
Die Wahrscheinlichkeit des Ereignisses A: «Der Biathlet trifft bei genau vier Schüssen.» erhält man mithilfe der Bernoulli-Formel:

$$P(A) = P(X = 4) = \binom{5}{4} \cdot p^4 \cdot (1-p)^{5-4} = 5 \cdot p^4 \cdot (1-p)$$

Die Wahrscheinlichkeit des Ereignisses B: «Der Biathlet trifft nur bei den ersten beiden Schüssen.» erhält man mithilfe der Pfadregeln:

$$P(B) = p \cdot p \cdot (1-p) \cdot (1-p) \cdot (1-p) = p^2 \cdot (1-p)^3$$

b) Die modellhafte Beschreibung der Schießeinlage durch eine Bernoullikette ist nur dann gegeben, wenn der Biathlet bei jedem Schuss die gleiche Trefferwahrscheinlichkeit p aufweist. Diese könnte sich beispielsweise ändern, wenn der Biathlet nach zwei oder drei Fehlschüssen nervös wird und bei den folgenden Schüssen eine geringere Trefferwahrscheinlichkeit hat.

14. Anhand der gegebenen Informationen kann man folgendes Übergangsdiagramm zeichnen:

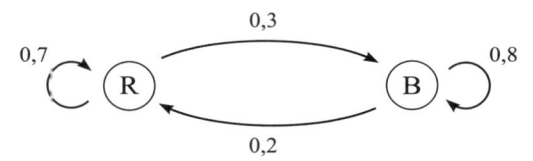

Da die Spaltensumme immer 1 ergeben muss, führt dies zu folgender Übergangsmatrix:

$$M = \begin{pmatrix} 0,7 & 0,2 \\ 0,3 & 0,8 \end{pmatrix}$$

15. Es ist $A = \begin{pmatrix} 0,9 & 0,2 \\ 0,1 & 0,8 \end{pmatrix}$.

Um zu zeigen, dass $\vec{v} = \begin{pmatrix} -1 \\ 1 \end{pmatrix}$ und $A \cdot \vec{v}$ Vielfache voneinander sind, berechnet man das Matrix-Vektorprodukt:

$$A \cdot \vec{v} = \begin{pmatrix} 0,9 & 0,2 \\ 0,1 & 0,8 \end{pmatrix} \cdot \begin{pmatrix} -1 \\ 1 \end{pmatrix} = \begin{pmatrix} 0,9 \cdot (-1) + 0,2 \cdot 1 \\ 0,1 \cdot (-1) + 0,8 \cdot 1 \end{pmatrix} = \begin{pmatrix} -0,7 \\ 0,7 \end{pmatrix} = 0,7 \cdot \begin{pmatrix} -1 \\ 1 \end{pmatrix}$$

Wegen $A \cdot \vec{v} = 0,7 \cdot \vec{v}$ sind $\vec{v}$ und $A \cdot \vec{v}$ Vielfache voneinander.

Lösungen   *1. Prüfungsteil*

16.   a) Da jährlich 40% der Landbevölkerung in die Stadt und nur 10% der Stadtbewohner auf das Land wechseln, erhält man folgendes Übergangsdiagramm:

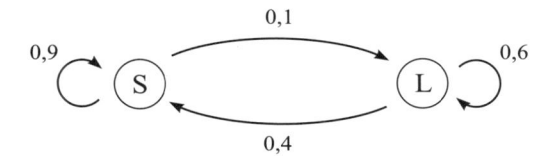

$$\overset{0,9}{\circlearrowleft} \, \underset{0,4}{\overset{0,1}{\underset{\longleftarrow}{\longrightarrow}}} \, \overset{0,6}{\circlearrowright}$$
(S)   (L)

Damit ergibt sich folgende Übergangsmatrix:

$$A = \begin{pmatrix} 0,9 & 0,4 \\ 0,1 & 0,6 \end{pmatrix}$$

b) Da zu Beginn 30% der Bevölkerung in der Stadt leben (und damit 70% auf dem Land), lautet der Startvektor: $\vec{v}_0 = \begin{pmatrix} 0,3 \\ 0,7 \end{pmatrix}$.

Die Verteilung $\vec{v}_1$ der Bevölkerung nach einem Jahr erhält man, indem man die Matrix A mit dem Startvektor multipliziert:

$$\vec{v}_1 = A \cdot \vec{v}_0 = \begin{pmatrix} 0,9 & 0,4 \\ 0,1 & 0,6 \end{pmatrix} \cdot \begin{pmatrix} 0,3 \\ 0,7 \end{pmatrix} = \begin{pmatrix} 0,9 \cdot 0,3 + 0,4 \cdot 0,7 \\ 0,1 \cdot 0,3 + 0,6 \cdot 0,7 \end{pmatrix} = \begin{pmatrix} 0,55 \\ 0,45 \end{pmatrix}$$

Nach einem Jahr leben 55% der Bevölkerung in der Stadt und 45% auf dem Land.

17.   a) Da 20% der Alttiere sterben, verbleiben 80% der Alttiere in ihrer Altersklasse. Damit gilt:

$$M = \begin{pmatrix} 0,4 & 0,3 \\ 0,7 & 0,8 \end{pmatrix}$$

Der Wert 0,4 der ersten Zeile und ersten Spalte der Matrix M bedeutet, dass 40% der Jungtiere einen Nachfahren (ein Jungtier) bekommen und damit alle Jungtiere nach einem Jahr keine Jungtiere mehr sind.
Der Wert 0,7 der zweiten Zeile und ersten Spalte der Matrix M bedeutet, dass nur 70% der Jungtiere zu Alttieren werden, 30% der Jungtiere also sterben. Ein Jungtier ist also nur ein Jahr lang ein Jungtier, danach ein Alttier.

b) Da es zu Beginn 200 Jungtiere und 100 Alttiere gab, lautet der Startvektor:
$\vec{v}_0 = \begin{pmatrix} 200 \\ 100 \end{pmatrix}$. Die Verteilung $\vec{v}_1$ von Jung- und Alttieren nach einem Jahr erhält man, indem man die Matrix M mit $\vec{v}_0$ multipliziert:

$$\vec{v}_1 = M \cdot \vec{v}_0 = \begin{pmatrix} 0,4 & 0,3 \\ 0,7 & 0,8 \end{pmatrix} \cdot \begin{pmatrix} 200 \\ 100 \end{pmatrix} = \begin{pmatrix} 110 \\ 220 \end{pmatrix}$$

Die Verteilung $\vec{v}_2$ von Jung- und Alttieren nach zwei Jahren erhält man, indem man die Matrix M mit $\vec{v}_1$ multipliziert:

$$\vec{v}_2 = M \cdot \vec{v}_1 = \begin{pmatrix} 0,4 & 0,3 \\ 0,7 & 0,8 \end{pmatrix} \cdot \begin{pmatrix} 110 \\ 220 \end{pmatrix} = \begin{pmatrix} 110 \\ 253 \end{pmatrix}$$

Alternativ kann man die Verteilung $\vec{v}_2$ von Jung- und Alttieren nach zwei Jahren berechnen, indem man die Matrix M^2 mit $\vec{v}_0$ multipliziert. Durch Matrizenmultiplikation erhält man:

$$M^2 = M \cdot M$$
$$= \begin{pmatrix} 0,4 & 0,3 \\ 0,7 & 0,8 \end{pmatrix} \cdot \begin{pmatrix} 0,4 & 0,3 \\ 0,7 & 0,8 \end{pmatrix}$$
$$= \begin{pmatrix} 0,4 \cdot 0,4 + 0,3 \cdot 0,7 & 0,4 \cdot 0,3 + 0,3 \cdot 0,8 \\ 0,7 \cdot 0,4 + 0,8 \cdot 0,7 & 0,7 \cdot 0,3 + 0,8 \cdot 0,8 \end{pmatrix}$$
$$= \begin{pmatrix} 0,37 & 0,36 \\ 0,84 & 0,85 \end{pmatrix}$$

Damit gilt:

$$\vec{v}_2 = M^2 \cdot \vec{v}_0 = \begin{pmatrix} 0,37 & 0,36 \\ 0,84 & 0,85 \end{pmatrix} \cdot \begin{pmatrix} 200 \\ 100 \end{pmatrix} = \begin{pmatrix} 110 \\ 253 \end{pmatrix}$$

Nach zwei Jahren gibt es 110 Jungtiere und 253 Alttiere.

18. a) Aus der Aufgabenstellung liest man die Werte für den Übergangsgraphen ab. Es ergibt sich:

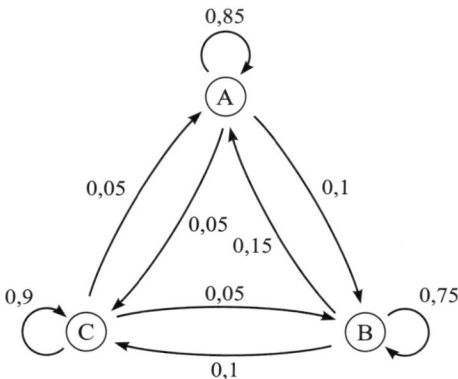

Um die Übergangstabelle zu bestimmen, berücksichtigt man, dass der Wechsel immer «von Spalten zu Zeilen» stattfindet. Damit ergibt sich für die Übergangstabelle:

	A	B	C
A	0,85	0,15	0,05
B	0,1	0,75	0,05
C	0,05	0,1	0,9

Die Übergangsmatrix ist damit: $M = \begin{pmatrix} 0,85 & 0,15 & 0,05 \\ 0,1 & 0,75 & 0,05 \\ 0,05 & 0,1 & 0,9 \end{pmatrix}$

b) Die Verteilung für den folgenden Monat erhält man, indem man die Matrix M mit dem Vektor der Eingangswerte $\vec{x_0} = \begin{pmatrix} 100 \\ 200 \\ 300 \end{pmatrix}$ multipliziert:

$$\vec{x_1} = \begin{pmatrix} 0,85 & 0,15 & 0,05 \\ 0,1 & 0,75 & 0,05 \\ 0,05 & 0,1 & 0,9 \end{pmatrix} \cdot \begin{pmatrix} 100 \\ 200 \\ 300 \end{pmatrix} = \begin{pmatrix} 130 \\ 175 \\ 295 \end{pmatrix}$$

Im nächsten Monat sind also 130 Filme bei Filiale A, 175 Filme bei Filiale B und 295 Filme bei Filiale C.

2. Prüfungsteil (GTR/CAS)

Analysis

1 Bergstollen

Es ist $f(x) = 0,02x^4 - 0,82x^2 + 8$; $-4 \leqslant x \leqslant 4$ (x und $f(x)$ in Meter).

a) Die Stellen, an denen die Wände des Stollens am steilsten verlaufen, erhält man, indem man die Wendestellen der Funktion f bestimmt.
Diese sind die Extremstellen von $f'(x) = 0,08x^3 - 1,64x$ bzw. die Nullstellen von $f''(x) = 0,24x^2 - 1,64$.
Mit Hilfe des GTR/ CAS erhält man: $x_1 \approx -2,61$ und $x_2 \approx 2,61$.
Die Wände des Stollens verlaufen etwa $2,6\,\text{m}$ links und rechts der Stollenmitte am steilsten.

Den Winkel α, den die Wände an diesen Stellen mit der Horizontalen einschließen, erhält man mit der Formel $\tan \alpha = m$. Mit $m = f'(x_1)$ ergibt sich:

$$\tan \alpha \approx f'(-2,61) \approx 2,86 \Rightarrow \alpha \approx 70,73°$$

Aus Symmetriegründen ist der Winkel an der Stelle $x_2 \approx 2,61$ gleich groß.
Der gesuchte Winkel beträgt etwa $70,73°$.

Die Wassermenge V bei einer Höhe von $1,7\,\text{m}$ erhält man, indem man die zugehörige Querschnittsfläche Q mit der Länge $l = 50\,\text{m}$ multipliziert:

$$V = Q \cdot l$$

Die Querschnittsfläche Q setzt sich aus drei Teilflächen Q_1, Q_2 und Q_3 zusammen.

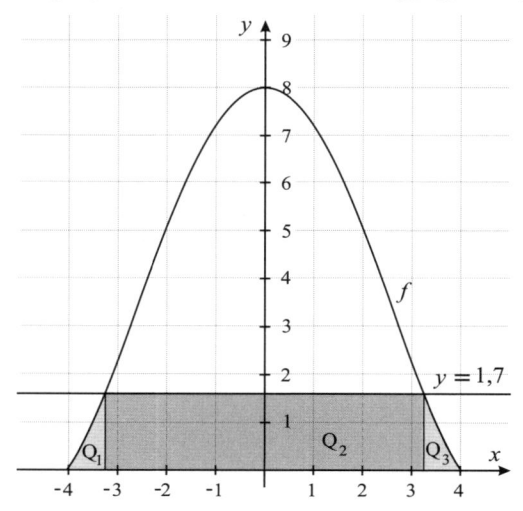

Q$_1$ und Q$_3$ erhält man mit Hilfe eines Integrals. Die Integrationsgrenzen sind die Nullstellen $x_1 = -4$ bzw. $x_2 = 4$ von f und die Schnittstellen des Graphen von f mit der Geraden $y = 1,7$.
Mit Hilfe des GTR/CAS erhält man die Schnittstellen $x_3 \approx -3,20$ und $x_4 \approx 3,20$.
Aus Symmetriegründen ergibt sich:

$$Q_1 = Q_3 = \int_{-4}^{-3,2} f(x)dx \approx 0,62 \text{ (GTR/CAS)}$$

Q$_2$ ist ein Rechteck mit der Grundseite $g \approx 2 \cdot 3,2 = 6,4$ und der Höhe $h = 1,7$.
Für den Flächeninhalt des Rechtecks gilt:

$$Q_2 = g \cdot h \approx 6,4 \cdot 1,7 = 10,88$$

Damit erhält man die Querschnittsfläche Q:

$$Q = Q_1 + Q_2 + Q_3 \approx 0,62 + 10,88 + 0,62 = 12,12$$

Für die Wassermenge V ergibt sich:

$$V = Q \cdot l \approx 12,12 \cdot 50 = 606$$

Im Stollen befinden sich etwa 606 m^3 Wasser.

b) Da im Stollen in 6 m Höhe eine Lampe aufgehängt werden soll, befindet sie sich aus Symmetriegründen im Punkt L$(0 \mid 6)$.
Die Entfernung $d(x)$ von L$(0 \mid 6)$ zu einem beliebigen Punkt P$(x \mid f(x))$ des Graphen von f erhält man mit Hilfe der Formel $d = \sqrt{(x_2 - x_1)^2 + (y_2 - y_1)^2}$ für den Abstand zweier Punkte:

$$d(x) = \sqrt{(x-0)^2 + (f(x) - 6)^2} = \sqrt{x^2 + (0,02x^4 - 0,82x^2 + 2)^2}$$

Mit Hilfe des GTR/CAS bestimmt man das Minimum von $d(x)$.
Man erhält: $x_{1,2} \approx \pm 1,30$ und $d(\pm 1,30) \approx 1,46 > 1,4$.
Die Lampe ist von den Stollenwänden mindestens 1,46 m entfernt.
Somit wird ein Sicherheitsabstand von mindestens 1,4 m eingehalten.

c) Wenn ein würfelförmiger Behälter so in den Stollen gestellt werden soll, dass er auf einer seiner Seitenflächen steht, erhält man im Querschnitt ein Quadrat. Das Quadrat hat maximale Breite, wenn die rechte obere Ecke (oder die linke obere Ecke) auf dem Graphen von f liegt, also die Koordinaten P$(u \mid f(u))$ mit $u > 0$ hat. Die Quadratseiten sind damit $2u$ und $f(u) = 0,02u^4 - 0,82u^2 + 8$.
Da bei einem Quadrat alle Seiten gleich lang sind, muss gelten:

$$2u = f(u)$$
$$2u = 0,02u^4 - 0,82u^2 + 8$$

Mit Hilfe des GTR/CAS erhält man als Lösung obiger Gleichung: $u \approx 2,22$.
Damit beträgt die Breite a des Quadrats: $a = 2u \approx 4,44$.
Somit darf der Behälter höchstens 4,44 m breit sein.

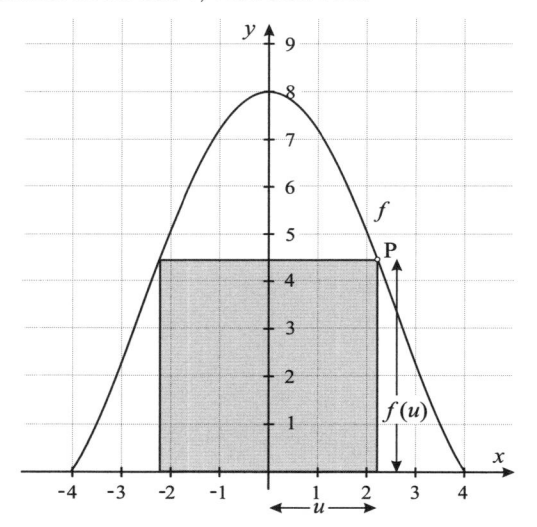

2 Küstenlinie

a) Die abgebildete Kurve hat drei Extrempunkte, also ist der Ansatz einer Polynomfunktion 4. Grades sinnvoll: die Ableitung $f'(x)$ ist dann ein Polynom 3. Grades und kann maximal 3 Nullstellen haben (jede Nullstelle der Ableitung entspricht einem Extrempunkt der Funktion, falls die hinreichende Bedingung $f''(x) \neq 0$ erfüllt ist)
Die zugehörige Funktionsgleichung $f(x)$ muss folgende fünf Bedingungen erfüllen:
Der Punkt A $(0 \mid 0)$ liegt auf der Kurve, also gilt: $f(0) = 0$.
Der Punkt B $(1 \mid 2)$ liegt auf der Kurve und er ist ein Tiefpunkt mit Steigung Null, also gilt: $f(1) = 2$ und $f'(1) = 0$.
Der Punkt C $(2 \mid 4)$ liegt auf der Kurve und er ist ein Hochpunkt mit Steigung Null, also gilt: $f(2) = 4$ und $f'(2) = 0$.
Mit Hilfe des Ansatzes $f(x) = ax^4 + bx^3 + cx^2 + dx + e$ und $f'(x) = 4ax^3 + 3bx^2 + 2cx + d$ ergibt sich folgendes Gleichungssystem:

$$\begin{array}{rrrrrrrrrrr}
\text{I} & a \cdot 0^4 & + & b \cdot 0^3 & + & c \cdot 0^2 & + & d \cdot 0 & + & e & = 0 \\
\text{II} & a \cdot 1^4 & + & b \cdot 1^3 & + & c \cdot 1^2 & + & d \cdot 1 & + & e & = 2 \\
\text{III} & 4a \cdot 1^3 & + & 3b \cdot 1^2 & + & 2c \cdot 1 & + & d & & & = 0 \\
\text{VI} & a \cdot 2^4 & + & b \cdot 2^3 & + & c \cdot 2^2 & + & d \cdot 2 & + & e & = 4 \\
\text{V} & 4a \cdot 2^3 & + & 3b \cdot 2^2 & + & 2c \cdot 2 & + & d & & & = 0
\end{array}$$

bzw.

$$\begin{array}{rrrrrrrrrrr}
\text{I} & & & & & & & & & e & = 0 \\
\text{II} & a & + & b & + & c & + & d & + & e & = 2 \\
\text{III} & 4a & + & 3b & + & 2c & + & d & & & = 0 \\
\text{VI} & 16a & + & 8b & + & 4c & + & 2d & + & e & = 4 \\
\text{V} & 32a & + & 12b & + & 4c & + & d & & & = 0
\end{array}$$

Mit Hilfe des GTR/CAS ergibt sich: $a = -3$, $b = 14$, $c = -21$, $d = 12$ und $e = 0$.
Damit erhält man die Funktion f mit $f(x) = -3x^4 + 14x^3 - 21x^2 + 12x$.

b) Um die Entfernung zwischen C $(2 \mid 4)$ und D zu berechnen, benötigt man die Koordinaten von D:
An der Zeichnung ist ersichtlich, dass der Punkt D ein (lokales) Maximum der Funktion $f(x)$ ist. Die x-Koordinate von D kann man an der Zeichnung ablesen ($x = 0,5$) und dann in $f(x)$ einsetzen. Man erhält:

$$f(0,5) = -3 \cdot 0,5^4 + 14 \cdot 0,5^3 - 21 \cdot 0,5^2 + 12 \cdot 0,5 = 2,3125 \Rightarrow \text{D}(0,5 \mid 2,3125)$$

Den Abstand d zwischen zwei Punkten $(x_1 \mid y_1)$ und $(x_2 \mid y_2)$ erhält man mit Hilfe des Satzes von Pythagoras oder mit der Formel:

$$d = \sqrt{(x_2 - x_1)^2 + (y_2 - y_1)^2}$$

Somit gilt:
$$\overline{CD} = \sqrt{(0,5-2)^2 + (2,3125-4)^2} \approx 2,2578 \, \text{LE}$$

Da eine Längeneinheit 10 km entspricht, beträgt die Entfernung zwischen den beiden Kaps C und D ca. 22,6 km.

c) Um die Länge der Fahrtstrecke vom Hafen $B(1 \mid 2)$ zum nächstgelegenen Punkt der gegenüberliegenden Küstenlinie mit $k(x) = 0,5x^2 - 0,25x + 4$ zu berechnen, bestimmt man zuerst den Abstand $d(x)$ zwischen B und einem allgemeinen Punkt $P(x \mid k(x))$ der Küstenlinie in Abhängigkeit von x und berechnet anschließend das Minimum von $d(x)$. Es gilt:

$$\begin{aligned} d(x) &= \sqrt{(x-1)^2 + (k(x) - 2)^2} \\ &= \sqrt{(x-1)^2 + (0,5x^2 - 0,25x + 4 - 2)^2} \\ &= \sqrt{0,25x^4 - 0,25x^3 + 3,0625x^2 - 3x + 5} \end{aligned}$$

Mit Hilfe des GTR/CAS berechnet man das Minimum von $d(x)$.
Man erhält: $x = 0,5$ und $d(0,5) \approx 2,0616$.
Da eine Einheit 10 km entspricht, beträgt die Länge der kürzesten Fahrtstrecke des Ausflugsboots zur gegenüberliegenden Küste ca. 20,6 km.

d) Um den gesuchten Winkel α zur Nordrichtung zu berechnen, den das Boot einschlagen muss, betrachtet man das rechtwinklige Dreieck, bei dem die Punkte $B(1 \mid 2)$ und $P(0,5 \mid 4)$ Eckpunkte sind:

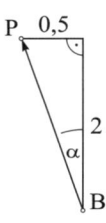

Die Längen der Katheten betragen dann $|4-2| = 2 \, \text{LE}$ bzw. $|0,5-1| = 0,5 \, \text{LE}$. Es gilt:

$$\tan \alpha = \frac{0,5}{2} \Rightarrow \alpha \approx 14,04°$$

Das Boot muss also einen Kurs von ca. 14,04° in negative x-Richtung einschlagen, um auf direktem Weg von B nach P zu kommen.

e) Es ist $f(x) = -3x^4 + 14x^3 - 21x^2 + 12x$ und $g(x) = 0,5x^2 + 0,5x + 1$ mit $x \geqslant 0$.
Der «tatsächliche Landgewinn» setzt sich zusammen aus all jenen Flächen, welche im Lauf der Zeit hinzukamen («Landgewinn») abzüglich der Flächen, die verloren gingen («Landverlust»).

Er entspricht dem Flächeninhalt zwischen den beiden Kurven, den man mit Hilfe des Integrals berechnen kann. Die Integrationsgrenzen sind $x_1 = 0$ und $x_2 = 2$.
Durch das Integrieren über $f(x) - g(x)$ wird der Landgewinn (entspricht den Abschnitten, wo K_f oberhalb von K_g verläuft) mit positivem Vorzeichen und der Landverlust (entspricht den Abschnitten, wo K_f unterhalb von K_g verläuft) mit negativem Vorzeichen gezählt. Das Ergebnis ist daher der tatsächliche Landgewinn:

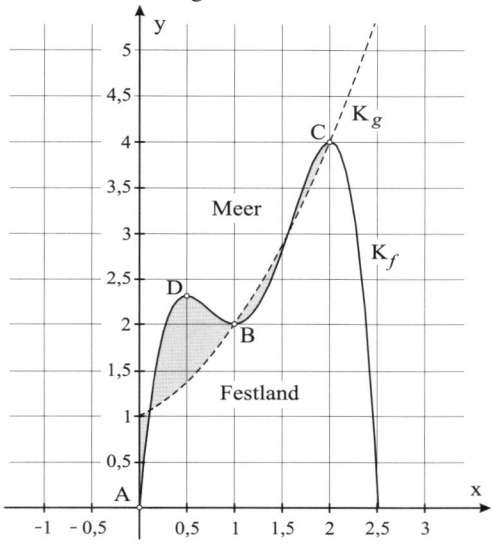

Mit Hilfe des GTR/CAS berechnet man folgendes Integral:

$$\int_0^2 (f(x) - g(x))\,dx = \int_0^2 \left(-3x^4 + 14x^3 - 21x^2 + 12x - (0,5x^2 + 0,5x + 1)\right)$$
$$= \int_0^2 \left(-3x^4 + 14x^3 - 21,5x^2 + 11,5x - 1\right) dx$$
$$\approx 0,4667$$

Da eine Längeneinheit 10 km entspricht, entspricht eine Flächeneinheit 100 km². Somit beträgt der tatsächliche Landgewinn etwa 46,7 km².

3 Gelände

Die Funktion $f(x) = -0,1x^3 + 0,5x^2 + 3,6$; $-1 \leqslant x \leqslant 5$ gibt die Höhe über dem Meeresspiegel an (1 Längeneinheit entspricht 100 m).

a) Mit Hilfe des GTR/CAS kann man für $-1 \leqslant x \leqslant 5$ das Profil des Geländes skizzieren:

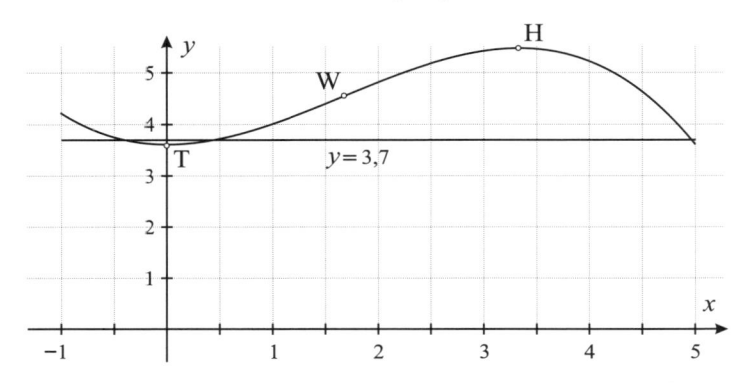

Den höchsten Punkt H des Profils erhält man mit Hilfe des GTR/CAS: H(3,33 | 5,45).
Da eine Längeneinheit 100 m entspricht, liegt der höchste Punkt des Profils auf einer Höhe von etwa 545 m.

Die Koordinaten des Tiefpunkts T des Graphen von f erhält man mit Hilfe des GTR/CAS: T(0 | 3,6).
Da eine Längeneinheit 100 m entspricht, liegt die tiefste Stelle des Geländequerschnitts auf einer Höhe von 360 m.

Da der See an seiner tiefsten Stelle 10 m tief ist, liegt die Seeoberfläche auf einer Höhe von 370 m, also modellhaft auf der Geraden $y = 3,7$. Die Breite des Sees im Geländequerschnitt erhält man, indem man den Graphen von $f(x)$ mit der Geraden $y = 3,7$ schneidet oder die Gleichung $f(x) = 3,7$ löst.

Mit Hilfe des GTR/CAS ergeben sich die Schnittstellen: $x_1 \approx -0,43$ und $x_2 \approx 0,47$.

Die Breite b des Sees erhält man, indem man die Differenz der Schnittstellen berechnet:

$$b = x_2 - x_1 \approx 0,47 - (-0,43) = 0,90$$

Da eine Längeneinheit 100 m entspricht, hat der See eine Breite von etwa 90 m.

Die steilste Stelle des Profils zwischen See und höchstem Punkt erhält man, indem man die Wendestelle des Graphen von f berechnet. Das Maximum von f' ergibt sich mit Hilfe des GTR/CAS bei $x \approx 1,67$.

Alternativ kann man auch als notwendige Bedingung die Gleichung $f''(x) = 0$ lösen.
Die Ableitungen von f erhält man mit der Potenzregel:

$$f'(x) = -0,3x^2 + x$$
$$f''(x) = -0,6x + 1$$

Die Gleichung $f'(x) = -0,6x + 1 = 0$ hat die Lösung $x = \frac{1}{0,6} \approx 1,67$.
Somit befindet sich die steilste Stelle bei $x \approx 1,67$.
Die Steigung m an der steilsten Stelle erhält man, indem man $x \approx 1,67$ in $f'(x)$ einsetzt:
$$m = f'(1,67) \approx -0,3 \cdot 1,67^2 + 1,67 \approx 0,83 \text{ (GTR/CAS)}$$
Den Steigungswinkel α an der steilsten Stelle erhält man mit der Formel $\tan \alpha = m$:
$$\tan \alpha = 0,83 \Rightarrow \alpha \approx 39,7°$$
Wegen $\alpha \approx 39,7° > 30°$ besteht an der steilsten Stelle Lawinengefahr.

b) Anhand der Zeichnung in der Aufgabenstellung kann man die Situation veranschaulichen:

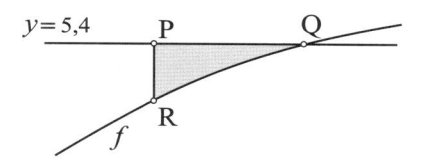

Da die Oberkante der Wand waagrecht auf 540 m Höhe verläuft, wird sie modellhaft durch die Gerade $y = 5,4$ beschrieben. Die Koordinaten des Punktes Q am Hang erhält man, indem man den Graphen von f mit der Geraden $y = 5,4$ schneidet oder die Gleichung $f(x) = 5,4$ löst. Mit Hilfe des GTR/CAS erhält man als relevante Lösung $x = 3$.
Damit hat der Punkt Q die Koordinaten Q(3 | 5,4).
Da von der Oberkante 28 m sichtbar sind, was modellhaft 0,28 entspricht, hat der Punkt P westlich von Q die Koordinaten P(2,72 | 5,4).
Die Koordinaten des Punktes R vertikal unterhalb des Punktes P erhält man, indem man $x = 2,72$ in $f(x)$ einsetzt:
$$f(2,72) = -0,1 \cdot 2,72^3 + 0,5 \cdot 2,72^2 + 3,6 \approx 5,29 \Rightarrow R(2,72 | 5,29)$$
Die Länge der westlichen Wandseite ergibt sich als Differenz der y-Werte von P und R:
$$l = 5,4 - 5,29 = 0,11$$
Da eine Längeneinheit 100 m entspricht, beträgt die Länge der westlichen Wandseite etwa 11 m.
Den Flächeninhalt A des sichtbaren Wandteils erhält man mit Hilfe eines Integrals. Die Integrationsgrenzen sind $x_1 = 2,72$ und $x_2 = 3$. Da die Gerade mit der Gleichung $y = 5,4$ oberhalb des Graphen von f verläuft, gilt:
$$A = \int_{2,72}^{3} \left(5,4 - (-0,1x^3 + 0,5x^2 + 3,6)\right) dx \approx 0,01453 \text{ (GTR/CAS)}$$
Da eine Längeneinheit 100 m entspricht, ergibt sich für eine Flächeneinheit: $100\,\text{m} \cdot 100\,\text{m} = 10\,000\,\text{m}^2$.
Damit erhält man den Flächeninhalt A des sichtbaren Wandteils:
$$A \approx 0,01453 \cdot 10\,000\,\text{m}^2 = 145,3\,\text{m}^2$$
Somit ist der Flächeninhalt des sichtbaren Wandteils größer als $130\,\text{m}^2$.

3. Gelände — Lösungen

c) Als Ansatz für eine Parabel p zweiter Ordnung verwendet man $p(x) = ax^2 + bx + c$ mit $p'(x) = 2ax + b$.

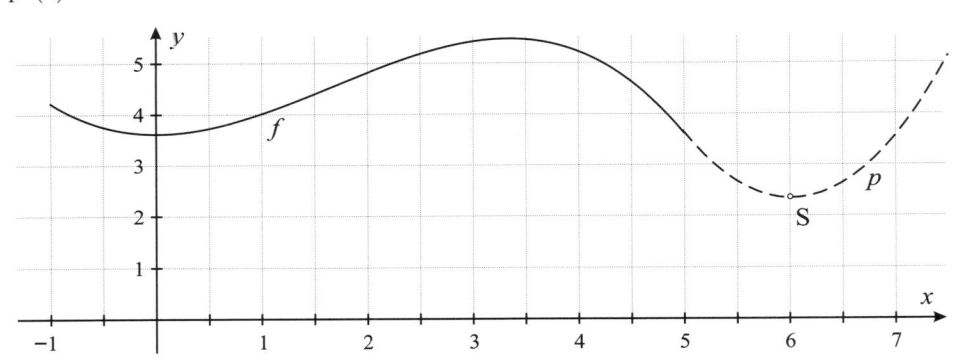

Da sich die Parabel p bei $x = 5$ an den Graphen von f anschließt, stimmen an dieser Stelle die y-Werte überein: $p(5) = f(5)$. Setzt man $x = 5$ in $f(x)$ ein, ergibt sich: $f(5) = 3{,}6$ (GTR/CAS). Damit gilt:

$$\text{I} \quad p(5) = 3{,}6$$

Da sich die Parabel p bei $x = 5$ ohne Knick an den Graphen von f anschließt, stimmen an dieser Stelle die Steigungen überein. Damit gilt: $p'(5) = f'(5)$. Setzt man $x = 5$ in $f'(x)$ ein, ergibt sich: $f'(5) = -2{,}5$ (GTR/CAS). Damit gilt:

$$\text{II} \quad p'(5) = -2{,}5$$

Da der Scheitel der Parabel p bei $x = 6$ liegt, ist die Steigung an dieser Stelle Null. Damit gilt:

$$\text{III} \quad p'(6) = 0$$

Setzt man diese Bedingungen in $p(x) = ax^2 + bx + c$ bzw. $p'(x) = 2ax + b$ ein, erhält man folgendes lineare Gleichungssystem:

$$\begin{array}{rlcccl}
\text{I} & a \cdot 5^2 & + & b \cdot 5 & + c & = 3{,}6 \\
\text{II} & 2a \cdot 5 & + & b & & = -2{,}5 \\
\text{III} & 2a \cdot 6 & + & b & & = 0
\end{array}$$

bzw.

$$\begin{array}{rlcccl}
\text{I} & 25a & + & 5b & + c & = 3{,}6 \\
\text{II} & 10a & + & b & & = -2{,}5 \\
\text{III} & 12a & + & b & & = 0
\end{array}$$

Mit Hilfe des GTR/CAS erhält man die Lösungen $a = 1{,}25$, $b = -15$ und $c = 47{,}35$.
Alternativ kann man das Gleichungssystem auch «von Hand» lösen:
Subtrahiert man Gleichung III von Gleichung II, erhält man: $-2a = -2{,}5 \Rightarrow a = 1{,}25$
Setzt man $a = 1{,}25$ in Gleichung III ein, ergibt sich: $12 \cdot 1{,}25 + b = 0 \Rightarrow b = -15$
Setzt man $a = 1{,}25$ und $b = -15$ in Gleichung I ein, ergibt sich:
$25 \cdot 1{,}25 + 5 \cdot (-15) + c = 3{,}6 \Rightarrow c = 47{,}35$

Lösungen   3. Gelände

Damit hat die Parabel p die Gleichung:

$$p(x) = 1{,}25x^2 - 15x + 47{,}35$$

Den tiefsten Punkt des benachbarten Tals, welches durch die Parabel p beschrieben wird, erhält man, indem man den Tiefpunkt S (Scheitel) des Graphen von $p(x)$ mit dem GTR/CAS bestimmt. Man erhält: S(6 | 2,35).
Alternativ kann man auch $x = 6$ in $p(x)$ einsetzen:

$$p(6) = 1{,}25 \cdot 6^2 - 15 \cdot 6 + 47{,}35 = 2{,}35 \ \Rightarrow\ S(6\,|\,2{,}35)$$

frv.tv/af

Da eine Längeneinheit 100 m entspricht, befindet sich der tiefste Punkt auf einer Höhe von 235 m.

4 Straße

Es ist $f(x) = -0,1x^3 - 0,3x^2 + 0,4x + 3,2$.

a) Die Koordinaten des nördlichsten Punktes der Umgehungsstraße erhält man, indem man mit Hilfe des GTR/CAS den Hochpunkt des Schaubildes von $f(x)$ berechnet.
Man erhält: H$(0,53 \mid 3,31)$
Die Entfernung d von H$(0,53 \mid 3,31)$ zu M$(0 \mid 0,5)$ erhält man mit Hilfe der Formel $d = \sqrt{(x_2 - x_1)^2 + (y_2 - y_1)^2}$ für den Abstand zweier Punkte:

$$d = \sqrt{(0 - 0,53)^2 + (0,5 - 3,31)^2} \approx 2,86$$

Der nördlichste Punkt H ist also etwa $2,86$ km vom Ortsmittelpunkt M entfernt.
Der Punkt, in welchem eine Linkskurve in eine Rechtskurve übergeht, ist der Wendepunkt. Diesen erhält man mit Hilfe der 2. Ableitung von $f(x)$:

$$f'(x) = -0,3x^2 - 0,6x + 0,4$$
$$f''(x) = -0,6x - 0,6$$
$$f'''(x) = -0,6$$

Die notwendige Bedingung $f''(x) = 0$ führt zu:

$$-0,6x - 0,6 = 0 \Rightarrow x = -1$$

Wegen $f'''(-1) \neq 0$ handelt es sich um eine Wendestelle.
Alternativ kann man auch die Extremstelle von $f'(x)$ mit Hilfe des GTR bestimmen. Man erhält $x = -1$. Den zugehörigen y-Wert erhält man, indem man $x = -1$ in $f(x)$ einsetzt:

$$y = f(-1) = 2,6$$

Damit hat der Wendepunkt die Koordinaten W$(-1 \mid 2,6)$.
Um zu zeigen, dass die Umgehungsstraße im Punkt A ohne Knick in die Ortsdurchfahrt einmündet, berechnet man mit Hilfe von $f'(x)$ die Steigung m_A der Kurve im Punkt A:

$$m_A = f'(-3) = -0,3 \cdot (-3)^2 - 0,6 \cdot (-3) + 0,4 = -0,5$$

Die Steigung m_{AB} der Geraden durch A$(-3 \mid 2)$ und B$(3 \mid -1)$ erhält man mit Hilfe der Formel $m = \frac{y_2 - y_1}{x_2 - x_1}$ für die Steigung zwischen zwei Punkten:

$$m_{AB} = \frac{-1 - 2}{3 - (-3)} = \frac{-3}{6} = -0,5$$

Es ist $m_A = m_{AB}$, daher mündet die Umgehungsstraße ohne Knick in die Ortsdurchfahrt ein.

b) Den Flächeninhalt A_1 der Fläche zwischen dem Schaubild von $f(x)$ und der Geraden AB erhält man mit Hilfe eines Integrals.

Die Gleichung der Geraden g durch A und B erhält man mit Hilfe der Punkt-Steigungsform (PSF) $y - y_1 = m \cdot (x - x_1)$. Setzt man die Koordinaten von A und m_{AB} in die PSF ein, ergibt sich:

$$g: y - 2 = -0{,}5 \cdot (x - (-3))$$
$$g: y - 2 = -0{,}5x - 1{,}5$$
$$g: y = -0{,}5x + 0{,}5$$

Da das Schaubild von $f(x)$ oberhalb der Geraden verläuft, erhält man:

$$A_1 = \int_{-3}^{3} (f(x) - (-0{,}5x + 0{,}5)) \, dx = 10{,}8 \text{ (GTR/CAS)}$$

Das Gemeindegebiet zwischen der Umgehungsstraße und der Ortsdurchfahrt ist ein Halbkreis mit Radius $r = 1{,}5$. Damit gilt für den Flächeninhalt A_2 des Halbkreises:

$$A_2 = \frac{1}{2} \cdot \pi \cdot r^2 = \frac{1}{2} \cdot \pi \cdot 1{,}5^2 \approx 3{,}53$$

Den Flächeninhalt A_3 der Fläche, die von den beiden Straßen eingeschlossen wird, jedoch außerhalb des Gemeindegebiets liegt, erhält man durch:

$$A_3 = A_1 - A_2 \approx 10{,}8 - 3{,}53 = 7{,}27$$

Den prozentualen Anteil von A_3 zu A_1 erhält man, indem man A_3 durch A_1 teilt:

$$\frac{A_3}{A_1} = \frac{7{,}27}{10{,}8} \approx 0{,}67 = 67\,\%$$

Somit liegen etwa 67 % der Fläche außerhalb des Gemeindegebiets.

c) Damit der Fahrer die Windkraftanlage genau in Fahrtrichtung vor sich sieht, stellt man die Gleichung der Tangente t auf, die durch den Punkt $P(1{,}5 \mid 3)$ verläuft und das Schaubild von $f(x)$ im Punkt $Q(u \mid f(u))$ berührt.

Die Tangentengleichung in Abhängigkeit der Variable u erhält man mit Hilfe der Punkt-Steigungsform $y - y_1 = m \cdot (x - x_1)$:

$$t: y - f(u) = m \cdot (x - u)$$
$$t: y = f'(u) \cdot (x - u) + f(u)$$
$$t: y = (-0{,}3u^2 - 0{,}6u + 0{,}4) \cdot (x - u) + (-0{,}1u^3 - 0{,}3u^2 + 0{,}4u + 3{,}2)$$

Setzt man die Koordinaten von $P(1{,}5 \mid 3)$ in die Tangentengleichung ein, erhält man:

$$3 = (-0{,}3u^2 - 0{,}6u + 0{,}4) \cdot (1{,}5 - u) + (-0{,}1u^3 - 0{,}3u^2 + 0{,}4u + 3{,}2)$$

Mit Hilfe des GTR/CAS erhält man die Lösungen $u_1 = 2$, $u_2 \approx 0{,}92$ und $u_3 \approx -2{,}17$.

Da das Fahrzeug von B aus auf der Umgehungsstraße fährt, kommt nur $u_1 = 2$ als Lösung in Frage.

Den y-Wert des Punktes Q erhält man, indem man $x = 2$ in $f(x)$ einsetzt: $y = f(2) = 2$

Damit hat der Punkt Q, von dem aus der Fahrer die Windkraftanlage genau in Fahrtrichtung vor sich sieht, die Koordinaten Q(2 | 2).

Die Gerade AB der Ortsdurchfahrt, hat die Steigung $m_{AB} = -0,5$.

Im Punkt R, in welchem ein Fahrzeug parallel zur Ortsdurchfahrt fährt, muss die Steigung ebenfalls $-0,5$ betragen.

Also muss gelten: $f'(x) = -0,5$. Mit Hilfe des GTR/CAS erhält man: $x_1 = 1$ und $x_2 = -3$

Da $x_2 = -3$ der x-Wert des Punktes A ist, kommt nur $x_1 = 1$ als Lösung in Frage.

Den y-Wert des Punktes R erhält man, indem man $x = 1$ in $f(x)$ einsetzt: $y = f(1) = 3,2$

Somit hat der Punkt R die Koordinaten R(1 | 3,2).

5 Brosche

a) Anhand von Material 1 kann man erkennen, dass der Graph der Funktion f dritten Grades die drei Nullstellen $x_1 = -2$, $x_2 = 0$ und $x_3 = 2$ hat und durch den Punkt $P\left(1 \mid -\frac{2}{3}\right)$ geht. Als «Nullstellenansatz» kann man daher

$$f(x) = a \cdot (x-(-2)) \cdot (x-0) \cdot (x-2) = a \cdot x \cdot (x+2) \cdot (x-2)$$

wählen. Setzt man die Koordinaten von P in diesen Ansatz ein, ergibt sich:

$$-\frac{2}{3} = a \cdot 1 \cdot (1+2) \cdot (1-2) \Rightarrow -\frac{2}{3} = -3a \Rightarrow a = \frac{2}{9}$$

Damit ergibt sich:

$$f(x) = \frac{2}{9} \cdot x \cdot (x+2) \cdot (x-2) = \frac{2}{9} \cdot x \cdot (x^2 - 4) = \frac{2}{9}x^3 - \frac{8}{9}x$$

Alternativ kann man aufgrund der Punktsymmetrie zum Ursprung den Ansatz $f(x) = ax^3 + bx$ wählen. Setzt man die Koordinaten von $P\left(1 \mid -\frac{2}{3}\right)$ und $Q(2 \mid 0)$ in diesen Ansatz ein, erhält man ein lineares Gleichungssystem:

$$\begin{array}{rrcrcr} \text{I} & -\frac{2}{3} & = & a \cdot 1^3 & + & b \cdot 1 \\ \text{II} & 0 & = & a \cdot 2^3 & + & b \cdot 2 \end{array}$$

bzw.

$$\begin{array}{rrcrcr} \text{I} & -\frac{2}{3} & = & a & + & b \\ \text{II} & 0 & = & 8a & + & 2b \end{array}$$

Mithilfe des GTR/CAS erhält man $a = \frac{2}{9}$ und $b = -\frac{8}{9}$.
Somit hat die Funktion f die Gleichung $f(x) = \frac{2}{9}x^3 - \frac{8}{9}x$.

frv.tv/ao

b) Den Flächeninhalt A des schraffierten Bereichs in Material 1 erhält man als Summe des Viertelkreises A_1 und der Fläche A_2 zwischen der x-Achse und dem Graphen von f:

$$A = A_1 + A_2$$

Der Viertelkreis hat den Radius $r = 2$, damit gilt:

$$A_1 = \frac{1}{4} \cdot \pi \cdot r^2 = \frac{1}{4} \cdot \pi \cdot 2^2 = \pi$$

Den Flächeninhalt A_2 erhält man mithilfe eines Integrals mit den Integrationsgrenzen $x_1 = 0$ und $x_2 = 2$. Da der Graph von f unterhalb der x-Achse verläuft, ergibt sich mit Hilfe des GTR/CAS:

$$A_2 = \int_0^2 (0 - f(x))\,dx$$
$$= \int_0^2 \left(-\frac{2}{9}x^3 + \frac{8}{9}x\right)dx$$
$$= \frac{8}{9}$$

frv.tv/ah

Damit erhält man:
$$A = A_1 + A_2 = \pi + \frac{8}{9} \approx 4{,}03$$

Der schraffierte Flächeninhalt beträgt etwa $4{,}03\,\text{cm}^2$.

Da diese Fläche mit einer Schichtdicke von $d = 0{,}001\,\text{cm}$ vergoldet werden soll, erhält man das Volumen V der vergoldeten Schicht durch

$$V = A \cdot d = 4{,}03\,\text{cm}^2 \cdot 0{,}001\,\text{cm} = 0{,}00403\,\text{cm}^3$$

Weil $1\,\text{cm}^3$ der verwendeten Legierung eine Masse von $12\,\text{g}$ hat, erhält man die Masse m der Legierung, indem man das Volumen V mit der Dichte von $12\,\frac{\text{g}}{\text{cm}^3}$ multipliziert:

$$m = 0{,}00403\,\text{cm}^3 \cdot 12\,\frac{\text{g}}{\text{cm}^3} = 0{,}04836$$

Die Masse der Legierung beträgt etwa $0{,}048\,\text{g}$.

c) Wegen $g(x) = a \cdot f(x)$, $a \geqslant 1$ entsteht der Graph von g aus dem Graphen von f durch Streckung mit Faktor a in y-Richtung. Die Nullstellen und Extremstellen auf der x-Achse ändern sich dabei nicht, die y-Werte der Extrempunkte werden mit dem Faktor a multipliziert.

Den Flächeninhalt A^* der schraffierten Fläche in Material 2 erhält man mithilfe der berechneten Fläche A_2 aus Aufgabe 2. Aus Symmetriegründen genügt es, eine Teilfläche zu bestimmen. Da der Graph von f im Intervall $[0;2]$ oberhalb des Graphen von g verläuft, gilt:

$$\begin{aligned}
A^* &= 2 \cdot \int_0^2 (f(x) - g(x))\,dx \\
&= 2 \cdot \int_0^2 (f(x) - a \cdot f(x))\,dx \\
&= 2 \cdot \int_0^2 ((1-a) \cdot f(x))\,dx \\
&= 2 \cdot (1-a) \cdot \int_0^2 f(x)\,dx \\
&= 2 \cdot (1-a) \cdot (-1) \cdot \int_0^2 (-f(x))\,dx \\
&= (2a - 2) \cdot A_2 \\
&= (2a - 2) \cdot \frac{8}{9} \\
&= \frac{16}{9}a - \frac{16}{9}
\end{aligned}$$

Alternativ kann man das Integral auch ausführlich berechnen:

$$A^* = 2 \cdot \int_0^2 (f(x) - g(x))\,dx$$

$$= 2 \cdot \int_0^2 (f(x) - a \cdot f(x))\,dx$$

$$= 2 \cdot \int_0^2 \left(\frac{2}{9}x^3 - \frac{8}{9}x - a \cdot \left(\frac{2}{9}x^3 - \frac{8}{9}x\right)\right)\,dx$$

$$= 2 \cdot \int_0^2 \left(\frac{2}{9}x^3 - \frac{8}{9}x - \frac{2}{9}ax^3 + \frac{8}{9}ax\right)\,dx$$

$$= 2 \cdot \left[\frac{1}{18}x^4 - \frac{4}{9}x^2 - \frac{1}{18}ax^4 + \frac{4}{9}ax^2\right]_0^2$$

$$= 2 \cdot \left(\left(\frac{1}{18} \cdot 2^4 - \frac{4}{9} \cdot 2^2 - \frac{1}{18}a \cdot 2^4 + \frac{4}{9}a \cdot 2^2\right) - \left(\frac{1}{18} \cdot 0^4 - \frac{4}{9} \cdot 0^2 - \frac{1}{18}a \cdot 0^4 + \frac{4}{9}a \cdot 0^2\right)\right)$$

$$= 2 \cdot \left(\frac{8}{9} - \frac{16}{9} - \frac{8}{9}a + \frac{16}{9}a\right)$$

$$= -\frac{16}{9} + \frac{16}{9}a$$

Da der schraffierte Flächeninhalt $1,6\,\text{cm}^2$ betragen soll, löst man die Gleichung $A^* = 1,6$ nach a auf:

$$-\frac{16}{9} + \frac{16}{9}a = 1,6 \Rightarrow a = 1,9$$

Für $a = 1,9$ beträgt der schraffierte Flächeninhalt $1,6\,\text{cm}^2$.

d) In Zeile (1) $k(x) = g(x)$ wird die Kreisfunktion k mit der Funktion g gleichgesetzt, um die Schnittstellen der Graphen der beiden Funktionen zu bestimmen.

In Zeile (2) werden die vier möglichen Schnittstellen der Graphen von k und g angegeben. Zwei dieser Schnittstellen sind abhängig vom Parameter a.

In Zeile (3) wird die Bedingung aufgestellt, für die es insgesamt mindestens 3 Schnittstellen gibt, da der Radikand $16a^2 - 81 \geq 0$ ist. Dies ist für $a \geq 2,25$ der Fall.

Für $a = 2,25$ gibt es genau 3 Schnittstellen, d.h. der Graph von g berührt den Rand der Brosche. Für $a > 2,25$ gibt es vier Schnittstellen, d.h. der Graph von g verläuft teilweise außerhalb der Brosche. Somit ist für $a > 2,25$ keine derartige Brosche möglich.

6 Medikament

a) Es ist $f(t) = 20t \cdot e^{-0,5t}$; $0 \leq t \leq 12$.

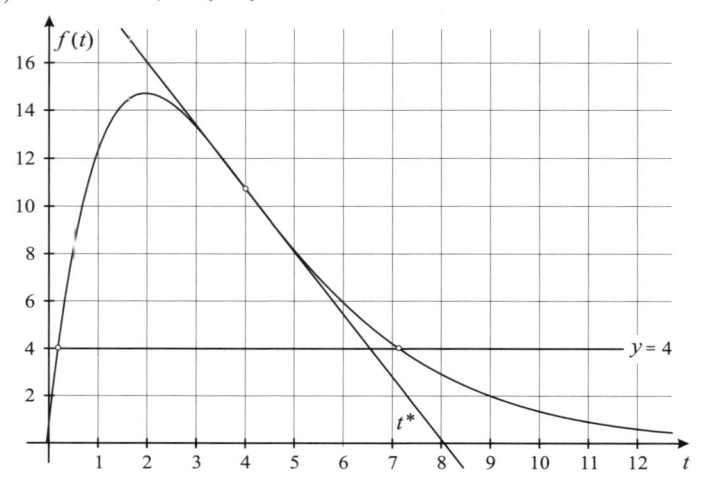

Das Maximum von f erhält man mit dem GTR/CAS: $t = 2$ und $f(2) = 14,7$.
Nach zwei Stunden wird die maximale Konzentration von etwa $14,7 \frac{mg}{l}$ erreicht.
Schneidet man das Schaubild von f mit der Geraden $y = 4$, so erhält man mit dem GTR/CAS:
$t_1 = 0,22$ und $t_2 = 7,15$. Damit ist

$$t_2 - t_1 = 7,15 - 0,22 = 6,93$$

Somit beträgt die Zeitspanne, in der das Medikament wirksam ist, etwa 7 Stunden.
Die mittlere Konzentration $\overline{K}$ des Medikaments erhält man mit Hilfe des Integrals:

$$\overline{K} = \frac{1}{12-0} \int_0^{12} f(t)dt = 6,55 \text{ GTR/ CAS}$$

Die mittlere Konzentration des Medikaments innerhalb der ersten 12 Stunden beträgt also etwa $6,6 \frac{mg}{l}$.

b) Der Zeitpunkt, an dem das Medikanment am stärksten abgebaut wird, ist der Zeitpunkt mit der größten negativen zeitlichen Änderung der Konzentration, also das Minimum von f':

$$f'(t) = 20e^{-0,5t} + 20t \cdot e^{-0,5t} \cdot (-0,5) = (20 - 10t)e^{-0,5t}$$

Das Minimum von f' erhält man mit dem GTR/CAS: $t = 4$.
Etwa 4 Stunden nach Einnahme des Medikaments wird es am stärksten abgebaut.
Die momentane Änderungsrate zum Zeitpunkt $t = 4$ erhält man mit f':

$$f'(4) = (20 - 10 \cdot 4)e^{-0,5 \cdot 4} = -20e^{-2} = -2,71$$

Nach 4 Stunden beträgt die momentane Änderungsrate etwa $-2,7$.
Um die Tangentengleichung von t^* zu bestimmen, setzt man $t_1 = 4$, $y = f(4) = 80e^{-2}$ und $m = f'(4) = -20e^{-2}$ in die Punkt-Steigungsform $y - y_1 = m(t - t_1)$ ein:

$$t^*\colon y - 80e^{-2} = -20e^{-2} \cdot (t-4) \Rightarrow t^*\colon y = -20e^{-2}t + 160e^{-2}$$

Schneidet man die Tangente t^* mit der x-Achse, so erhält man:

$$0 = -20e^{-2}t + 160e^{-2} \Rightarrow t = 8$$

8 Stunden nach der Einnahme ist das Medikament vollständig abgebaut.

c) Für $0 \leqslant t < 4$ wird die Gesamtkonzentration beschrieben durch $f(t)$, für $4 \leqslant t \leqslant 12$ wird sie beschrieben durch $k(t) = f(t) + f(t-4)$, da ab $t = 4$ die ursprüngliche Funktion $f(t)$ um 4 LE nach rechts verschoben und $(f(t-4))$ noch zu $f(t)$ hinzu addiert wird.
Um den zeitlichen Verlauf der Gesamtkonzentration $k(t)$ zu skizzieren, kann man eine Wertetabelle aufstellen:

	0	1	2	3	4	5	6	7	8	9	10	11	12
$f(t)$	0	12,1	14,7	13,4	10,8	8,2	6,0	4,2	2,9	2,0	1,3	0,9	0,6
$f(t-4)$					0	12,1	14,7	13,4	10,8	8,2	6,0	4,2	2,9
$k(t)$	0	12,1	14,7	13,4	10,8	20,3	20,7	17,6	13,7	10,2	7,3	5,1	3,5

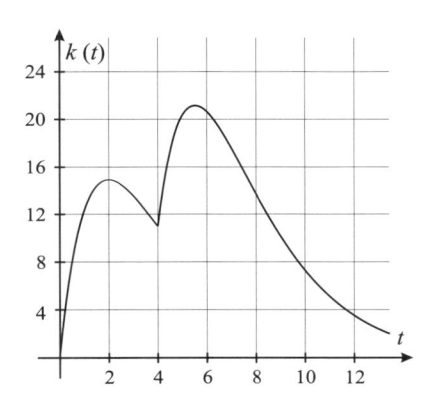

Schon in der Wertetabelle sieht man, dass die Gesamtkonzentration den Wert von $20\,\frac{mg}{l}$ übersteigt.
Berechnet man das Maximum von $k(t) = f(t) + f(t-4) = 20t \cdot e^{-0,5t} + 20(t-4) \cdot e^{-0,5(t-4)}$, mit $t \geqslant 4$ so erhält man: $t = 5,52$ und $k(5,52) = 21,2$.
Somit wird die Vorgabe, dass die Konzentration im Blut $20\,\frac{mg}{l}$ nicht übersteigen darf, nicht eingehalten.

d) Es ist $g(t) = at \cdot e^{-bt}$; $a > 0$, $b > 0$.
Die 1. Ableitung von $g(t)$ erhält man mit der Produkt- und Kettenregel:

$$g'(t) = a \cdot e^{-bt} + at \cdot e^{-bt} \cdot (-b) = (a - abt) \cdot e^{-bt}$$

Da die Konzentration $g(t)$ nach 4 Stunden ihren größten Wert von $10\,\frac{\text{mg}}{\text{l}}$ annimmt, dort also ein Extremwert von $g(t)$ vorliegt, gelten folgende Bedingungen:

$$\begin{array}{rlcrcl}
\text{I} & g(4) &=& 10 \;\Rightarrow\; & 4a \cdot e^{-4b} &=& 10 \\
\text{II} & g'(4) &=& 0 \;\Rightarrow\; & (a-4ab) \cdot e^{-4b} &=& 0
\end{array}$$

Löst man Gleichung II, ergibt sich:

$$a - 4ab = 0 \Leftrightarrow a \cdot (1 - 4b) = 0 \Leftrightarrow b = 0,25$$

Setzt man $b = 0,25$ in Gleichung I ein, erhält man:

$$4a \cdot e^{-4 \cdot 0,25} = 10 \Leftrightarrow a = 2,5e$$

Die Konzentration erreicht 4 Stunden nach der Einnahme ihren größten Wert von $10\,\frac{\text{mg}}{\text{l}}$, wenn die Konstanten $a = 2,5e \approx 6,796$ und $b = 0,25$ gewählt werden. Der Funktionsterm lautet dann

$$\begin{aligned}
g(t) &= 2,5e \cdot t \cdot e^{-0,25t} \\
&= 2,5t \cdot e^{1-0,25t}
\end{aligned}$$

7 Smartphone

Es ist $g(t) = 30 \cdot t \cdot e^{-0,1 \cdot t}$ (t in Tagen, $g(t)$ in Anzahl verkaufter Smartphones).

a) Den Zeitpunkt, an dem die meisten Smartphones (pro Tag) verkauft werden erhält man, indem man die Koordinaten des Hochpunkts des Graphen von g mit Hilfe des GTR/CAS berechnet. Man erhält: $t = 10$ und $g(t) \approx 110,36$.
Somit werden am 10. Tag etwa 110 Smartphones verkauft.

b) Mithilfe der Daten aus Material 1 kann man folgendes Säulendiagramm erstellen:

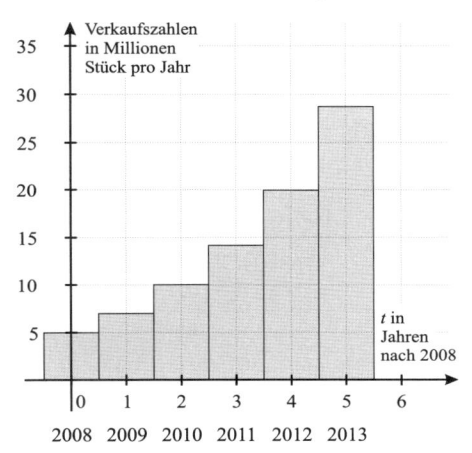

Um zu zeigen, dass die Entwicklung der Verkaufszahlen von Smartphones in diesem Zeitraum annähernd exponentiell verlief, berechnet man das Verhältnis der Verkaufszahlen aufeinanderfolgender Jahre:

$$\frac{7,10}{5,00} = 1,42 \qquad \frac{14,2}{10,0} = 1,42$$

$$\frac{10,0}{7,10} \approx 1,41 \qquad \frac{20,1}{14,2} \approx 1,42$$

$$\frac{28,6}{20,1} \approx 1,42$$

Da das Verhältnis der Verkaufszahlen aufeinanderfolgender Jahre immer etwa gleich groß ist, handelt es sich um exponentielles Wachstum.
Die Gleichung einer Exponentialfunktion v der Form $v(t) = a \cdot b^t$, welche die Verkaufszahlen von Smartphones modelliert (t: Zeit in Jahren nach 2008, $v(t)$: Anzahl verkaufter Smartphones in Millionen Stück pro Jahr), erhält man, indem man $b = 1,42$ verwendet und a mithilfe der Anfangsbedingung bestimmt. Mit $v(0) = 5,00$ ergibt sich:

$$a \cdot 1,42^0 = 5,00 \Rightarrow a = 5$$

Damit erhält man die Funktionsgleichung:

$$v(t) = 5 \cdot 1,42^t$$

c) Es ist $f(t) = 5 \cdot e^{0{,}351 \cdot t}$ (t: Zeit in Jahren nach 2008, $f(t)$: Anzahl verkaufter Smartphones in Millionen Stück pro Jahr). Den Verlauf des Funktionsgraphen von f im Intervall $[-0{,}5; 5{,}5]$ erhält man mithilfe einer Wertetabelle:

x	$-0{,}5$	0	1	2	3	4	5	5,5
$f(x)$	4,2	5	7,1	10,1	14,3	20,4	28,9	34,5

Diese Werte kann man in das Säulendiagramm in Material 2 einzeichnen:

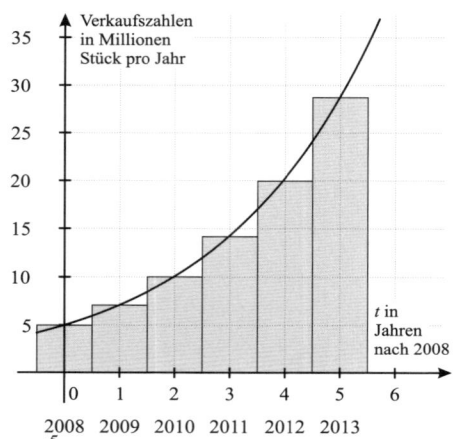

Den Wert des Integrals $\int_0^5 f(t)\,dt$ erhält man mithilfe einer Stammfunktion von f und des Hauptsatzes der Differential- und Integralrechnung oder mit Hilfe des GTR/CAS:

$$\int_0^5 f(t)\,dt = \int_0^5 5 \cdot e^{0{,}351 \cdot t}\,dt$$

$$= \left[\frac{5}{0{,}351} \cdot e^{0{,}351 \cdot t}\right]_0^5$$

$$= \left(\frac{5}{0{,}351} \cdot e^{0{,}351 \cdot 5}\right) - \left(\frac{5}{0{,}351} \cdot e^{0{,}351 \cdot 0}\right)$$

$$\approx 68{,}14$$

Der Wert des obigen Integrals gibt an, dass im Zeitraum von 2008 bis 2013 insgesamt etwa 68,14 Millionen Smartphones verkauft wurden.

d) Die Gesamtzahl der in den Jahren 2008 bis einschließlich 2013 tatsächlich verkauften Smartphones erhält man mithilfe von Material 1, indem man die gegebenen Verkaufszahlen aller Jahre zusammenzählt:

$$5{,}00 + 7{,}10 + 10{,}0 + 14{,}2 + 20{,}1 + 28{,}6 = 85$$

Somit sind insgesamt 85 Millionen Smartphones von 2008 bis 2013 verkauft worden.

Dieser Wert von 85 Millionen ist deutlich höher als der Wert von 68 Millionen aus c). Die Abweichung kann man folgendermaßen erklären:

Die Säule für das Jahr 2008 beginnt schon bei $t = -0{,}5$ und die Säule für das Jahr 2013 endet bei $t = 5{,}5$.

Das berechnete Integral hingegen hat die Integrationsgrenzen $t_1 = 0$ und $t_2 = 5$. Damit wird nur der Flächeninhalt der Fläche zwischen dem Graphen von f und der t-Achse im Intervall $[0; 5]$ berechnet, so dass der berechnete Wert deutlich kleiner ist als der Wert von 85 Millionen.

Das Integral aus Aufgabe c) könnte so modifiziert werden, dass die Integrationsgrenzen $t_1 = -0{,}5$ und $t_2 = 5{,}5$ verwendet werden, um ein besseres Ergebnis zu erzielen. Damit ergibt sich mit Hilfe des GTR/CAS:

$$\int_{-0{,}5}^{5{,}5} f(t)\,dt = \int_{-0{,}5}^{5{,}5} 5 \cdot e^{0{,}351 \cdot t}\,dt \approx 86{,}24$$

e) Die zu erwartenden Verkaufszahlen von Smartphones im Jahr 2030 in diesem Land erhält man, indem man $t = 22$ in $f(t)$ einsetzt:

$$f(22) = 5 \cdot e^{0{,}351 \cdot 22} \approx 11287{,}35$$

Man erwartet etwa 11287 Millionen verkaufte Smartphones, also etwas über 11 Milliarden.

Diese Anzahl übersteigt die Einwohnerzahl des betrachteten Landes von 80 Millionen um ein Vielfaches, so dass der berechnete Wert unrealistisch für die Verkaufszahlen im Jahr 2030 ist.

Die Modellierung der Verkaufszahlen durch die Funktion f, welche eine unbegrenzte Wachstumsfunktion ist, ist damit nur für einen begrenzten Zeitraum (z.B. für die Jahre 2008 bis 2013) sinnvoll. Für längerfristige Prognosen ist die Funktion f als Modellierung ungeeignet.

8 Motorboot

Es ist $v(t) = 960 \cdot e^{-t} - 960 \cdot e^{-2t}$; $t \geq 0$
(Zeit t in min seit der Vorbeifahrt, Geschwindigkeit $v(t)$ in $\frac{m}{min}$).

a) Für die Erstellung der Skizze des Schaubilds von v verwendet man den GTR/CAS (Zeichenbereich $0 \leq x \leq 5$ und $0 \leq y \leq 250$).

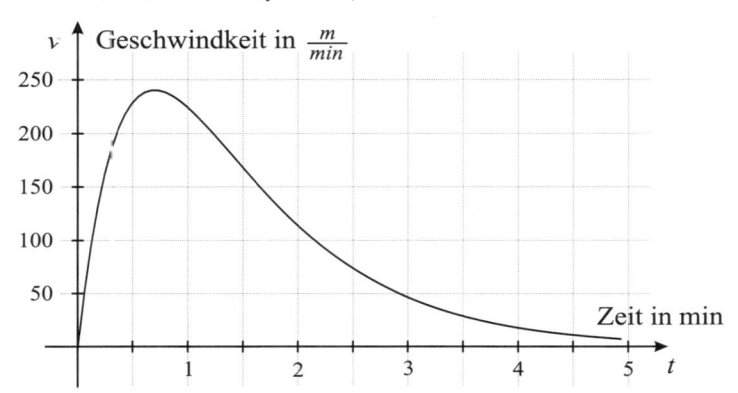

Den Hochpunkt von v bestimmt man mit Hilfe des GTR/CAS. Man erhält: H$(0,69 \mid 240)$
Die höchste Geschwindigkeit des Motorbootes in den ersten fünf Minuten beträgt 240 $\frac{m}{min}$.

Die stärkste Geschwindigkeitsabnahme erhält man, indem man den Tiefpunkt von $v'(t)$ bestimmt.

Die 1. Ableitung von v erhält man mit Hilfe der Kettenregel:
$$v'(t) = 960 \cdot e^{-t} \cdot (-1) - 960 \cdot e^{-2t} \cdot (-2) = -960 \cdot e^{-t} + 1920 \cdot e^{-2t}$$
Mit Hilfe des GTR/CAS bestimmt man das Minimum von $v'(t)$. (Grafikfenster neu einstellen, z.B. $-150 \leq y \leq 250$). Man erhält: $t \approx 1,39$.
Nach etwa 1,4 Minuten nimmt die Geschwindigkeit des Motorbootes am stärksten ab.

Die mittlere Geschwindigkeit $\bar{v}$ des Motorbootes in den ersten fünf Minuten erhält man mit Hilfe eines Integrals:
$$\bar{v} = \frac{1}{5-0} \cdot \int_0^5 v(t)\,dt \approx 94,7 \text{ (GTR/CAS)}$$
Die mittlere Geschwindigkeit des Motorbootes in den ersten fünf Minuten beträgt damit etwa 95 $\frac{m}{min}$.

Schneidet man das Schaubild von v mit der Geraden $y = 160$, so erhält man mit Hilfe des GTR/CAS die Schnittstellen $t_1 \approx 0,24$ und $t_2 \approx 1,55$. Die Zeitdifferenz beträgt:
$$t_2 - t_1 \approx 1,55 - 0,24 = 1,31$$
Das Motorboot fährt etwa 1,3 Minuten lang schneller als das Segelboot.

b) Die Strecke s, die das Motorboot in den ersten zwei Minuten zurücklegt, erhält man mit Hilfe eines Integrals:
$$s = \int_0^2 v(t)\,dt \approx 358,9 \text{ (GTR/CAS)}$$

8. Motorboot

Das Motorboot ist in den ersten zwei Minuten etwa 360 m weit gefahren.

Für $t \geq 0$ und $v(t) \geq 0$ kann der vom Motorboot in der Zeit t zurückgelegte Weg $s(t)$ mit Hilfe eines Integrals dargestellt werden:

$$\begin{aligned} s(t) &= \int_0^t \left(960 \cdot e^{-z} - 960 \cdot e^{-2z}\right) dz \\ &= \left[\frac{960}{-1} \cdot e^{-z} - \frac{960}{-2} \cdot e^{-2z}\right]_0^t \\ &= \left[-960 \cdot e^{-z} + 480 \cdot e^{-2z}\right]_0^t \\ &= \left(-960 \cdot e^{-t} + 480 \cdot e^{-2t}\right) - \left(-960 \cdot e^{-0} + 480 \cdot e^{-2 \cdot 0}\right) \\ &= -960 \cdot e^{-t} + 480 \cdot e^{-2t} + 480 \\ &= 480 \cdot e^{-2t} - 960 \cdot e^{-t} + 480 \end{aligned}$$

Damit gilt für den vom Motorboot zurückgelegten Weg:

$$s(t) = 480 \cdot e^{-2t} - 960 \cdot e^{-t} + 480$$

Für $t \to \infty$ gilt: $\lim_{t \to \infty} s(t) = 480$, da e^{-2t} und e^{-t} für $t \to \infty$ gegen Null gehen.
Somit legt das Motorboot nicht mehr als 500 m zurück.

Das Motorboot überholt das Segelboot zu dem Zeitpunkt, an dem beide den gleichen Weg zurückgelegt haben.
Der Weg des Motorbootes wird beschrieben durch $s(t) = 480 \cdot e^{-2t} - 960 \cdot e^{-t} + 480$.
Der Weg des Segelbootes wird beschrieben durch $s^*(t) = 160 \cdot t$.
Durch Gleichsetzen ergibt sich:

$$s(t) = s^*(t)$$
$$480 \cdot e^{-2t} - 960 \cdot e^{-t} + 480 = 160 \cdot t$$

Mit Hilfe des GTR/CAS erhält man: $t \approx 0,58$
Nach etwa 0,6 Minuten überholt das Motorboot das Segelboot.

c) Zur Bestimmung der Gleichung der Tangente benötigt man den Funktionswert zum Zeitpunkt $t_0 = 2,55$, also $v(2,55) \approx 69,11$ (GTR/CAS), sowie die zugehörige Steigung $m = v'(2,55) \approx -63,25$ (GTR/CAS).
Setzt man diese in die Punkt-Steigungsform ein, ergibt sich die Tangentengleichung:

$$y - y_1 = m \cdot (t - t_0)$$
$$y - 69,11 = -63,25 \cdot (t - 2,55)$$
$$y = -63,25t + 230,40$$

Das Motorboot kommt zum Stillstand, wenn die neue Geschwindigkeit, die durch die Tangentengleichung beschrieben wird, Null ist:

$$y = 0$$
$$-63,25t + 230,40 = 0$$
$$t \approx 3,64$$

8. Motorboot — Lösungen

Nach etwa $3,6$ Minuten kommt das Motorboot zum Stillstand.

Da das Segelboot am gleichen Ort wie das Motorboot zum Stillstand kommt, müssen die ab dem Zeitpunkt $t_0 = 2,55$ zurückgelegten Wege gleich groß sein.

Zur Veranschaulichung fertigt man eine Skizze an:

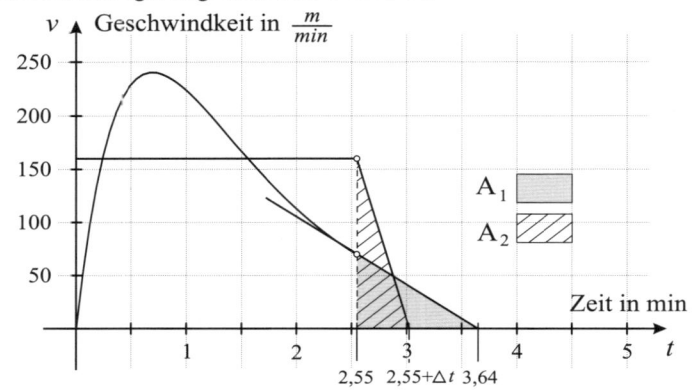

Der Weg, den das Motorboot zwischen dem Zeitpunkt $t_0 = 2,55$ und dem Stillstand zum Zeitpunkt $t = 3,64$ zurücklegt, entspricht dem Flächeninhalt A_1 der Fläche zwischen der Tangente und der t-Achse. Diese hat die Form eines Dreiecks und es gilt somit:

$$A_1 = \frac{g \cdot h}{2} \approx \frac{(3,64 - 2,55) \cdot 69,11}{2} \approx 37,66$$

Der Weg, den das Segelboot zwischen dem Zeitpunkt $t_0 = 2,55$ und seinem Stillstand zum Zeitpunkt $3,64$ zurücklegt, entspricht dem Flächeninhalt A_2 der Fläche zwischen der (unbekannten) Geraden und der t-Achse. Diese hat ebenfalls die Form eines Dreiecks und es gilt:

$$A_2 = \frac{g \cdot h}{2} = \frac{\triangle t \cdot 160}{2} = 80 \cdot \triangle t$$

Durch Gleichsetzen der Wege bzw. Flächeninhalte ergibt sich:

$$A_1 = A_2$$
$$37,66 = 80 \cdot \triangle t$$
$$\triangle t \approx 0,47$$

Der Zeitpunkt, zu dem das Segelboot zum Stillstand kommt, ist somit

$$t_0 + \triangle t \approx 2,55 + 0,47 = 3,02.$$

Nach etwa 3 Minuten kommt das Segelboot zum Stillstand.

9 Käfer

Es ist $k(t) = (50 + 25t) \cdot e^{-0{,}1t}$ (t in Jahren, $k(t)$ in 1000 Käfer).

a) Mithilfe einer Wertetabelle oder des GTR/CAS kann man den Graphen von k skizzieren:

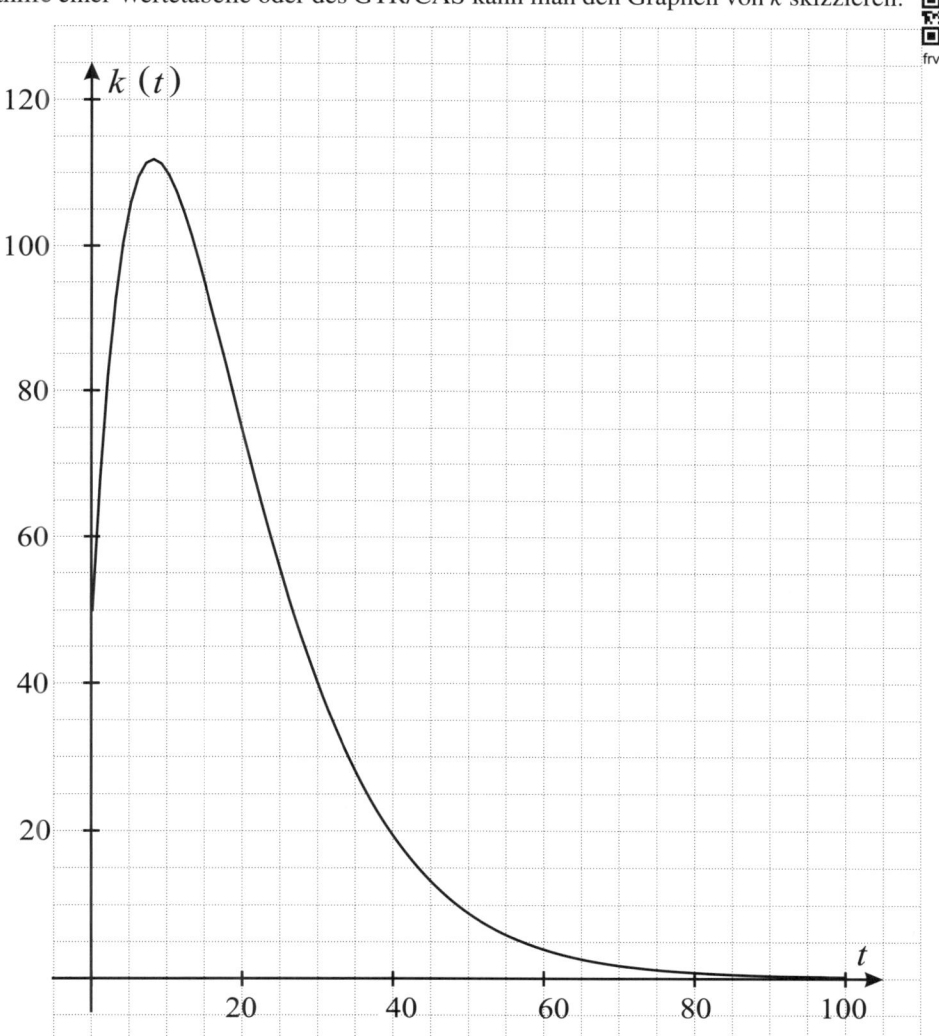

Die Koordinaten des Extrempunkts des Graphen von k innerhalb des betrachteten Intervalls erhält man mithilfe des GTR/CAS: $t = 8$ und $k(8) \approx 112$.
Somit hat der Hochpunkt die Koordinaten H(8 | 112).

Die Koordinaten des Wendepunkts des Graphen von k erhält man, indem man den t-Wert des Extrempunkts von $k'(t)$ bestimmt. Die 1. Ableitung von $k(t)$ erhält man mit Hilfe der Produkt- und Kettenregel:

9. Käfer — Lösungen

$$k'(t) = 25 \cdot e^{-0,1t} + (50 + 25t)e^{-0,1t} \cdot (-0,1) = (20 - 2,5t) \cdot e^{-0,1t}$$

Die Extremstelle von $k'(t)$ erhält man mithilfe des GTR/CAS: $t = 18$.
Den zugehörigen y-Wert erhält man, indem man $t = 18$ in $k(t)$ einsetzt:

$$k(18) = (50 + 25 \cdot 18) \cdot e^{-0,1 \cdot 18} \approx 83$$

Somit hat der Wendepunkt die Koordinaten $W(18 \mid 83)$.

Für $t \to \infty$ geht der Nenner von $k(t) = (50 + 25t) \cdot e^{-0,1t} = \frac{50 + 25t}{e^{0,1t}}$ wegen e^∞ schneller gegen ∞ als der Zähler, also geht $k(t)$ gegen Null. Der Grenzwert von $k(t)$ für $t \to \infty$ ist also Null.

b) Die Populationsgröße beträgt zu Beginn 50 000 Exemplare und nimmt bis zum Hochpunkt beim Zeitpunkt $t = 8$ zu. Dort erreicht sie ihren höchsten Wert von 112 000 Exemplaren. Nach Überschreiten des Hochpunkts nimmt die Käferanzahl wieder ab, langfristig geht sie gegen Null, was durch den berechneten Grenzwert beschrieben wird. Die Wachstumsgeschwindigkeit der Population ist zu Beginn positiv, sinkt aber bis $t = 8$ auf Null und wird anschließend negativ. Im Wendepunkt erreicht die Wachstumsgeschwindigkeit ihren größten negativen Wert, anschließend wird sie wieder größer, bleibt aber stets negativ und geht langfristig gegen Null. Die Käferpopulation stirbt langsam aus.

c) Um zu zeigen, dass K mit $K(t) = (-250t - 3000) \cdot e^{-0,1t}$ eine Stammfunktion von k ist, bestimmt man die 1. Ableitung von K mithilfe der Produkt- und Kettenregel:

$$K'(t) = -250 \cdot e^{-0,1t} + (-250t - 3000) \cdot e^{-0,1t} \cdot (-0,1) = (25t + 50) \cdot e^{-0,1t}$$

Wegen $K'(t) = k(t)$ ist K eine Stammfunktion von k.
Den Wert des Integrals $\frac{1000}{30} \cdot \int_{20}^{50} k(t)\,dt$ erhält man mithilfe des Hauptsatzes der Differential- und Integralrechnung oder direkt mithilfe des GTR/CAS:

$$\frac{1000}{30} \cdot \int_{20}^{50} k(t)\,dt = \frac{1000}{30} \cdot [K(t)]_{20}^{50}$$
$$= \frac{1000}{30} \cdot \left[(-250t - 3000) \cdot e^{-0,1t}\right]_{20}^{50}$$
$$= \frac{1000}{30} \cdot \left(\left((-250 \cdot 50 - 3000) \cdot e^{-0,1 \cdot 50}\right) - \left((-250 \cdot 20 - 3000) \cdot e^{-0,1 \cdot 20}\right)\right)$$
$$\approx 32\,600$$

Der Wert des obigen Integrals gibt an, dass im Zeitraum von 20 bis 50 Jahren nach dem Anfangszeitpunkt die durchschnittliche Anzahl der Käfer pro Jahr etwa 32 600 betrug.

d) Die momentane Wachstumsgeschwindigkeit bei $t = 55$ erhält man, indem man $t = 55$ in die 1. Ableitung von k einsetzt:

$$k'(55) = (20 - 2,5 \cdot 55) \cdot e^{-0,1 \cdot 55} \approx -0,48$$

Da ab diesem Zeitpunkt die Größe der Population durch ein lineares Wachstum beschrieben wird, erhält man die Funktionsgleichung für den weiteren Verlauf, indem man die Gleichung der Tangente an der Stelle $t_1 = 55$ aufstellt. Der zugehörige Funktionswert ist

$$y_1 = k(55) = (50 + 25 \cdot 55) \cdot e^{-0,1 \cdot 55} \approx 5,82 \Rightarrow \text{P}(55 \mid 5,82)$$

Setzt man die Steigung $m = -0,48$ (momentane Wachstumsgeschwindigkeit) und die Koordinaten von P(55 | 5,82) in die Punkt-Steigungs-Form $y - y_1 = m \cdot (t - t_1)$ ein, ergibt sich:

$$y - 5,82 = -0,48 \cdot (t - 55)$$
$$y = -0,48t + 32,22$$

Die Tangente an der Stelle $t = 55$ hat die Gleichung $y = -0,48t + 32,22$.
Den voraussichtlichen Zeitpunkt des Aussterbens der Käferpopulation erhält man, indem man die Tangente mit der t-Achse schneidet. Setzt man $y = 0$, ergibt sich:

$$0 = -0,48t + 32,22 \Rightarrow t \approx 67$$

Somit ist die Käferpopulation nach etwa 67 Jahren ausgestorben.

10 Temperatur

Es ist $f(t) = 36{,}5 + t \cdot e^{-0{,}1t}$

a) Mit Hilfe des GTR/CAS bestimmt man das Maximum von $f(t)$.
Es ergibt sich: $t = 10$, $f(t) = 40{,}2$
Somit wird die maximale Temperatur 10 Stunden nach Krankheitsbeginn erreicht; sie beträgt $40{,}2\,°C$.

Für die Erstellung der Skizze des Schaubilds von f verwendet man den GTR/CAS (Zeichenbereich $0 \leqslant x \leqslant 48$ und $36 \leqslant y \leqslant 41$).

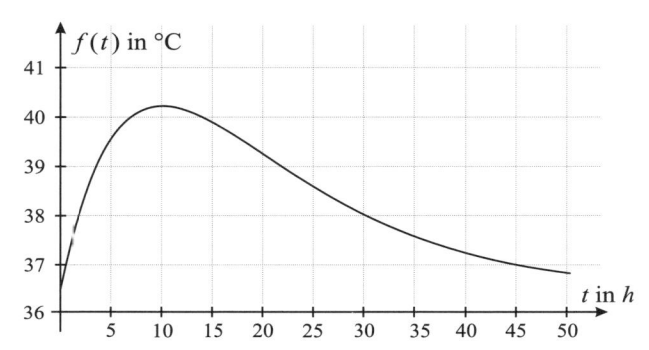

Die Zeitpunkte, zu denen die Körpertemperatur innerhalb der ersten 48 Stunden am stärksten zu- bzw. abnimmt, sind die Extremstellen von $f'(t)$. Die Ableitung erhält man mit der Produktregel:

$$f'(t) = 1 \cdot e^{-0{,}1t} + t \cdot e^{-0{,}1t} \cdot (-0{,}1) = (1 - 0{,}1t) \cdot e^{-0{,}1t}$$

Um die Extremstellen bestimmen zu können, ist es sinnvoll, das Schaubild von f' zuerst zu zeichnen:

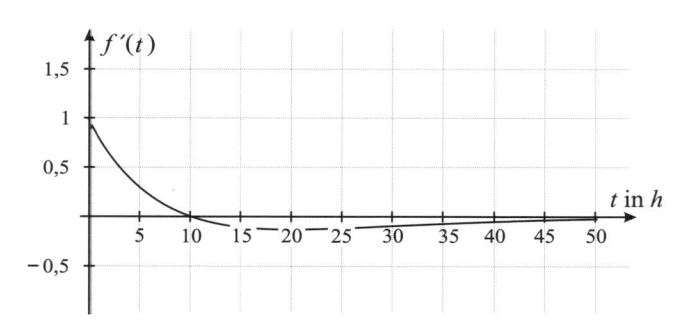

Das Maximum von $f'(t)$ ergibt sich für $t = 0$ (Randmaximum), das Minimum von $f'(t)$ ergibt sich für $t = 20$ (GTR/CAS).
Somit nimmt die Temperatur am stärksten bei Krankheitsbeginn zu und nimmt am stärksten 20 Stunden nach Krankheitsbeginn ab.

b) Löst man die Gleichung $f(t) = 37$ oder schneidet man das Schaubild von $f(t)$ mit der Geraden $y = 37$ erhält man $t_1 \approx 0{,}53$ und $t_2 \approx 45$ (GTR/CAS).

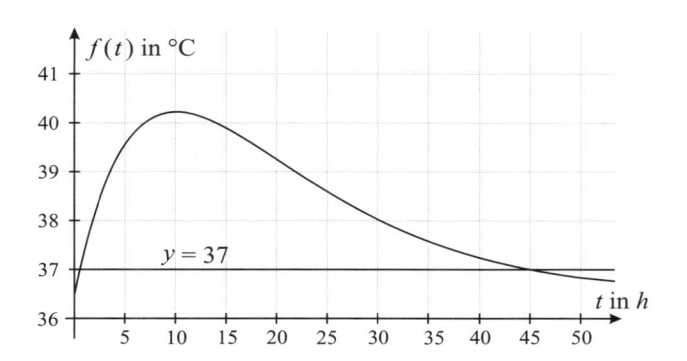

Nach etwa einer Stunde steigt die Temperatur über $37\,°C$, nach etwa 45 Stunden sinkt sie wieder unter $37\,°C$.

Um nachzuweisen, dass die Temperatur nach 45 Stunden dauerhaft unter $37\,°C$ bleibt, betrachtet man die 1. Ableitung von $f(t)$:

$$f'(t) = (1 - 0{,}1t) \cdot e^{-0{,}1t}$$

Es ist $e^{-0{,}1t}$ stets größer als Null. Aus $1 - 0{,}1t < 0$ folgt $t > 10$, also ist $f'(t) < 0$ für $t > 10$.

Damit ist f streng monoton fallend für $t > 10$ und somit bleibt die Temperatur für $t > 45$ dauerhaft unter $37\,°C$.

Die mittlere Körpertemperatur $\overline{T}$ im Zeitraum vom Krankheitsbeginn bis nach 45 Stunden erhält man mit Hilfe eines Integrals:

$$\overline{T} = \frac{1}{b-a} \cdot \int_a^b f(t)\,dt = \frac{1}{45-0} \cdot \int_0^{45} \left(36{,}5 + t \cdot e^{-0{,}1t}\right) dt \approx 38{,}6 \text{ (GTR)}.$$

Die mittlere Körpertemperatur bis 45 Stunden nach Krankheitsbeginn beträgt etwa $38{,}6\,°C$.

Den 2-Stunden-Zeitraum, in welchem die Temperatur um ein Grad zunimmt, erhält man durch Lösen der Gleichung

$$f(t+2) - f(t) = 1$$

bzw.

$$(t+2) \cdot e^{-0{,}1 \cdot (t+2)} - t \cdot e^{-0{,}1t} = 1$$

Man erhält mit Hilfe des GTR/CAS die Lösung: $t \approx 2{,}2$.
Somit nimmt die Körpertemperatur etwa im Zeitraum zwischen zwei und vier Stunden nach Krankheitsbeginn um ein Grad zu.

c) Die Funktion g hat die Form $g(t^*) = 36,5 + a \cdot e^{-k \cdot t^*}$. Dabei ist t^* die Zeit in Stunden nach Einnahme des Medikaments.
Weil fünf Stunden nach Ausbruch der Krankheit die Körpertemperatur $39,5\,°C$ ($f(5) = 39,5$) betrug und zu diesem Zeitpunkt ($t^* = 0$) das Medikament eingenommen wurde, gilt:

$$39,5 = g(0)$$
$$= 36,5 + a \cdot e^{-k \cdot 0}$$
$$= 36,5 + a$$
$$\Rightarrow a = 3$$

Da zwei Stunden nach Einnahme des Medikaments ($t^* = 2$) die Körpertemperatur $38,4\,°C$ betrug, gilt:

$$g(2) = 38,4$$
$$36,5 + 3 \cdot e^{-k \cdot 2} = 38,4$$
$$e^{-2k} = \frac{1,9}{3}$$
$$k = \frac{\ln\left(\frac{1,9}{3}\right)}{-2}$$
$$k \approx 0,2284$$

Damit wird der weitere Temperaturverlauf mit Medikament durch die Funktion g mit $g(t) = 36,5 + 3 \cdot e^{-0,2284 \cdot t^*}$ beschrieben.

Der Verlauf der Körpertemperatur ohne Medikament wird beschrieben durch $f(t)$.
Der Verlauf der Körpertemperatur mit Medikament wird beschrieben durch $g(t^*)$.
Um den Zeitpunkt t^* nach der Einnahme des Medikaments zu bestimmen, zu dem die Körpertemperatur erstmals um ein Grad niedriger ist als sie ohne Medikament wäre, muss man berücksichtigen, dass der Zeitpunkt der Einnahme des Medikaments 5 Stunden nach dem Beginn der Krankheit liegt. Also löst man die Gleichung:

$$f(t^* + 5) - g(t^*) = 1$$

bzw.
$$(t^* + 5) \cdot e^{-0,1 \cdot (t^* + 5)} - 3 \cdot e^{-0,2284 \cdot t^*} = 1$$

Mit Hilfe des GTR/CAS ergibt sich als Lösung: $t^* \approx 1,1$.
Etwa eine Stunde nach Einnahme des Medikaments ist die Körpertemperatur um ein Grad niedriger als sie ohne Medikament wäre.

11 Tanne

a) Mit Hilfe des GTR/CAS kann man den Graphen von f skizzieren:

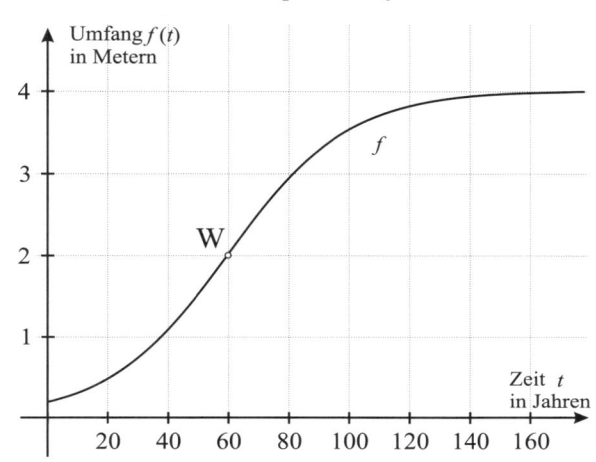

Um den Stammumfang zu Beginn des Beobachtungszeitraums zu ermitteln, setzt man $t=0$ in $f(t)$ ein:

$$f(0) = \frac{4}{1+20e^{-0,05\cdot 0}} = \frac{4}{1+20\cdot 1} = \frac{4}{21} \approx 0,19$$

Der Stammumfang zu Beginn des Beobachtungszeitraums beträgt etwa 0,19 m.
Für die Begründung, dass gemäß der angegebenen Modellierung der Stammumfang der Tanne nicht mehr als vier Meter betragen kann, betrachtet man zunächst den Nenner der Funktion f. Der Summand $20e^{-0,05\cdot t}$ wird, da der Exponent negativ ist, für wachsende t immer kleiner, bleibt aber positiv, was man durch Umschreiben gut erkennen kann: $20e^{-0,05\cdot t} = \frac{20}{e^{0,05\cdot t}} > 0$.
Betrachtet man nun wieder den gesamten Nenner der Funktion f, also $1+20e^{-0,05\cdot t}$, so erkennt man, dass bei wachsendem t der gesamte Nenner zwar immer größer als 1 ist, sich der 1 aber annähert: $1+20e^{-0,05\cdot t} > 1$. Für die gesamte Funktion $f(t) = \frac{4}{1+20e^{-0,05\cdot t}}$ gilt daher: $\frac{4}{1+20e^{-0,05\cdot t}} < 4$.
Somit kann der Stammumfang der Tanne nicht mehr als vier Meter betragen.

b) Die erste Ableitung von $f(t) = \frac{4}{1+20e^{-0,05\cdot t}} = 4\cdot\left(1+20e^{-0,05\cdot t}\right)^{-1}$ erhält man mit Hilfe der Kettenregel:

$$\begin{aligned}f'(t) &= -4\cdot\left(1+20e^{-0,05\cdot t}\right)^{-2}\cdot\left(20e^{-0,05\cdot t}\right)\cdot(-0,05)\\ &= 4\cdot e^{-0,05\cdot t}\cdot\left(1+20e^{-0,05\cdot t}\right)^{-2}\\ &= \frac{4\cdot e^{-0,05\cdot t}}{\left(1+20e^{-0,05\cdot t}\right)^2}\end{aligned}$$

Den Zeitpunkt des stärksten Wachstums erhält man, indem man die Maxima bzw. Minima des Graphen von $f'(t)$, also die Wendestellen des Graphen von $f(t)$, mit Hilfe des GTR/CAS berechnet.

Man erhält: $t \approx 59,91$.

Rund 60 Jahre nach Beginn des Beobachtungszeitraums findet das stärkste Wachstum des Stammumfangs statt.

Den zugehörigen Stammumfang erhält man, indem man $t \approx 60$ in $f(t)$ einsetzt:

$$f(60) = \frac{4}{1+20e^{-0,05 \cdot 60}} \approx 2,00$$

Der zugehörige Stammumfang beträgt etwa 2 m.

c) Das angegebene Integral berechnet man mit Hilfe des GTR/CAS:

$$\frac{1}{10}\int_0^{10} f(t)\,dt = \frac{1}{10}\int_0^{10} \frac{4}{1+20e^{-0,05t}}\,dt \approx 0,243$$

Da mit dem angegebenen Integral $\frac{1}{10}\int_0^{10} f(t)\,dt$ alle Stammumfänge in den ersten 10 Jahren nach Beginn des Beobachtungszeitraums aufsummiert werden und dann das Ergebnis durch 10 geteilt wird, wird hier ein arithmetisches Mittel gebildet. Mit Hilfe des Integrals wird also der durchschnittliche Stammumfang in den ersten 10 Jahren nach Beginn des Beobachtungszeitraums berechnet. Er beträgt etwa 0,243 m.

d) Um zu berechnen, ab welchem Zeitpunkt nach Beginn des Beobachtungszeitraums der Stammumfang 60 cm oder mehr beträgt, löst man die Ungleichung $f(t) \geq 0,6$ nach t auf:

$$\frac{4}{1+20e^{-0,05t}} \geq 0,6$$

$$4 \geq 0,6 + 12e^{-0,05t}$$

$$\frac{3,4}{12} \geq e^{-0,05t}$$

$$\ln\left(\frac{17}{60}\right) \geq -0,05t$$

$$\frac{\ln\left(\frac{17}{60}\right)}{-0,05} \leq t$$

$$t \geq 25,22$$

Ab etwas mehr als 25 Jahren nach Beginn des Beobachtungszeitraums muss eine Genehmigung zum Fällen der Tanne eingeholt werden.

Um die Umkehrfunktion von $f(t)$ zu ermitteln, schreibt man $y = \frac{4}{1+20e^{-0,05 \cdot t}}$ und vertauscht

Lösungen   *11. Tanne*

y und t. Anschließend wird die Gleichung nach y aufgelöst:

$$t = \frac{4}{1 + 20e^{-0,05 \cdot y}}$$

$$1 + 20e^{-0,05 \cdot y} = \frac{4}{t}$$

$$20e^{-0,05 \cdot y} = \frac{4}{t} - 1$$

$$e^{-0,05 \cdot y} = \frac{4}{20t} - \frac{1}{20}$$

$$e^{-0,05 \cdot y} = \frac{4}{20t} - \frac{t}{20t}$$

$$e^{-0,05 \cdot y} = \frac{4 - t}{20t}$$

$$-0,05 \cdot y = \ln\left(\frac{4 - t}{20t}\right)$$

$$y = -20 \cdot \ln\left(\frac{4 - t}{20t}\right)$$

Die Umkehrfunktion lautet

$$f^{-1}(t) = -20 \cdot \ln\left(\frac{4 - t}{20t}\right)$$

Eine Funktion ist dann umkehrbar, wenn sie streng monoton ist. Die strenge Monotonie zeigt man mit Hilfe der ersten Ableitung: Falls $f'(t) > 0$, ist $f(t)$ streng monoton steigend. Die erste Ableitung der Funktion $f(t)$ lautet:

$$f'(t) = \frac{4e^{-0,05 \cdot t}}{(1 + 20e^{-0,05 \cdot t})^2}$$

Sowohl der Zähler als auch Nenner dieses Bruches sind immer positiv, daher ist auch der Bruch selbst immer positiv. Damit gilt $f'(t) > 0$ für alle $t \in \mathbb{R}$. Die Funktion f ist also streng monoton steigend und damit umkehrbar.

e) Um zu zeigen, dass $c = \frac{1}{80}$ gilt, setzt man $S = 4$ und $f(t)$ in die Gleichung

$$f'(t) = c \cdot f(t) \cdot (S - f(t))$$

ein und formt so um, dass auf der rechten Seite der Term von $f'(t)$ steht:

$$f'(t) = c \cdot \frac{4}{1+20e^{-0,05 \cdot t}} \cdot \left(4 - \frac{4}{1+20e^{-0,05 \cdot t}}\right)$$

$$= c \cdot \left(\frac{16}{1+20e^{-0,05 \cdot t}} - \frac{16}{(1+20e^{-0,05 \cdot t})^2}\right)$$

$$= c \cdot \left(\frac{16 \cdot (1+20e^{-0,05 \cdot t})}{(1+20e^{-0,05 \cdot t})^2} - \frac{16}{(1+20e^{-0,05 \cdot t})^2}\right)$$

$$= c \cdot \left(\frac{16 + 16 \cdot 20e^{-0,05 \cdot t} - 16}{(1+20e^{-0,05 \cdot t})^2}\right)$$

$$= c \cdot \left(\frac{320e^{-0,05 \cdot t}}{(1+20e^{-0,05 \cdot t})^2}\right)$$

$$= c \cdot 80 \cdot \left(\frac{4e^{-0,05 \cdot t}}{(1+20e^{-0,05 \cdot t})^2}\right)$$

Vergleicht man das Ergebnis nun mit $f'(t) = \frac{4e^{-0,05 \cdot t}}{(1+20e^{-0,05 \cdot t})^2}$, erkennt man, dass gilt:

$$c \cdot 80 = 1 \;\Rightarrow\; c = \frac{1}{80}$$

12 Glocke

a) Der Graph der Funktion f hat ungefähr an der Stelle $x = 0$ einen Wendepunkt. Die notwendige Bedingung für Wendestellen lautet $f''(x) = 0$. Diese Gleichung hat genau dann mindestens eine Lösung, wenn $f''(x)$ mindestens linear, also eine Funktion ersten Grades ist. Das ist dann der Fall, wenn $f'(x)$ mindestens zweiten Grades und damit die ganzrationale Funktion f mindestens dritten Grades ist.

Als Ansatz für eine ganzrationale Funktion f dritten Grades verwendet man die Funktion $f(x) = ax^3 + bx^2 + cx + d$ mit $f'(x) = 3ax^2 + 2bx + c$ sowie $f''(x) = 6ax + 2b$.

Da der Graph von f durch den Punkt $(0,5|1,20)$ verläuft, gilt: $f(0,5) = 1,20$.
Da der Graph von f durch den Punkt $(1,5|2,00)$ verläuft, gilt: $f(1,5) = 2,00$.
Da der Graph von f durch den Punkt $(0,0|1,00)$ verläuft, gilt: $f(0,0) = 1,00$.
Da der Graph von f einen Wendepunkt bei $(0,0|1,00)$ besitzt, gilt: $f''(0,0) = 0$.

Damit erhält man folgendes Gleichungssystem:

$$
\begin{array}{lrrrrrrrr}
\text{I} & 0,125a & + & 0,25b & + & 0,5c & + & d & = 1,20 \\
\text{II} & 3,375a & + & 2,25b & + & 1,5c & + & d & = 2,00 \\
\text{III} & & & & & & & d & = 1,00 \\
\text{IV} & & & 2b & & & & & = 0
\end{array}
$$

Mit Hilfe des GTR/CAS erhält man: $a = \frac{2}{15}$, $b = 0$, $c = \frac{11}{30}$ und $d = 1$.

Alternativ kann man das Gleichungssystem auch «von Hand» lösen:

Aus Gleichung IV ergibt sich: $b = 0$.

Setzt man $d = 1$ und $b = 0$ in I und II ein, erhält man die Gleichungen:

$$
\begin{array}{lrrrr}
\text{Ia} & 0,125a & + & 0,5c & = 0,20 \\
\text{IIa} & 3,375a & + & 1,5c & = 1,00
\end{array}
$$

Subtrahiert man das 3-fache von Gleichung Ia von Gleichung IIa, ergibt sich daraus: $3a = 0,4 \Rightarrow a = \frac{2}{15}$.

Setzt man $a = \frac{2}{15}$ in Gleichung Ia ein, erhält man: $0,125 \cdot \frac{2}{15} + 0,5c = 0,20 \Rightarrow c = \frac{11}{30}$.

Damit hat die Funktion f die Gleichung:

$$f(x) = \frac{2}{15}x^3 + \frac{11}{30}x + 1$$

b) Das Volumen V des Rotationskörpers, der durch Rotation des Graphen der Funktion $g(x)$ um die x-Achse im vorgegebenen Intervall entsteht, erhält man mit Hilfe des GTR/CAS:

$$V = \pi \cdot \int_{-1,5}^{1,5} \left(0,16x^3 + 0,34x + 1\right)^2 dx \approx 11,67$$

Das Rotationsvolumen V beträgt etwa $11,67\,\text{cm}^3$.

c) Um zu bestätigen, dass der Graph von $f_t(x) = \frac{e^{tx}-e^{-tx}}{5t}+1$ für $t=1{,}183$ durch den Punkt $(1{,}000|1{,}500)$ verläuft, wenn man auf drei Nachkommastellen rundet, setzt man $t=1{,}183$ und $x=1{,}000$ in $f_t(x)$ ein:

$$f_{1{,}183}(1{,}000) = \frac{e^{1{,}183 \cdot 1} - e^{-1{,}183 \cdot 1}}{5 \cdot 1{,}183} + 1 \approx 1{,}500$$

Somit verläuft der Graph von f_t für $t=1{,}183$ durch den Punkt $(1{,}000|1{,}500)$.

Verschiebt man den Graphen von f_t um eine Einheit in negative y-Richtung, erhält man den Graphen einer neuen Funktion k_t, die folgende Funktionsgleichung hat:

$$k_t(x) = f t(x) - 1 = \frac{e^{tx} - e^{-tx}}{5t}$$

Um zu zeigen, dass der Graph von k_t punktsymmetrisch zum Koordinatenursprung ist, setzt man $-x$ in $k_t(x)$ ein:

$$k_t(-x) = \frac{e^{t(-x)} - e^{-t(-x)}}{5t} = \frac{e^{-tx} - e^{tx}}{5t} = -\frac{-e^{-tx} + e^{tx}}{5t} = -\frac{e^{tx} - e^{-tx}}{5t} = -k_t(x)$$

Wegen $k_t(-x) = -k_t(x)$ ist der Graph von k_t punktsymmetrisch zum Koordinatenursprung. Damit ist der Graph der Funktion $f_t(x)$ punktsymmetrisch zum Punkt $(0|1)$.

Zur Bestimmung der Koordinaten des Wendepunkts werden zuerst die ersten drei Ableitungen von $f_t(x) = \frac{e^{tx}-e^{-tx}}{5t}+1$ mit Hilfe der Kettenregel ermittelt:

$$f_t'(x) = \frac{te^{tx} + te^{-tx}}{5t}$$

$$f_t''(x) = \frac{t^2 e^{tx} - t^2 e^{-tx}}{5t}$$

$$f_t'''(x) = \frac{t^3 e^{tx} + t^3 e^{-tx}}{5t}$$

Als notwendige Bedingung zur Berechnung von Wendepunkten löst man die Gleichung: $f_t''(x) = 0$ mit $t \neq 0$ nach x auf:

$$\frac{t^2 e^{tx} - t^2 e^{-tx}}{5t} = 0$$

$$t^2 \left(e^{tx} - e^{-tx}\right) = 0$$

$$e^{tx} - e^{-tx} = 0$$

$$e^{tx} = e^{-tx}$$

$$tx = -tx$$

$$2tx = 0$$

$$x = 0$$

Zur Prüfung der hinreichenden Bedingung setzt man $x=0$ in $f_t'''(x)$ ein:

$$f_t'''(0) = \frac{t^3 e^0 + t^3 e^0}{5t} = \frac{2t^2}{5} > 0 \text{ für } t \neq 0.$$

Wegen $f_t'''(0) > 0$ hat der Graph von f_t genau eine Wendestelle bei $x = 0$ und es findet ein Wechsel von einer Rechts- zu einer Linkskrümmung statt.

d) Für Methode A ist aus den gegebenen Punkten $(0|1)$ und $(1|1,5)$ zunächst die Gleichung der Geraden $y = mx + b$ aufzustellen. Der y-Achsenabschnitt b ergibt sich aus den Koordinaten des Punktes $(0|1)$ mit $b = 1$. Die Steigung m erhält man mit $m = \frac{\Delta y}{\Delta x} = \frac{y_2 - y_1}{x_2 - x_1}$:

$$m = \frac{1,5 - 1}{1 - 0} = 0,5$$

Damit lautet die Geradengleichung: $y = 0,5x + 1$.
Die Mantelfläche M des Kegelstumpfs nach Methode A wird mit Hilfe des GTR/CAS berechnet:

$$M = 2\pi \cdot \int_0^1 (0,5x + 1)\sqrt{1 + 0,5^2}\, dx \approx 8,781.$$

Für Methode B bestimmt man zunächst die Radien r_1 und r_2. Diese entsprechen den y-Werten der gegebenen Punkte: $r_1 = 1$, $r_2 = 1,5$.
Die Mantellinie s wird mit dem Satz des Pythagoras bestimmt:

$$s^2 = 1^2 + 0,5^2 \Rightarrow s = \sqrt{1,25}$$

Die Mantelfläche nach Methode B erhält man nun mit Hilfe der angegebenen Formel:

$$M = \pi \cdot (1 + 1,5) \cdot \sqrt{1,25} \approx 8,781$$

Damit erhält man mit beiden Methoden A und B dasselbe Ergebnis.
Der Inhalt der Mantelfläche beträgt etwa $8,781\,\text{cm}^2$.
Den Inhalt der mit Blattgold bedeckten Fläche erhält man, indem man die Mantelfläche M nach Methode A mit der Funktion $g(x) = 0,16x^3 + 0,34x + 1$ mit Hilfe des GTR/CAS bestimmt:

$$M = 2\pi \cdot \int_0^1 (0,16x^3 + 0,34x + 1) \cdot \sqrt{1 + (3 \cdot 0,16x^2 + 0,34)^2}\, dx \approx 8,613.$$

Mit $M = 8,613\,\text{cm}^2$ ist das Ergebnis um ungefähr $0,17\,\text{cm}^2 = 17\,\text{mm}^2$ kleiner als das Ergebnis aus Aufgabe d). Diese Abweichung ist sehr gering.

13 Strauch

a) Es ist $h_1(t) = 0{,}2 \cdot e^{0{,}1 \cdot t - 0{,}9}$.

Den Zeitpunkt, zu dem der Strauch eine Höhe von 50 cm hat, erhält man, indem man die Gleichung $h_1(t) = 0{,}5$ nach t mit Hilfe des GTR/CAS oder durch Logarithmieren löst:

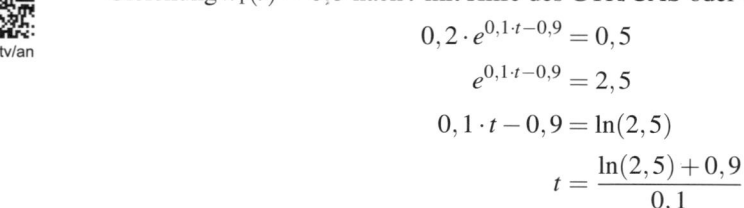

$$0{,}2 \cdot e^{0{,}1 \cdot t - 0{,}9} = 0{,}5$$

$$e^{0{,}1 \cdot t - 0{,}9} = 2{,}5$$

$$0{,}1 \cdot t - 0{,}9 = \ln(2{,}5)$$

$$t = \frac{\ln(2{,}5) + 0{,}9}{0{,}1}$$

$$t \approx 18{,}2$$

Nach etwa 18 Tagen hat der Strauch eine Höhe von 50 cm.

Die Pflanze wächst am schnellsten, wenn der Graph von $h_1(t)$ die größte Steigung hat. In den ersten 20 Tagen ist dies für $t = 20$ der Fall, da die gegebene Exponentialfunktion mit wachsendem t stetig zunimmt und immer steiler verläuft.

Die zugehörige Wachstumsgeschwindigkeit zum Zeitpunkt $t = 20$ berechnet man mit Hilfe der 1. Ableitung von $h_1(t)$, die man mit der Kettenregel erhält:

$$h_1{'}(t) = 0{,}2 \cdot e^{0{,}1 \cdot t - 0{,}9} \cdot 0{,}1 = 0{,}02 \cdot e^{0{,}1 \cdot t - 0{,}9}$$

Setzt man $t = 20$ in $h_1{'}(t)$ ein, ergibt sich:

$$h_1{'}(20) = 0{,}02 \cdot e^{0{,}1 \cdot 20 - 0{,}9} \approx 0{,}060$$

Die Pflanze wächst also am 20. Tag am schnellsten; die zugehörige Wachstumsgeschwindigkeit beträgt etwa 6 cm pro Tag.

Da die Werte von $h_1(t)$ für wachsendes t beliebig groß werden können, könnte der Strauch auch beliebig groß werden. Da dies in der Natur nicht der Fall ist, kann die Funktion h_1 nur für einen bestimmten Zeitraum die Höhe der Pflanze beschreiben.

Man erhält einen Term $h_2(t)$ für die Beschreibung der Höhe des Strauchs für die Zeit nach 20 Tagen, indem man zur Höhe nach 20 Tagen die Zuwächse in Abhängigkeit von t addiert. Diese erhält man durch Integration der Zuwachsratenfunktion $z(t)$ mit variabler oberer Grenze t:

$$h_2(t) = 0{,}60 + \int_{20}^{t} 0{,}02 \cdot e^{-0{,}1 \cdot u + 3{,}1} \, du$$

$$= 0{,}60 + \left[\frac{0{,}02}{-0{,}1} \cdot e^{-0{,}1 \cdot u + 3{,}1} \right]_{20}^{t}$$

$$= 0{,}60 + \left[-0{,}2 \cdot e^{-0{,}1 \cdot u + 3{,}1} \right]_{20}^{t}$$

$$= 0{,}60 - 0{,}2 \cdot e^{-0{,}1 \cdot t + 3{,}1} - \left(-0{,}2 \cdot e^{-0{,}1 \cdot 20 + 3{,}1} \right)$$

$$\approx 1{,}20 - 0{,}2 \cdot e^{-0{,}1 \cdot t + 3{,}1}$$

Für $t \to \infty$ geht $e^{-0,1 \cdot t + 3,1}$ gegen Null, also geht $h_2(t)$ gegen $1,20$.
Damit wird der Strauch nicht beliebig hoch; seine maximale Höhe beträgt etwa $1,20\,\text{m}$.

b) Mit $G = 1,2$ hat die gesuchte Funktion f_1 die Gleichung $f_1(t) = 1,2 - c \cdot e^{-k \cdot t}$.
Da der Strauch beim Auspflanzen eine Höhe von $0,08\,\text{m}$ hat, gilt: $f_1(0) = 0,08$.
Am 20. Tag besitzt er eine Höhe von $0,60\,\text{m}$, also gilt: $f_1(20) = 0,6$.
Diese beiden Bedingungen führen zu folgendem Gleichungssystem:

$$\begin{array}{rrcl} \text{I} & 1,2 - c \cdot e^{-k \cdot 0} &=& 0,08 \\ \text{II} & 1,2 - c \cdot e^{-k \cdot 20} &=& 0,6 \end{array}$$

Aus Gleichung I ergibt sich: $1,2 - c = 0,08 \Rightarrow c = 1,12$.
Setzt man $c = 1,12$ in Gleichung II ein, erhält man:

$$1,2 - 1,12 \cdot e^{-k \cdot 20} = 0,6$$
$$e^{-k \cdot 20} = \frac{-0,6}{-1,12}$$
$$k = \frac{\ln\left(\frac{0,6}{1,12}\right)}{-20}$$
$$k \approx 0,0312$$

Damit hat die Funktion f_1 die Gleichung $f_1(t) = 1,2 - 1,12 \cdot e^{-0,0312 \cdot t}$.
Die Modellfunktion f_2 hat die Gleichung $f_2(t) = \frac{0,096}{0,08 + 1,12 \cdot e^{-0,132 \cdot t}}$.
Die Höhen des Strauchs zum Zeitpunkt $t = 0$ und $t = 20$ erhält man durch Einsetzen von $t = 0$ und $t = 20$ in $f_2(t)$:

$$f_2(0) = \frac{0,096}{0,08 + 1,12 \cdot e^{-0,132 \cdot 0}} = 0,08$$
$$f_2(20) = \frac{0,096}{0,08 + 1,12 \cdot e^{-0,132 \cdot 20}} \approx 0,6$$

Die Modellfunktion f_2 gibt die zu den Zeitpunkten $t = 0$ und $t = 20$ gemessenen Höhen des Strauchs korrekt wieder.
Für $t \to \infty$ geht $e^{-0,132 \cdot t}$ gegen Null, also geht $f_2(t)$ gegen $\frac{0,096}{0,08} = 1,20$.
Somit wird die mit der Modellfunktion f_2 beschriebene Pflanzenhöhe den Wert $1,2\,\text{m}$ nicht überschreiten.

c) Der Graph von f_1 ändert sein Krümmungsverhalten während des gesamten Beobachtungszeitraums nicht. Dies bedeutet, dass zu Beginn die Änderungsrate bzw. das Wachstumsverhalten von f_1 maximal ist und anschließend über den gesamten Beobachtungszeitraum immer kleiner wird.
Der Graph von f_2 ändert sein Krümmungsverhalten im Wendepunkt etwa bei $t = 20$. Bis zu diesem Zeitpunkt nimmt die Änderungsrate, also das Wachstum des Strauches zu, ist

zu diesem Zeitpunkt maximal und nimmt nach diesem Zeitpunkt wieder ab.

Da das Wachstum von Pflanzen nicht zu Beginn, sondern erst nach einer gewissen Zeit der Anpassung an die veränderten Umweltfaktoren maximal ist, kann man vermuten, dass die Strauchhöhe in Metern in Abhängigkeit von der Zeit in Tagen über den gesamten Beobachtungszeitraum eher durch f_2 beschrieben werden kann.

d) Wird die Höhe des Strauchs alternativ durch eine Funktion f im Intervall $[0;20]$ beschrieben und ist die größte Differenz zwischen f und h_1 gesucht, so bestimmt man zuerst die Differenzfunktion $d = h_1 - f$.

Anschließend berechnet man die lokalen Extrempunkte von d, indem man die Nullstellen der 1. Ableitung von d und die zugehörigen Funktionswerte berechnet. Durch Vergleich der Beträge der Funktionswerte an den Extremstellen von d mit den Beträgen der Funktionswerte an den Randstellen $t_1 = 0$ und $t_2 = 20$ von d erhält man schließlich die gesuchte größte Differenz der beiden Funktionen h_1 und f im Intervall $[0;20]$.

14 Buche

a) Für ein geeignetes Koordinatensystem wählt man $0 \leqslant x \leqslant 225$ und $0 \leqslant y \leqslant 1,4$. Die angegebenen Messdaten bilden die Grundlage für die Skizze. Beim Zeichnen ist zu beachten, dass die Kurve den Anfangspunkt trifft; die folgenden Messpunkte müssen nicht unbedingt auf der Kurve liegen.

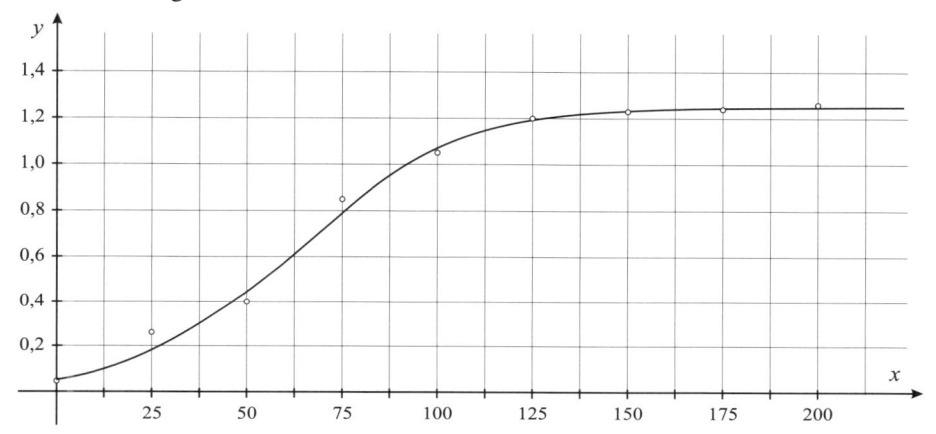

Beschreibung des Wachstumsvorgangs:

Der Durchmesser des Baums wächst in den ersten Jahren zunächst langsam. Dann steigt die Wachstumsgeschwindigkeit an, um nach ca. 75 Jahren wieder abzunehmen und immer kleiner zu werden. Mit zunehmendem Alter nimmt der Durchmesser des Baums kaum noch zu.

Um die Entwicklung des Durchmessers in den ersten 75 Jahren als exponentielles Wachstum zu modellieren, wählt man den Ansatz $f(x) = a \cdot e^{b \cdot x}$ und bestimmt die beiden Parameter a und b mit Hilfe von zwei gegebenen Punkten. In jedem Fall wird der Anfangspunkt $(0 \mid 0,05)$ verwendet, als weiterer Punkt bietet sich der Punkt $(75 \mid 0,85)$ an:

Aus $f(0) = a \cdot e^{b \cdot 0} = 0,05$ folgt $a = 0,05$.

Aus $f(75) = 0,85$ folgt $0,05 \cdot e^{b \cdot 75} = 0,85 \Rightarrow b = \frac{\ln\left(\frac{0,85}{0,05}\right)}{75} \approx 0,0378$.

Somit erhält man als Funktionsterm: $f(x) = 0,05 \cdot e^{0,0378 \cdot x}$.

Mit Hilfe des GTR/CAS kann man den Graph von f skizzieren:
(Skizze auf der folgenden Seite)

Um die Verdopplungszeit zu bestimmen, löst man die Gleichung $f(x) = 2 \cdot 0,05$ mit Hilfe des GTR/CAS nach x auf.

Man erhält: $x \approx 18,3$.

Also hat sich der Durchmesser bei diesem Modell nach ca. 18 Jahren verdoppelt.

14. Buche — Lösungen

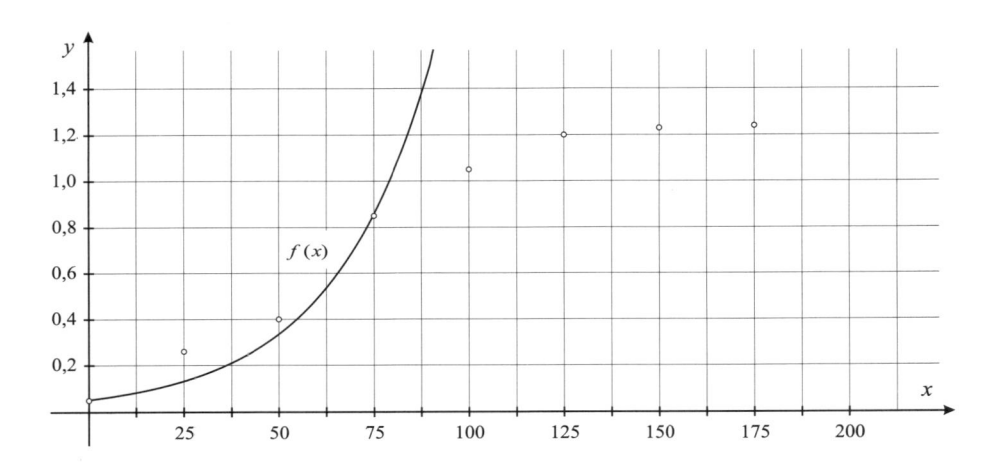

Dieses Modell beschreibt das Wachstum des Baums nur am Anfang einigermaßen gut. Nach 75 Jahren weicht dieses Modell sehr stark von den tatsächlichen Werten ab. Die Wachstumsgeschwindigkeit des Modell nimmt aufgrund des Ansatzes exponentiellen Wachstums immer mehr zu. Daher ist das Modell nur für die ersten 75 Jahre geeignet, um das tatsächliche Wachstum zu beschreiben.

b) Um den Zeitpunkt zu bestimmen, an dem der Baum eine Dicke von 1 m erreicht hat, schneidet man entweder den Graphen der Funktion $d(x)$ mit der Geraden $y = 1$ oder benutzt die Gleichungslösefunktion des GTR/CAS, um die Gleichung

$$f(x) = \frac{5}{100 \cdot e^{-0{,}05 \cdot x} + 4} = 1$$

zu lösen.

Alternativ kann man die Gleichung auch von Hand lösen:

$$\frac{5}{100 \cdot e^{-0{,}05 \cdot x} + 4} = 1 \Leftrightarrow 1 = 100 \cdot e^{-0{,}05 \cdot x} \Leftrightarrow \ln\left(\frac{1}{100}\right) = -0{,}05 \cdot x \Leftrightarrow x = \frac{\ln\left(\frac{1}{100}\right)}{-0{,}05} \approx 92{,}10$$

Der Baum hat also nach ca. 92 Jahren einen Durchmesser von 1 m erreicht.

Um den Zeitpunkt des größten Wachstums angeben zu können, muss man das Maximum der Wachstumsgeschwindigkeit bestimmen. Da $d(x)$ die Dicke des Durchmessers beschreibt, wird die Wachstumsgeschwindigkeit von $d'(x)$ beschrieben. Gesucht ist also das Maximum von $d'(x)$, welches mit Hilfe des GTR/CAS bestimmt wird. Man erhält: $H(64{,}4 \mid 0{,}0156)$.

Also wächst der Baum nach ca. 64 Jahren am schnellsten mit einer Geschwindigkeit von etwa $0{,}0156\,\text{m} = 1{,}56\,\text{cm}$ pro Jahr.

c) Um einen qualitativen Vergleich der beiden Funktionen vornehmen zu können, betrachtet man ihre Graphen:

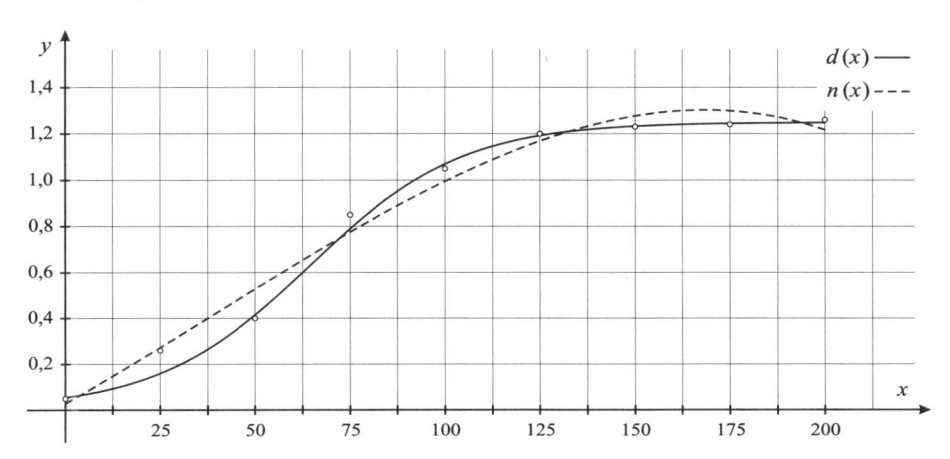

Am Verlauf der Graphen kann man sehen, dass $d(x)$ besser zu den Messdaten «passt», da die Abweichungen geringer sind als bei $n(x)$. Außerdem ist der Graph von $n(x)$ fallend für Werte ab ca. $x = 175$. Das würde einer Abnahme des Baumdurchmessers bedeuten, die nicht zu den Messwerten passt und in Bezug auf das Pflanzenwachstum nicht plausibel ist. Eine quantitative Bewertung erhält man, indem man für jeden angegebenen Messwert die Differenz zwischen dem Modell und dem tatsächlich gemessenen Wert berechnet und diese Differenzbeträge aufsummiert:

x	0	25	50	75	100	125	150	175	200	Σ
Messwert	0,05	0,26	0,40	0,85	1,05	1,20	1,23	1,24	1,26	
$n(x)$	0,02	0,27	0,52	0,77	0,99	1,17	1,28	1,30	1,22	
Differenz	0,03	0,01	0,12	0,08	0,06	0,03	0,05	0,06	0,04	0,48
$d(x)$	0,05	0,15	0,41	0,79	1,07	1,19	1,23	1,25	1,25	
Differenz	0,00	0,11	0,01	0,06	0,02	0,01	0,00	0,01	0,01	0,23

Hier zeigt sich, dass die Summe der Differenzen bei $n(x)$ deutlich größer ist als bei $d(x)$. Das Modell $d(x)$ schneidet also sowohl bei qualitativer als auch bei quantitativer Bewertung besser ab als $n(x)$.

d) Um den Einfluss von p auf die Funktionsgraphen zu bestimmen, zeichnet man die Graphen für verschiedene Werte von p:

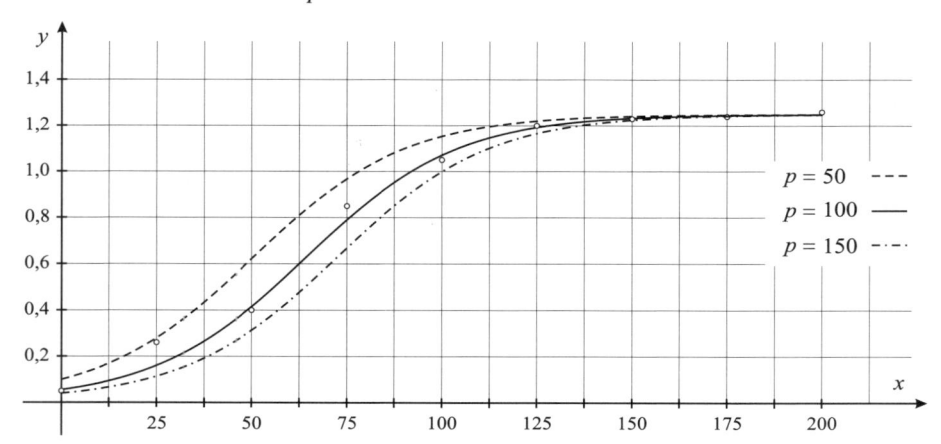

Zusätzlich bestimmt man die Asymptote der Kurvenschar:
Wegen
$$\lim_{x \to \infty} d_p(x) = \lim_{x \to \infty} \frac{5}{p \cdot e^{-0,05 \cdot x} + 4} = \frac{5}{4}$$
ist $y = \frac{5}{4}$ eine Asymptote, die unabhängig von p ist.

Für kleine Werte von p wächst der Baum anfangs schneller als bei größeren Werten von p. Je größer p ist, desto weiter rechts liegt die Wendestelle, d.h. der Zeitpunkt des maximalen Wachstums wird später erreicht.

Der Baum erreicht langfristig immer den gleichen Baumdurchmesser (Sättigungswert), nur wird er für kleine Werte von p früher und für große Werte von p später erreicht.

Lösungen 15. Turm

Vektorgeometrie

15 Turm

a) Für die einzelnen Punkte ergeben sich folgende Koordinaten:
A(8|0|0), B(8|8|0), C(0|8|0), D(0|0|0), E(8|0|18), F(8|8|18), G(0|8|18), H(0|0|18), S(4|4|24), M(4|4|18).
Den Neigungswinkel des Daches bestimmt man mit Hilfe der Trigonometrie:

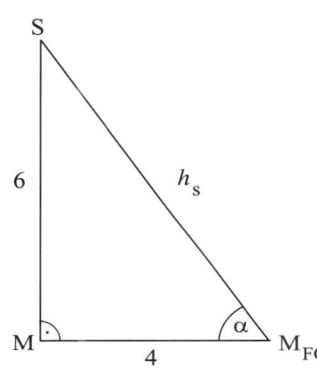

Es ist $\tan\alpha = \frac{6}{4} \Rightarrow \alpha \approx 56{,}31°$.
Für die Berechnung der Größe der Dachfläche ermittelt man zuerst die Dreiecksfläche einer Seitenfläche der Pyramide: $A_\triangle = \frac{1}{2} \cdot g \cdot h_s$.
Die Grundseite g ist 8 m lang, h_s erhält man mit Hilfe des Satzes des Pythagoras (siehe Skizze):
$h_s^2 = 4^2 + 6^2 \Rightarrow h_s = \sqrt{52} = 2\sqrt{13}$.
Für eine Dreiecksfläche ergibt sich
$A_\triangle = \frac{1}{2} \cdot 8 \cdot 2\sqrt{13} = 8\sqrt{13}$.

Da die gesamte Dachfläche aus 4 kongruenten Dreiecken besteht, erhält man für die Größe der Dachfläche:

$$A_{\text{Dach}} = 4 \cdot A_\triangle = 4 \cdot 8 \cdot \sqrt{13} = 32 \cdot \sqrt{13} \approx 115{,}4$$

Die Größe der Dachfläche beträgt somit etwa 115,4 m².

b) Um die Länge des Schattens zu bestimmen, braucht man den Schattenpunkt der Spitze des Fahnenmastes an der Wand und den Schattenpunkt am Übergang zwischen Boden und Wand.
Für die Spitze S' des Fahnenmastes ergibt sich: $S'(18|4|8)$.
Den Schattenpunkt Z' der Spitze S' an der Wand erhält man, indem mit S' und der Richtung des Sonnenlichtes eine Gerade g aufgestellt wird, welche mit der Turmebene ABFE geschnitten wird. Die Gerade g hat die Gleichung:

$$g: \vec{x} = \begin{pmatrix} 18 \\ 4 \\ 8 \end{pmatrix} + r \cdot \begin{pmatrix} -10 \\ 1 \\ -2 \end{pmatrix}; r \in \mathbb{R}$$

Um eine Parameterform der Ebene ABFE zu bestimmen, kann man z.B. den Vektor $\overrightarrow{OA}$ als Stützvektor und die Vektoren $\overrightarrow{AB}$ und $\overrightarrow{AF}$ als Spannvektoren verwenden. Man erhält als Parameterform:

$$E_{\text{ABFE}}: \vec{x} = \begin{pmatrix} 8 \\ 0 \\ 0 \end{pmatrix} + s \cdot \begin{pmatrix} 0 \\ 8 \\ 0 \end{pmatrix} + t \cdot \begin{pmatrix} 0 \\ 8 \\ 18 \end{pmatrix}; s, t \in \mathbb{R}$$

Den Schnittpunkt Z' der Ebene ABFE und der Geraden g erhält man durch Gleichsetzen:

$$\begin{array}{rrcrcr}
\text{I} & 8 & = & 18 & - & 10r \\
\text{II} & 8s + 8t & = & 4 & + & r \\
\text{III} & 18t & = & 8 & - & 2r
\end{array}$$

Aus Gleichung I erhält man: $r = 1$.
Setzt man $r = 1$ in Gleichung III ein, ergibt sich: $18t = 8 - 2 \Rightarrow t = \frac{1}{3}$.
Setzt man $r = 1$ und $t = \frac{1}{3}$ in Gleichung II ein, ergibt sich: $8s + \frac{8}{3} = 4 + 1 \Rightarrow s = \frac{7}{24}$.
Alternativ kann man das Gleichungssystem auch mit dem GTR/CAS lösen.

Setzt man $r = 1$ in g ein, so erhält man Z': $\vec{z'} = \begin{pmatrix} 18 \\ 4 \\ 8 \end{pmatrix} + 1 \cdot \begin{pmatrix} -10 \\ 1 \\ -2 \end{pmatrix} = \begin{pmatrix} 8 \\ 5 \\ 6 \end{pmatrix}$

$\Rightarrow$ Z'(8 | 5 | 6).

Geht man von Z' aus vertikal bis zum Boden nach unten, so erhält man einen Schattenpunkt Z am Übergang zwischen Boden und Wand: Z(8 | 5 | 0).
Die Länge des Schattens ergibt sich nun aus zwei Teilstrecken:
$l_1 = \overline{PZ}$ (Schattenlänge am Boden), $l_2 = \overline{ZZ'}$ (Schattenlänge an der Wand):

$$l_1 = \overline{PZ} = |\overrightarrow{PZ}| = \left| \begin{pmatrix} -10 \\ 1 \\ 0 \end{pmatrix} \right| = \sqrt{(-10)^2 + 1^2 + 0^2} = \sqrt{101}$$

und

$$l_2 = \overline{ZZ'} = |\overrightarrow{ZZ'}| = \left| \begin{pmatrix} 0 \\ 0 \\ 6 \end{pmatrix} \right| = \sqrt{0^2 + 0^2 + 6^2} = 6$$

So ergibt sich für die Gesamtlänge l:

$$l = l_1 + l_2 = \sqrt{101} + 6 \approx 16{,}05$$

Der Schatten hat eine Gesamtlänge von etwa 16,05 m.

c) Das Auge des Kindes befindet sich auf der Höhe 1. Es kann die Spitze S erstmals sehen, wenn das Auge sich in der Linie SF befindet, folglich ist die Gerade h durch S und F mit der Geraden k, auf der sich das Kind bewegt, zu schneiden.
Die Gerade h durch S und F hat die Gleichung:

$$h: \vec{x} = \begin{pmatrix} 8 \\ 8 \\ 18 \end{pmatrix} + t \cdot \begin{pmatrix} 4 \\ 4 \\ -6 \end{pmatrix}; t \in \mathbb{R}$$

Die Gerade k, auf der sich das Kind bewegt, verläuft durch die Punkte D'(0 | 0 | 1) und B'(8 | 8 | 1). Damit hat die Gerade k die Gleichung:

$$k: \vec{x} = \begin{pmatrix} 0 \\ 0 \\ 1 \end{pmatrix} + s \cdot \begin{pmatrix} 8 \\ 8 \\ 0 \end{pmatrix}; s \in \mathbb{R}$$

Den Schnittpunkt K der Geraden h und k erhält man durch Gleichsetzen:

$$\begin{array}{rrcl} \text{I} & 8 + 4t & = & 8s \\ \text{II} & 8 + 4t & = & 8s \\ \text{III} & 18 - 6t & = & 1 \end{array}$$

Aus Gleichung III ergibt sich: $t = \frac{17}{6}$.

Setzt man $t = \frac{17}{6}$ in Gleichung I oder II ein, erhält man: $s = \frac{29}{12}$.

Die Koordinaten des Schnittpunktes K erhält man, indem man $t = \frac{17}{6}$ in h (oder $s = \frac{29}{12}$ in k) einsetzt:

$$\vec{k} = \begin{pmatrix} 8 \\ 8 \\ 18 \end{pmatrix} + \frac{17}{6} \cdot \begin{pmatrix} 4 \\ 4 \\ -6 \end{pmatrix} = \begin{pmatrix} \frac{58}{3} \\ \frac{58}{3} \\ 1 \end{pmatrix} \Rightarrow K\left(\frac{58}{3} \mid \frac{58}{3} \mid 1\right)$$

Die Entfernung zur Turmkante BF erhält man, indem man den Abstand d zwischen B' $(8 \mid 8 \mid 1)$ und $K\left(\frac{58}{3} \mid \frac{58}{3} \mid 1\right)$ berechnet:

$$d(B'; K) = |\overrightarrow{B'K}| = \left| \begin{pmatrix} \frac{34}{3} \\ \frac{34}{3} \\ 0 \end{pmatrix} \right| = \sqrt{\left(\frac{34}{3}\right)^2 + \left(\frac{34}{3}\right)^2 + 0^2} \approx 16{,}03$$

Die Entfernung des Kindes zur Turmkante beträgt ca. 16,03 m.

16 Haus

Gegeben sind die Punkte A (0 | 0 | 5), B (0 | 8 | 5), C (−12 | 8 | 5), E (−2 | 4 | 8) und F (−10 | 4 | 8).

a) • Die Länge der Dachkante $\overline{EB}$ erhält man, indem man die Länge des Verbindungsvektors von E zu B bestimmt:

$$\overline{EB} = \left|\overrightarrow{EB}\right| = \left|\begin{pmatrix} 2 \\ 4 \\ -3 \end{pmatrix}\right| = \sqrt{2^2 + 4^2 + (-3)^2} = \sqrt{29} \approx 5{,}39$$

Die Dachkante $\overline{EB}$ hat eine Länge von etwa 5,39 m.

• Die Ebene E_1, in der die Punkte B, C und E liegen, hat z.B. den Stützpunkt B und die Spannvektoren $\overrightarrow{BC} = \begin{pmatrix} -12 \\ 0 \\ 0 \end{pmatrix}$ und $\overrightarrow{BE} = \begin{pmatrix} -2 \\ -4 \\ 3 \end{pmatrix}$.

Damit hat E_1 die Parametergleichung:

$$E_1 : \vec{x} = \begin{pmatrix} 0 \\ 8 \\ 5 \end{pmatrix} + s \cdot \begin{pmatrix} -12 \\ 0 \\ 0 \end{pmatrix} + t \cdot \begin{pmatrix} -2 \\ -4 \\ 3 \end{pmatrix} ; \; s, t \in \mathbb{R}$$

Um zu zeigen, dass auch der Punkt F (−10 | 4 | 8) in E_1 liegt, setzt man die Koordinaten von F in die Parametergleichung von E_1 ein:

$$\begin{pmatrix} -10 \\ 4 \\ 8 \end{pmatrix} = \begin{pmatrix} 0 \\ 8 \\ 5 \end{pmatrix} + s \cdot \begin{pmatrix} -12 \\ 0 \\ 0 \end{pmatrix} + t \cdot \begin{pmatrix} -2 \\ -4 \\ 3 \end{pmatrix}$$

Damit erhält man folgendes Gleichungssystem:

$$\begin{array}{lrcrr}
\text{I} & -10 & = & -12s & -2t \\
\text{II} & 4 & = & 8 & -4t \\
\text{III} & 8 & = & 5 & +3t
\end{array}$$

Aus Gleichung II und III erhält man: $t = 1$.
Setzt man $t = 1$ in Gleichung I ein, ergibt sich: $-10 = -12s - 2 \cdot 1 \Rightarrow s = \frac{2}{3}$
Aufgrund der eindeutigen Parameter $t = 1$ und $s = \frac{2}{3}$ liegt auch der Punkt F in E_1.

• Den Winkel β, den die Kanten $\overline{BC}$ und $\overline{BE}$ einschließen, erhält man mithilfe der Formel $\cos \beta = \frac{\overrightarrow{BC} \cdot \overrightarrow{BE}}{|\overrightarrow{BC}| \cdot |\overrightarrow{BE}|}$. Damit ergibt sich:

$$\cos\beta = \frac{\overrightarrow{BC} \cdot \overrightarrow{BE}}{|\overrightarrow{BC}| \cdot |\overrightarrow{BE}|} = \frac{\begin{pmatrix}-12\\0\\0\end{pmatrix} \cdot \begin{pmatrix}-2\\-4\\3\end{pmatrix}}{\left|\begin{pmatrix}-12\\0\\0\end{pmatrix}\right| \cdot \left|\begin{pmatrix}-2\\-4\\3\end{pmatrix}\right|}$$

$$= \frac{-12 \cdot (-2) + 0 \cdot (-4) + 0 \cdot 3}{\sqrt{(-12)^2 + 0^2 + 0^2} \cdot \sqrt{(-2)^2 + (-4)^2 + 3^2}}$$

$$= \frac{24}{12 \cdot \sqrt{29}} = \frac{2}{\sqrt{29}}$$

$$\Rightarrow \beta \approx 68{,}20°$$

Der Winkel, den die Kanten $\overline{BC}$ und $\overline{BE}$ einschließen, beträgt etwa $68{,}20°$.

- Um zu zeigen, dass die Dachfläche BCFE ein achsensymmetrisches Trapez ist, weist man nach, dass die Kanten $\overline{BC}$ und $\overline{EF}$ parallel sind, d.h. dass die Vektoren $\overrightarrow{BC}$ und $\overrightarrow{EF}$ ein Vielfaches voneinander sind, und dass der Winkel γ, den die Kanten $\overline{CB}$ und $\overline{CF}$ einschließen, gleich groß wie der Winkel β ist.

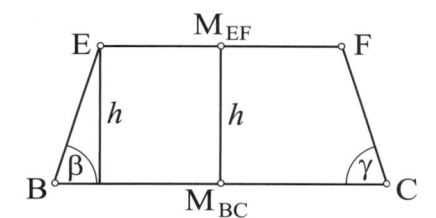

Es ist $\overrightarrow{BC} = \begin{pmatrix}-12\\0\\0\end{pmatrix}$ und $\overrightarrow{EF} = \begin{pmatrix}-8\\0\\0\end{pmatrix}$. Wegen $\overrightarrow{BC} = 1{,}5 \cdot \overrightarrow{EF}$ sind die Kanten $\overline{BC}$ und $\overline{EF}$ parallel zueinander.

Für den Winkel γ, den die Kanten $\overline{CB}$ und $\overline{CF}$ einschließen, gilt:

$$\cos\gamma = \frac{\overrightarrow{CB} \cdot \overrightarrow{CF}}{|\overrightarrow{CB}| \cdot |\overrightarrow{CF}|} = \frac{\begin{pmatrix}12\\0\\0\end{pmatrix} \cdot \begin{pmatrix}2\\-4\\3\end{pmatrix}}{\left|\begin{pmatrix}12\\0\\0\end{pmatrix}\right| \cdot \left|\begin{pmatrix}2\\-4\\3\end{pmatrix}\right|}$$

$$= \frac{12 \cdot 2 + 0 \cdot (-4) + 0 \cdot 3}{\sqrt{12^2 + 0^2 + 0^2} \cdot \sqrt{2^2 + (-4)^2 + 3^2}}$$

$$= \frac{24}{12 \cdot \sqrt{29}} = \frac{2}{\sqrt{29}} \quad \Rightarrow \quad \gamma \approx 68{,}20°$$

Da $\overline{BC}$ und $\overline{EF}$ parallel sind und $\gamma = \beta$ ist das Viereck BCFE ein achsensymmetrisches Trapez.

Den Flächeninhalt A des Trapezes erhält man mit der Formel $A = \frac{a+c}{2} \cdot h$.
Das Trapez hat die beiden parallelen Seiten $a = \overline{BC} = 12$ und $c = \overline{EF} = 8$.
Die Höhe h des Trapezes erhält man mithilfe des Sinus-Verhältnisses:

$$\sin\beta = \frac{h}{\overline{EB}} \Rightarrow h = \overline{EB} \cdot \sin\beta \approx \sqrt{29} \cdot \sin 68{,}20° \approx 5{,}00$$

Alternativ erhält man die Höhe h des Trapezes, indem man den Abstand des Mittelpunktes $M_{EF}(-6 \mid 4 \mid 8)$ der Kante $\overline{EF}$ zum Mittelpunkt $M_{BC}(-6 \mid 8 \mid 5)$ der Kante $\overline{BC}$ bestimmt:

$$h = \overline{M_{EF}M_{BC}} = \left|\overrightarrow{M_{EF}M_{BC}}\right| = \left|\begin{pmatrix} 0 \\ 4 \\ -3 \end{pmatrix}\right| = \sqrt{0^2 + 4^2 + (-3)^2} = \sqrt{25} = 5$$

Damit ergibt sich:
$$A = \frac{a+c}{2} \cdot h = \frac{12+8}{2} \cdot 5 = 50$$

Die Dachfläche BCFE hat einen Flächeninhalt von $50\,\text{m}^2$.

b) • Der waagerechte First des Anbaus steht im rechten Winkel zum Haus, verläuft also in x_2-Richtung. Die Koordinaten des Punktes R, in dem der First des Anbaus auf die Dachfläche BCFE trifft, erhält man, indem man die Gerade g, die durch den Punkt $W(-7 \mid 15 \mid 7{,}4)$ geht und parallel zur x_2-Achse verläuft, mit der Ebene E_1 schneidet.
Die Gerade g hat die Gleichung:

$$g: \vec{x} = \begin{pmatrix} -7 \\ 15 \\ 7{,}4 \end{pmatrix} + r \cdot \begin{pmatrix} 0 \\ 1 \\ 0 \end{pmatrix}$$

Den Schnittpunkt R von g mit E_1 erhält man durch Gleichsetzen:

$$\begin{pmatrix} 0 \\ 8 \\ 5 \end{pmatrix} + s \cdot \begin{pmatrix} -12 \\ 0 \\ 0 \end{pmatrix} + t \cdot \begin{pmatrix} -2 \\ -4 \\ 3 \end{pmatrix} = \begin{pmatrix} -7 \\ 15 \\ 7{,}4 \end{pmatrix} + r \cdot \begin{pmatrix} 0 \\ 1 \\ 0 \end{pmatrix}$$

Dies führt zu folgendem Gleichungssystem:

$$\begin{array}{lrrrrr}
\text{I} & & -12s & -2t & = & -7 \\
\text{II} & 8 & & -4t & = & 15 + r \\
\text{III} & 5 & & +3t & = & 7{,}4
\end{array}$$

Aus Gleichung III erhält man: $t = 0{,}8$.
Setzt man $t = 0{,}8$ in Gleichung II ein, ergibt sich: $8 - 4 \cdot 0{,}8 = 15 + r \Rightarrow r = -10{,}2$.

Setzt man $t = 0,8$ in Gleichung I ein, ergibt sich: $-12s - 2 \cdot 0,8 = -7 \Rightarrow s = -\frac{9}{20}$.
Alternativ kann man das Gleichungssystem auch mit dem GTR/CAS lösen.
Setzt man $r = -10,2$ in g ein, ergibt sich:

$$\vec{r} = \begin{pmatrix} -7 \\ 15 \\ 7,4 \end{pmatrix} - 10,2 \cdot \begin{pmatrix} 0 \\ 1 \\ 0 \end{pmatrix} = \begin{pmatrix} -7 \\ 4,8 \\ 7,4 \end{pmatrix} \Rightarrow R(-7 \mid 4,8 \mid 7,4)$$

Der Punkt R hat die Koordinaten $R(-7 \mid 4,8 \mid 7,4)$.

- Um die Koordinaten des Punktes Q zu bestimmen, verwendet man den Strahlensatz sowie eine Vektorkette.

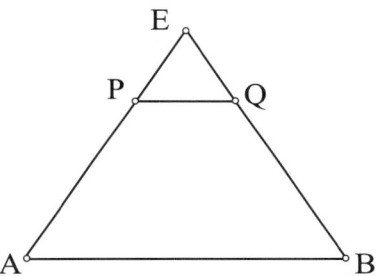

Aufgrund des Strahlensatzes mit Zentrum E gilt:

$$\frac{\overline{EQ}}{\overline{EB}} = \frac{\overline{PQ}}{\overline{AB}} \Leftrightarrow \frac{\overline{EQ}}{\overline{EB}} = \frac{2}{8} \Rightarrow \overline{EQ} = \frac{1}{4} \cdot \overline{EB}$$

Damit ergibt sich folgende Vektorkette:

$$\overrightarrow{OQ} = \overrightarrow{OE} + \frac{1}{4} \cdot \overrightarrow{EB} = \begin{pmatrix} -2 \\ 4 \\ 8 \end{pmatrix} + \frac{1}{4} \cdot \begin{pmatrix} 2 \\ 4 \\ -3 \end{pmatrix} = \begin{pmatrix} -1,5 \\ 5 \\ 7,25 \end{pmatrix} \Rightarrow Q(-1,5 \mid 5 \mid 7,25)$$

Der Punkt Q hat die Koordinaten $Q(-1,5 \mid 5 \mid 7,25)$.

17 Pyramide

Gegeben sind die Punkte A $(0\,|\,0\,|\,0)$, B $(24\,|\,7\,|\,0)$, C $(17\,|\,31\,|\,0)$, E $(1,7\,|\,3,1\,|\,3)$ und F $(14,7\,|\,12,1\,|\,9)$.

a) Um zu zeigen, dass die Punkte A, B und C Eckpunkte eines Quadrates sein können, berechnet man die Seitenlängen des Dreiecks ABC und weist mithilfe des Skalarprodukts zweier Verbindungsvektoren einen rechten Winkel nach.

$$\overline{AB} = |\overrightarrow{AB}| = \left|\begin{pmatrix} 24 \\ 7 \\ 0 \end{pmatrix}\right| = \sqrt{24^2 + 7^2 + 0^2} = \sqrt{625} = 25$$

$$\overline{BC} = |\overrightarrow{BC}| = \left|\begin{pmatrix} -7 \\ 24 \\ 0 \end{pmatrix}\right| = \sqrt{(-7)^2 + 24^2 + 0^2} = \sqrt{625} = 25$$

$$\overline{AC} = |\overrightarrow{AC}| = \left|\begin{pmatrix} 17 \\ 31 \\ 0 \end{pmatrix}\right| = \sqrt{17^2 + 31^2 + 0^2} = \sqrt{1250}$$

Da $\overline{AB} = \overline{BC}$, ist das Dreieck ABC gleichschenklig.

Wegen $\overrightarrow{AB} \cdot \overrightarrow{BC} = \begin{pmatrix} 24 \\ 7 \\ 0 \end{pmatrix} \cdot \begin{pmatrix} -7 \\ 24 \\ 0 \end{pmatrix} = 24 \cdot (-7) + 7 \cdot 24 + 0 \cdot 0 = 0$ hat das Dreieck ABC zwischen den Seiten AB und BC einen rechten Winkel, also bei Punkt B.

Somit können die Punkte A, B und C Eckpunkte eines Quadrates sein.

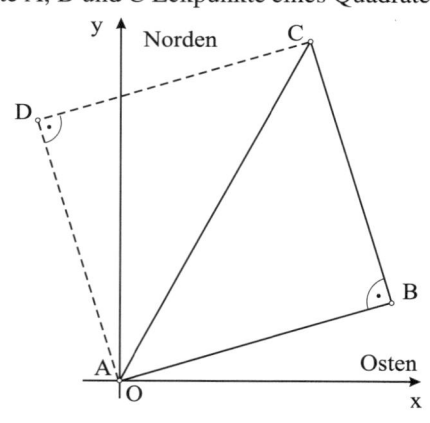

Den Flächeninhalt A dieses Quadrates erhält man, indem man eine Seitenlänge quadriert:

$$A = \overline{AB}^2 = 25^2 = 625$$

Das Quadrat hat einen Flächeninhalt von $625\,\text{m}^2$.

Die Koordinaten des vierten Quadrateckpunktes D erhält man mithilfe einer Vektorkette:

$$\overrightarrow{OD} = \overrightarrow{OA} + \overrightarrow{BC} = \begin{pmatrix} 0 \\ 0 \\ 0 \end{pmatrix} + \begin{pmatrix} -7 \\ 24 \\ 0 \end{pmatrix} = \begin{pmatrix} -7 \\ 24 \\ 0 \end{pmatrix} \Rightarrow D(-7 \mid 24 \mid 0)$$

Der vierte Eckpunkt D hat die Koordinaten $D(-7 \mid 24 \mid 0)$.

b) Die ursprüngliche Spitze S der Pyramide liegt auf der Geraden g durch die Punkte A und E sowie auf der Geraden h durch die Punkte B und F.

Die Gerade g hat die Gleichung: $g: \vec{x} = \begin{pmatrix} 0 \\ 0 \\ 0 \end{pmatrix} + s \cdot \begin{pmatrix} 1,7 \\ 3,1 \\ 3 \end{pmatrix}$; $s \in \mathbb{R}$

Die Gerade h hat die Gleichung: $h: \vec{x} = \begin{pmatrix} 24 \\ 7 \\ 0 \end{pmatrix} + t \cdot \begin{pmatrix} -9,3 \\ 5,1 \\ 9 \end{pmatrix}$; $t \in \mathbb{R}$

Schneidet man die Geraden g und h, ergibt sich:

$$\begin{pmatrix} 0 \\ 0 \\ 0 \end{pmatrix} + s \cdot \begin{pmatrix} 1,7 \\ 3,1 \\ 3 \end{pmatrix} = \begin{pmatrix} 24 \\ 7 \\ 0 \end{pmatrix} + t \cdot \begin{pmatrix} -9,3 \\ 5,1 \\ 9 \end{pmatrix}$$

Dies führt zu folgendem Gleichungssystem:

$$\begin{array}{rrcrr} \text{I} & 1,7s & = & 24 & - & 9,3t \\ \text{II} & 3,1s & = & 7 & + & 5,1t \\ \text{III} & 3s & = & & & 9t \end{array}$$

Aus Gleichung III ergibt sich: $s = 3t$

Setzt man $s = 3t$ in Gleichung I ein, erhält man: $1,7 \cdot 3t = 24 - 9,3t \Rightarrow t = \frac{5}{3}$

Damit gilt: $s = 3 \cdot \frac{5}{3} = 5$. Setzt man $s = 5$ und $t = \frac{5}{3}$ in Gleichung II ein, ergibt sich:

$$3,1 \cdot 5 = 7 + 5,1 \cdot \frac{5}{3} \Leftrightarrow 15,5 = 15,5$$

Aufgrund der wahren Aussage schneiden sich g und h in einem Punkt.
Die Koordinaten des Schnittpunktes S erhält man, indem man $s = 5$ in die Geradengleichung von g (oder $t = \frac{5}{3}$ in die Geradengleichung von h) einsetzt:

$$\vec{s} = \begin{pmatrix} 0 \\ 0 \\ 0 \end{pmatrix} + 5 \cdot \begin{pmatrix} 1,7 \\ 3,1 \\ 3 \end{pmatrix} = \begin{pmatrix} 8,5 \\ 15,5 \\ 15 \end{pmatrix} \Rightarrow S(8,5 \mid 15,5 \mid 15)$$

Die ursprüngliche Spitze der Pyramide hat die Koordinaten $S(8,5 \mid 15,5 \mid 15)$. Die ursprüngliche Höhe der Pyramide ist die x_3-Koordinate der Spitze S, da alle Pyramideneckpunkte in der x_1x_2-Ebene liegen. Somit beträgt die ursprüngliche Pyramidenhöhe 15 m.

17. Pyramide — Lösungen

c) Den Schattenpunkt M der Pyramidenspitze S in der x-y-Ebene erhält man, indem man zuerst eine Gerade g^* aufstellt, die durch die Spitze S geht und als Richtungsvektor die Richtung $\vec{v}$ der Sonnenstrahlen hat. Anschließend schneidet man g^* mit der $x_1 x_2$-Ebene. Die Gerade g^* hat die Gleichung:

$$g^*: \vec{x} = \begin{pmatrix} 8,5 \\ 15,5 \\ 15 \end{pmatrix} + r \cdot \begin{pmatrix} -4,8 \\ -1,4 \\ -3 \end{pmatrix} \; ; r \in \mathbb{R}$$

Die $x_1 x_2$-Ebene hat die Parametergleichung:

$$\vec{x} = \begin{pmatrix} 0 \\ 0 \\ 0 \end{pmatrix} + s \cdot \begin{pmatrix} 1 \\ 0 \\ 0 \end{pmatrix} + t \cdot \begin{pmatrix} 0 \\ 1 \\ 0 \end{pmatrix} \; ; s, t \in \mathbb{R}$$

Den Schnittpunkt M von g^* mit der $x_1 x_2$-Ebene erhält man durch Gleichsetzen:

$$\begin{pmatrix} 0 \\ 0 \\ 0 \end{pmatrix} + s \cdot \begin{pmatrix} 1 \\ 0 \\ 0 \end{pmatrix} + t \cdot \begin{pmatrix} 0 \\ 1 \\ 0 \end{pmatrix} = \begin{pmatrix} 8,5 \\ 15,5 \\ 15 \end{pmatrix} + r \cdot \begin{pmatrix} -4,8 \\ -1,4 \\ -3 \end{pmatrix}$$

Dies führt zu folgendem Gleichungssystem:

$$\begin{array}{rrcrr} \text{I} & s & = & 8,5 & - & 4,8r \\ \text{II} & t & = & 15,5 & - & 1,4r \\ \text{III} & 0 & = & 15 & - & 3r \end{array}$$

Aus Gleichung III erhält man: $r = 5$.
Setzt man $r = 5$ in Gleichung I und II ein, ergibt sich: $s = -15,5$ und $t = 8,5$.
Setzt man $r = 5$ in g^* ein, erhält man:

$$\vec{m} = \begin{pmatrix} 8,5 \\ 15,5 \\ 15 \end{pmatrix} + 5 \cdot \begin{pmatrix} -4,8 \\ -1,4 \\ -3 \end{pmatrix} = \begin{pmatrix} -15,5 \\ 8,5 \\ 0 \end{pmatrix} \Rightarrow M(-15,5 \,|\, 8,5 \,|\, 0)$$

Der Mittelpunkt M des Opferplatzes hat die Koordinaten $M(-15,5 \,|\, 8,5 \,|\, 0)$.

d) In der Ebene $E: \vec{x} = \begin{pmatrix} 17 \\ 31 \\ 0 \end{pmatrix} + s \cdot \begin{pmatrix} -8,5 \\ -15,5 \\ 15 \end{pmatrix} + t \cdot \begin{pmatrix} 7 \\ -24 \\ 0 \end{pmatrix} \; ; s, t \in \mathbb{R}$ liegen der Punkt

$C(17 \,|\, 31 \,|\, 0)$ (Stützpunkt) sowie die Punkte $B(24 \,|\, 7 \,|\, 0)$ und $S(8,5 \,|\, 15,5 \,|\, 15)$, da

$\overrightarrow{CS} = \begin{pmatrix} -8,5 \\ -15,5 \\ 15 \end{pmatrix}$ und $\overrightarrow{CB} = \begin{pmatrix} 7 \\ -24 \\ 0 \end{pmatrix}$ Spannvektoren von E sind.

Somit liegt die Seitenfläche BCS in der Ebene E.

Wenn das Skalarprodukt zweier Vektoren Null ergibt, sind diese beiden Vektoren orthogonal.

Wegen $\begin{pmatrix} -8,5 \\ -15,5 \\ 15 \end{pmatrix} \cdot \begin{pmatrix} 144 \\ 42 \\ 125 \end{pmatrix} = 0$ und $\begin{pmatrix} 7 \\ -24 \\ 0 \end{pmatrix} \cdot \begin{pmatrix} 144 \\ 42 \\ 125 \end{pmatrix} = 0$ ist der Vektor

$\vec{n} = \begin{pmatrix} 144 \\ 42 \\ 125 \end{pmatrix}$ jeweils orthogonal auf den beiden Spannvektoren $\overrightarrow{CS} = \begin{pmatrix} -8,5 \\ -15,5 \\ 15 \end{pmatrix}$ und

$\overrightarrow{CB} = \begin{pmatrix} 7 \\ -24 \\ 0 \end{pmatrix}$ der Ebene E. Somit steht der Vektor $\vec{n}$ senkrecht zur Seitenfläche BCS der Pyramide.

e) Den Winkel α, den die Vektoren $\vec{h} = \begin{pmatrix} 144 \\ 42 \\ 125 \end{pmatrix}$ und $\vec{r} = \begin{pmatrix} 42 \\ -144 \\ 125 \end{pmatrix}$ einschließen, erhält

man mit der Formel $\cos \alpha = \frac{\vec{h} \cdot \vec{r}}{|\vec{h}| \cdot |\vec{r}|}$.

Damit ergibt sich:

$$\cos \alpha = \frac{\begin{pmatrix} 144 \\ 42 \\ 125 \end{pmatrix} \cdot \begin{pmatrix} 42 \\ -144 \\ 125 \end{pmatrix}}{\left| \begin{pmatrix} 144 \\ 42 \\ 125 \end{pmatrix} \right| \cdot \left| \begin{pmatrix} 42 \\ -144 \\ 125 \end{pmatrix} \right|}$$

$$= \frac{144 \cdot 42 + 42 \cdot (-144) + 125 \cdot 125}{\sqrt{144^2 + 42^2 + 125^2} \cdot \sqrt{42^2 + (-144)^2 + 125^2}}$$

$$= \frac{15625}{38125}$$

$$= \frac{25}{61}$$

$$\Rightarrow \alpha \approx 65,81°$$

Der Winkel zwischen den Vektoren $\vec{h}$ und $\vec{r}$ beträgt etwa $65,81°$.

Da $\vec{h}$ orthogonal zur Pyramidenseitenfläche BCS ist (siehe Aufgabe d) und $\vec{r}$ orthogonal zur Pyramidenseitenfläche ABS verläuft, ist der Winkel α zwischen den Vektoren $\vec{h}$ und $\vec{r}$ gleich groß wie der Winkel, der von den beiden Pyramidenseitenflächen BCS und ABS eingeschlossen wird.

18 Bühne

Gegeben sind die Punkte $R_2(35\mid-5\mid0)$, $R_3(25\mid-5\mid1)$.

a) Da die Rampe 3 m breit und rechteckig sein soll, haben die Eckpunkte R_1 und R_4 die Koordinaten $R_1(35\mid-8\mid0)$ und $R_4(25\mid-8\mid1)$.

Die Länge l der Rampe erhält man, indem man den Betrag des Verbindungsvektors von R_2 zu R_3 bestimmt:

$$l = \overline{R_2R_3} = |\overrightarrow{R_2R_3}| = \left|\begin{pmatrix}-10\\0\\1\end{pmatrix}\right| = \sqrt{(-10)^2+0^2+1^2} = \sqrt{101} \approx 10,05$$

Die Rampe hat eine Länge von etwa 10,05 m.

b) Den Steigungswinkel α der Rampe erhält man mithilfe der Trigonometrie:

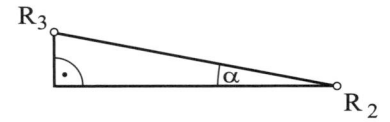

Im rechtwinkligen Dreieck gilt:

$$\tan\alpha = \frac{1}{10} \Rightarrow \alpha \approx 5,71°$$

Wegen $\alpha \approx 5,71° > 3,4°$ erfüllt die Rampe die DIN nicht.

c) Um zu zeigen, dass im Dreieck ABP mit den Eckpunkten $A(5\mid26\mid25)$, $B(2\mid30\mid18)$ und $P(35\mid66\mid35)$ bei A ein rechter Winkel vorliegt, berechnet man das Skalarprodukt der Vektoren $\overrightarrow{AB}$ und $\overrightarrow{AP}$:

$$\overrightarrow{AB}\cdot\overrightarrow{AP} = \begin{pmatrix}-3\\4\\-7\end{pmatrix}\cdot\begin{pmatrix}30\\40\\10\end{pmatrix} = (-3)\cdot30+4\cdot40+(-7)\cdot10 = 0$$

Wegen $\overrightarrow{AB}\cdot\overrightarrow{AP} = 0$ sind die Vektoren $\overrightarrow{AB}$ und $\overrightarrow{AP}$ orthogonal zueinander. Somit hat das Dreieck ABP bei A einen rechten Winkel.

Der Vektor $\overrightarrow{AC}$ hat die gleiche Richtung wie $\overrightarrow{AP}$. Damit gilt sowohl $\overrightarrow{AB}\cdot\overrightarrow{AP} = 0$ als auch $\overrightarrow{AB}\cdot\overrightarrow{AC} = 0$. Somit ist das Dreieck ABC immer rechtwinklig, egal, wo sich der Punkt C auf dem Seil zwischen A und P befindet.

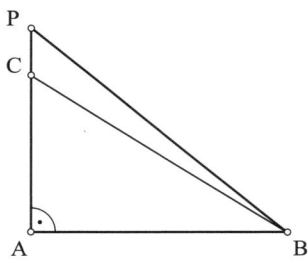

d) Die Koordinaten des Schattenpunktes A_S auf dem Bühnenboden, der in einer Ebene E 1 m über der Rasenfläche liegt, erhält man, indem man die Gerade g, die durch A geht und den Richtungsvektor $\vec{v}$ hat, mit E schneidet. Die Gerade g hat die Gleichung:

$$g: \vec{x} = \begin{pmatrix}5\\26\\25\end{pmatrix} + r\cdot\begin{pmatrix}-1\\-5\\-3\end{pmatrix}$$

Die Ebene E geht durch den Punkt M$(0\,|\,0\,|\,1)$ und hat als Spannvektoren die Richtungsvektoren der x_1- und der x_2- Achse. Damit hat E die Parametergleichung:

$$E: \vec{x} = \begin{pmatrix} 0 \\ 0 \\ 1 \end{pmatrix} + s \cdot \begin{pmatrix} 1 \\ 0 \\ 0 \end{pmatrix} + t \cdot \begin{pmatrix} 0 \\ 1 \\ 0 \end{pmatrix} ; s, t \in \mathbb{R}$$

Den Schnittpunkt A_S von g und E erhält man durch Gleichsetzen:

$$\begin{pmatrix} 0 \\ 0 \\ 1 \end{pmatrix} + s \cdot \begin{pmatrix} 1 \\ 0 \\ 0 \end{pmatrix} + t \cdot \begin{pmatrix} 0 \\ 1 \\ 0 \end{pmatrix} = \begin{pmatrix} 5 \\ 26 \\ 25 \end{pmatrix} + r \cdot \begin{pmatrix} -1 \\ -5 \\ -3 \end{pmatrix}$$

Dies führt zu folgendem Gleichungssystem:

$$\begin{array}{rlrcl} \text{I} & \quad & s & = & 5 - r \\ \text{II} & & t & = & 26 - 5r \\ \text{III} & & 1 & = & 25 - 3r \end{array}$$

Aus Gleichung III erhält man: $r = 8$.
Setzt man $r = 8$ in Gleichung I und II ein, ergibt sich: $s = -3$ und $t = -14$.
Setzt man $r = 8$ in g ein, erhält man:

$$\vec{a}_S = \begin{pmatrix} 5 \\ 26 \\ 25 \end{pmatrix} + 8 \cdot \begin{pmatrix} -1 \\ -5 \\ -3 \end{pmatrix} = \begin{pmatrix} -3 \\ -14 \\ 1 \end{pmatrix} \Rightarrow A_S(-3\,|\,-14\,|\,1)$$

Somit erhält man den Schattenpunkt $A_S(-3\,|\,-14\,|\,1)$.

19 Seilbahn

a) • Anhand der gegebenen Abbildung kann man die Koordinaten der Punkte A, F, G und T angeben:

$$A(20\,|\,0\,|\,0),\ F(20\,|\,15\,|\,10),\ G(0\,|\,15\,|\,10)\ \text{und}\ T(0\,|\,12\,|\,16)$$

Die Dachebene E_1, in der die Punkte F, G und S liegen, hat z.B. den Stützpunkt F und die Spannvektoren

$$\vec{FS} = \begin{pmatrix} 0 \\ -3 \\ 6 \end{pmatrix} = 3 \cdot \begin{pmatrix} 0 \\ -1 \\ 2 \end{pmatrix} \text{ und } \vec{FG} = \begin{pmatrix} -20 \\ 0 \\ 0 \end{pmatrix} = -20 \cdot \begin{pmatrix} 1 \\ 0 \\ 0 \end{pmatrix}$$

Damit hat E_1 die Parametergleichung:

$$E_1: \vec{x} = \begin{pmatrix} 20 \\ 15 \\ 10 \end{pmatrix} + s \cdot \begin{pmatrix} 0 \\ -1 \\ 2 \end{pmatrix} + t \cdot \begin{pmatrix} 1 \\ 0 \\ 0 \end{pmatrix}; \ s,t \in \mathbb{R}$$

• Das Seil der Seilbahn liegt auf der Geraden g durch die Punkte $P(6\,|\,5\,|\,12)$ und $Q(38\,|\,133\,|\,44)$. Damit hat die Gerade g z.B. die Gleichung:

$$g: \vec{x} = \vec{p} + k \cdot \vec{PQ}$$

$$g: \vec{x} = \begin{pmatrix} 6 \\ 5 \\ 12 \end{pmatrix} + k \cdot \begin{pmatrix} 32 \\ 128 \\ 32 \end{pmatrix} \text{ mit } k \in \mathbb{R}$$

$$g: \vec{x} = \begin{pmatrix} 6 \\ 5 \\ 12 \end{pmatrix} + r \cdot \begin{pmatrix} 1 \\ 4 \\ 1 \end{pmatrix} \text{ mit } r \in \mathbb{R}$$

Die Koordinaten des Punktes R, in dem das Seil die Dachebene E_1 durchstößt, erhält man durch Gleichsetzen von g und E_1:

$$\begin{pmatrix} 20 \\ 15 \\ 10 \end{pmatrix} + s \cdot \begin{pmatrix} 0 \\ -1 \\ 2 \end{pmatrix} + t \cdot \begin{pmatrix} 1 \\ 0 \\ 0 \end{pmatrix} = \begin{pmatrix} 6 \\ 5 \\ 12 \end{pmatrix} + r \cdot \begin{pmatrix} 1 \\ 4 \\ 1 \end{pmatrix}$$

Dies führt zu folgendem Gleichungssystem:

$$\begin{array}{llll} \text{I} & 20 & + t & = 6 + r \\ \text{II} & 15 - s & & = 5 + 4r \\ \text{III} & 10 + 2s & & = 12 + r \end{array}$$

Addiert man das 2-fache von Gleichung II zu Gleichung III, erhält man: $40 = 22 + 9r \Rightarrow r = 2$.

Setzt man $r = 2$ in Gleichung I ein, ergibt sich: $20 + t = 6 + 2 \Rightarrow t = -12$.
Setzt man $r = 2$ in Gleichung II ein, ergibt sich: $15 - s = 5 + 4 \cdot 2 \Rightarrow s = 2$.
Alternativ kann man das Gleichungssystem auch mit dem GTR/CAS lösen.
Setzt man $r = 2$ in g ein, erhält man:

$$\vec{r} = \begin{pmatrix} 6 \\ 5 \\ 12 \end{pmatrix} + 2 \cdot \begin{pmatrix} 1 \\ 4 \\ 1 \end{pmatrix} = \begin{pmatrix} 8 \\ 13 \\ 14 \end{pmatrix} \Rightarrow R(8 \mid 13 \mid 14)$$

Somit erhält man den Durchstoßpunkt $R(8 \mid 13 \mid 14)$ der Seilbahn durch die Dachebene.

- Die Länge l des Seils erhält man, indem man die Länge des Verbindungsvektors von $P(6 \mid 5 \mid 12)$ zu $Q(38 \mid 133 \mid 44)$ berechnet:

$$l = \overline{PQ} = \left| \vec{PQ} \right| = \left| \begin{pmatrix} 32 \\ 128 \\ 32 \end{pmatrix} \right| = \sqrt{32^2 + 128^2 + 32^2} \approx 135{,}76$$

Somit hat das Seil eine Länge von etwa $135{,}8$ cm.

b) Das Seil der zweiten Seilbahn liegt auf der Geraden h mit dem Stützpunkt $K(61 \mid 81 \mid 0)$ und der Richtung $\vec{v} = \begin{pmatrix} -2 \\ -2 \\ 1 \end{pmatrix}$. Damit hat die Gerade h die Gleichung:

$$h: \vec{x} = \begin{pmatrix} 61 \\ 81 \\ 0 \end{pmatrix} + s \cdot \begin{pmatrix} -2 \\ -2 \\ 1 \end{pmatrix} \text{ mit } s \in \mathbb{R}$$

Das Seil der ersten Seilbahn liegt auf der Geraden g mit der Gleichung:

$$g: \vec{x} = \begin{pmatrix} 6 \\ 5 \\ 12 \end{pmatrix} + r \cdot \begin{pmatrix} 1 \\ 4 \\ 1 \end{pmatrix} \text{ mit } r \in \mathbb{R}$$

Um zu zeigen, dass sich die beiden Geraden nicht schneiden, setzt man die beiden Geradengleichungen gleich:

$$\begin{pmatrix} 61 \\ 81 \\ 0 \end{pmatrix} + s \cdot \begin{pmatrix} -2 \\ -2 \\ 1 \end{pmatrix} = \begin{pmatrix} 6 \\ 5 \\ 12 \end{pmatrix} + r \cdot \begin{pmatrix} 1 \\ 4 \\ 1 \end{pmatrix}$$

Dies führt zu folgendem Gleichungssystem:

$$\begin{array}{rrcrl} \text{I} & 61 - 2s &=& 6 &+ r \\ \text{II} & 81 - 2s &=& 5 &+ 4r \\ \text{III} & s &=& 12 &+ r \end{array}$$

Subtrahiert man Gleichung II von Gleichung I, ergibt sich: $-20 = 1 - 3t \Rightarrow r = 7$.
Setzt man $r = 7$ in Gleichung II ein, erhält man: $81 - 2s = 5 + 4 \cdot 7 \Rightarrow s = 24$.
Setzt man $r = 7$ und $s = 24$ in Gleichung III ein, ergibt sich: $24 = 12 + 7 \Rightarrow 24 = 19$.
Aufgrund des Widerspruchs schneiden sich die Geraden g und h nicht.

c) Gegeben sind $k: \vec{x} = \begin{pmatrix} 6 \\ 5 \\ 12 \end{pmatrix} + t \cdot \begin{pmatrix} 1 \\ 4 \\ 1 \end{pmatrix}$ und $l: \vec{x} = \begin{pmatrix} 61 \\ 81 \\ 0 \end{pmatrix} + s \cdot \begin{pmatrix} -2 \\ -2 \\ 1 \end{pmatrix}$.

Da der Punkt U auf k liegt, hat er die allgemeinen Koordinaten $U_t(6+t \mid 5+4t \mid 12+t)$.
Da der Punkt V auf l liegt, hat er die allgemeinen Koordinaten $V_s(61-2s \mid 81-2s \mid s)$.
Damit gilt für den Verbindungsvektor zwischen U_t und V_s:

$$\overrightarrow{U_tV_s} = \begin{pmatrix} 61-2s \\ 81-2s \\ s \end{pmatrix} - \begin{pmatrix} 6+t \\ 5+4t \\ 12+t \end{pmatrix} = \begin{pmatrix} 55-2s-t \\ 76-2s-4t \\ -12+s-t \end{pmatrix}$$

Da der Vektor $\overrightarrow{UV}$ senkrecht zur x_1x_2-Ebene sein soll, muss er ein Vielfaches des Vektors $\begin{pmatrix} 0 \\ 0 \\ 1 \end{pmatrix}$ ein, der ebenfalls senkrecht zur x_1x_2-Ebene ist. Somit muss gelten:

$$\overrightarrow{UV} = r \cdot \begin{pmatrix} 0 \\ 0 \\ 1 \end{pmatrix}$$

$$\overrightarrow{U_tV_s} = r \cdot \begin{pmatrix} 0 \\ 0 \\ 1 \end{pmatrix}$$

$$\begin{pmatrix} 55-2s-t \\ 76-2s-4t \\ -12+s-t \end{pmatrix} = r \cdot \begin{pmatrix} 0 \\ 0 \\ 1 \end{pmatrix}$$

Dies führt zu folgendem linearen Gleichungssystem:

$$\begin{array}{rrrrrrl} \text{I} & 55 & - & 2s & - & t & = 0 \\ \text{II} & 76 & - & 2s & - & 4t & = 0 \\ \text{III} & -12 & + & s & - & t & = r \end{array}$$

Subtrahiert man Gleichung II von Gleichung I, ergibt sich: $-21 + 3t = 0 \Rightarrow t = 7$.
Setzt man $t = 7$ in Gleichung I ein, erhält man: $55 - 2s - 7 = 0 \Rightarrow s = 24$.
Setzt man $t = 7$ und $s = 24$ in Gleichung III ein, ergibt sich: $-12 + 24 - 7 = r \Rightarrow r = 5$.
Alternativ kann man das Gleichungssystem auch umformen und erhält:

$$\begin{array}{rrrrrrrl} \text{I} & -2s & - & t & & & = & -55 \\ \text{II} & -2s & - & 4t & & & = & -76 \\ \text{III} & s & - & t & - & r & = & 12 \end{array}$$

Mit Hilfe des GTR/CAS erhält man die Lösung $s = 24$, $t = 7$ und $r = 5$.

Setzt man $t = 7$ in U_t und $s = 24$ in V_s ein, ergeben sich die Koordinaten der Punkte U(13 | 33 | 19) und V(13 | 33 | 24).

20 Maibaum

a) Zur Bestimmung einer Gleichung der Ebene H in Koordinatenform muss ein Normalenvektor $\vec{n}$ von H bestimmt werden.
Diesen erhält man mithilfe des Vektorprodukts der beiden Spannvektoren (siehe Seite 98):

$$\begin{pmatrix} -3 \\ 1 \\ 1 \end{pmatrix} \times \begin{pmatrix} -1 \\ -1 \\ 1 \end{pmatrix} = \begin{pmatrix} 2 \\ 2 \\ 4 \end{pmatrix} = 2 \cdot \begin{pmatrix} 1 \\ 1 \\ 2 \end{pmatrix} \Rightarrow \vec{n} = \begin{pmatrix} 1 \\ 1 \\ 2 \end{pmatrix}$$

Damit ergibt sich die Ebenengleichung:

$$H: \vec{x} \cdot \begin{pmatrix} 1 \\ 1 \\ 2 \end{pmatrix} = \begin{pmatrix} 2 \\ -2 \\ 4 \end{pmatrix} \cdot \begin{pmatrix} 1 \\ 1 \\ 2 \end{pmatrix} \quad \text{bzw.} \quad H: x+y+2z = 8$$

Um den Neigungswinkel α des Hanges zu berechnen, muss der Schnittwinkel der Hangebene H und der x-y-Ebene bestimmt werden. Hierfür benötigt man die Normalenvektoren der beiden Ebenen. Es ist $\vec{n}_H = \begin{pmatrix} 1 \\ 1 \\ 2 \end{pmatrix}$ und $\vec{n}_{xy} = \begin{pmatrix} 0 \\ 0 \\ 1 \end{pmatrix}$. Damit ergibt sich:

$$\cos\alpha = \frac{|\vec{n}_H \cdot \vec{n}_{xy}|}{|\vec{n}_H| \cdot |\vec{n}_{xy}|} = \frac{\left|\begin{pmatrix} 1 \\ 1 \\ 2 \end{pmatrix} \cdot \begin{pmatrix} 0 \\ 0 \\ 1 \end{pmatrix}\right|}{\left|\begin{pmatrix} 1 \\ 1 \\ 2 \end{pmatrix}\right| \cdot \left|\begin{pmatrix} 0 \\ 0 \\ 1 \end{pmatrix}\right|} = \frac{1\cdot 0 + 1 \cdot 0 + 2 \cdot 1}{\sqrt{1^2+1^2+2^2} \cdot \sqrt{0^2+0^2+1^2}} = \frac{2}{\sqrt{6}}$$

$\Rightarrow \alpha \approx 35,26°$

Zum Einzeichnen der Ebene berechnet man zunächst die Spurpunkte. Setzt man $y = z = 0$ in die Koordinatengleichung von H ein, erhält man $x = 8$ und damit $S_x(8 \mid 0 \mid 0)$. Für $x = z = 0$ ist $y = 8$ und der zweite Spurpunkt $S_y(0 \mid 8 \mid 0)$. Ist $x = y = 0$ erhält man $2z = 8 \Rightarrow z = 4$ und somit $S_z(0 \mid 0 \mid 4)$. Zeichnet man diese Punkte in ein Koordinatensystem ein und verbindet diese, erhält man einen Ausschnitt der Ebene H. Der Maibaum ergibt sich als Verbindungslinie der Punkte F und S.

Lösungen   20. Maibaum

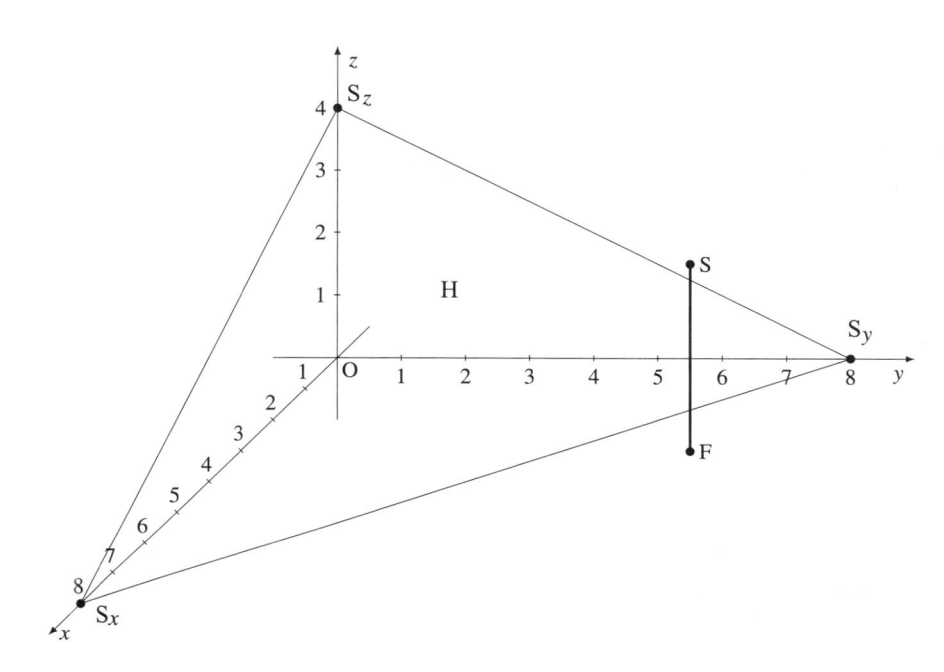

b) Damit der Abstand eingehalten wird, muss der Abstand vom Punkt F am Fuße des Maibaumes vom Rand des Hanges mindestens $8\,\text{m} + 2\,\text{m} + 3\,\text{m} = 13\,\text{m}$ betragen. Der Rand des Hanges wird durch die Spurgerade g_{xy} durch die beiden Punkte S_x und S_y beschrieben. Es gilt:

$$g_{xy}: \vec{x} = \overrightarrow{OS_x} + \lambda \cdot \overrightarrow{S_xS_y} = \begin{pmatrix} 8 \\ 0 \\ 0 \end{pmatrix} + \lambda \cdot \begin{pmatrix} -8 \\ 8 \\ 0 \end{pmatrix} ; \lambda \in \mathbb{R}$$

Nun muss der Abstand des Punktes F von der Geraden g_{xy} bestimmt werden.
Dazu wählt man einen allgemeinen Punkt $B(8-8\lambda \mid 8\lambda \mid 0) \in g_{xy}$ und bestimmt λ so, dass der Abstand $|\overrightarrow{BF}|$ minimal ist. Es ist:

$$\overrightarrow{BF} = \begin{pmatrix} 3 \\ 7 \\ 0 \end{pmatrix} - \begin{pmatrix} 8-8\lambda \\ 8\lambda \\ 0 \end{pmatrix} = \begin{pmatrix} -5+8\lambda \\ 7-8\lambda \\ 0 \end{pmatrix}.$$

Für den Abstand $d(\lambda)$ von B zu F gilt dann:

$$d(\lambda) = |\overrightarrow{BF}| = \sqrt{(-5+8\lambda)^2 + (7-8\lambda)^2}$$

Um den minimalen Abstand zu bestimmen, berechnet man mithilfe des GTR/CAS das Minimum der Funktion $d(\lambda)$.
Man erhält: $\lambda = \frac{3}{4}$ und $d\left(\frac{3}{4}\right) = \sqrt{2} \approx 1{,}4142$.
Der Abstand des Maibaums zum Hang beträgt somit etwa $14{,}14\,\text{m} > (8+2+3)\,\text{m} = 13\,\text{m}$ und ist somit ausreichend groß.

20. Maibaum — Lösungen

c) Zunächst wird die Gleichung der Geraden g_S aufgestellt, die durch die Spitze S des Maibaums und in Richtung des Sonnenstrahlvektors verläuft:

$$g_S : \vec{x} = \begin{pmatrix} 3 \\ 7 \\ 3 \end{pmatrix} + \mu \cdot \begin{pmatrix} -3 \\ -3 \\ -1 \end{pmatrix} ; \mu \in \mathbb{R}$$

Der Schnittpunkt dieser Geraden mit der Hangebene H ist der Schattenpunkt S' der Maibaumspitze S. Setzt man den allgemeinen Punkt $P_\mu(3-3\mu \mid 7-3\mu \mid 3-\mu)$ der Geraden g_S in die Ebenengleichung von H ein, ergibt sich:

$$3 - 3\mu + 7 - 3\mu + 2 \cdot (3 - \mu) = 8 \Leftrightarrow -8\mu = -8 \Leftrightarrow \mu = 1$$

Setzt man $\mu = 1$ in P_μ ein, erhält man die Koordinaten des Schattenpunkts S'(0 | 4 | 2) der Maibaumspitze S.

Um zu zeigen, dass der Punkt R(2 | 6 | 0) der Knickpunkt der Schattenlinie ist, weist man nach, dass R auf der Spurgeraden g_{xy} liegt und es einen Punkt auf dem Maibaum gibt, so dass R der zugehörige Schattenpunkt ist.

Da die dritte Koordinate von R Null ist, liegt R in der x-y-Ebene.
Setzt man die Koordinaten von R in die Koordinatengleichung von H ein, ergibt sich:
$2+6+0 = 8 \Leftrightarrow 8 = 8$. Da dies eine wahre Aussage ist, liegt R auch in der Ebene H und somit auf der Spurgeraden g_{xy}.

Ein allgemeiner Punkt M auf dem Maibaum hat die Koordinaten $M_t(3 \mid 7 \mid t)$ mit $0 \leqslant t \leqslant 3$, da der Maibaum senkrecht zur x-y-Ebene im Punkt F(3 | 7 | 0) steht und die Spitze des Maibaums im Punkt S(3 | 7 | 3) liegt.

Zu zeigen ist nun noch, dass der Punkt R für $0 \leqslant t \leqslant 3$ auf der Geraden g_M durch M mit Richtungsvektor $\vec{v}$ liegt.

Es muss also ein $v \in \mathbb{R}$ geben, so dass die folgende Gleichung erfüllt ist:

$$\begin{pmatrix} 3 \\ 7 \\ t \end{pmatrix} + v \cdot \begin{pmatrix} -3 \\ -3 \\ -1 \end{pmatrix} = \begin{pmatrix} 2 \\ 6 \\ 0 \end{pmatrix}$$

Dies führt zu:

$$3 - 3v = 2 \Leftrightarrow v = \frac{1}{3}$$

$$7 - 3v = 6 \Leftrightarrow v = \frac{1}{3}$$

$$t - v = 0 \Leftrightarrow t = v = \frac{1}{3}$$

Somit ist R der Schattenpunkt des Punktes $M(3 \mid 7 \mid \frac{1}{3})$ und damit der Punkt, in dem der Schatten des Maibaumes von der x-y-Ebene auf die Hangebene übergeht.

21 Solaranlage

a) Ein Rechteck liegt vor, wenn die gegenüberliegenden Seiten parallel sind und mindestens ein rechter Winkel vorhanden ist.

Es werden also die vier Seitenvektoren bestimmt und auf paarweise Parallelität untersucht:

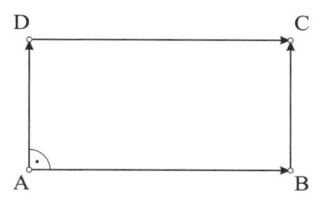

$$\overrightarrow{AB} = \begin{pmatrix} 5 \\ 0 \\ 0 \end{pmatrix} \quad \overrightarrow{DC} = \begin{pmatrix} 5 \\ 0 \\ 0 \end{pmatrix}$$

$$\overrightarrow{BC} = \begin{pmatrix} 0 \\ 1,8 \\ 2,1 \end{pmatrix} \quad \overrightarrow{AD} = \begin{pmatrix} 0 \\ 1,8 \\ 2,1 \end{pmatrix}$$

Wegen $\overrightarrow{AB} = \overrightarrow{DC}$ und $\overrightarrow{BC} = \overrightarrow{AD}$ sind die gegenüberliegende Seiten jeweils parallel.
Um zu prüfen, ob das Viereck ABCD mindestens einen rechten Winkel hat berechnet man das Skalarprodukt der beiden Seitenvektoren $\overrightarrow{AB}$ und $\overrightarrow{AD}$:

$$\overrightarrow{AB} \cdot \overrightarrow{AD} = \begin{pmatrix} 5 \\ 0 \\ 0 \end{pmatrix} \cdot \begin{pmatrix} 0 \\ 1,8 \\ 2,1 \end{pmatrix} = 5 \cdot 0 + 0 \cdot 1,8 + 0 \cdot 2,1 = 0$$

Wegen $\overrightarrow{AB} \cdot \overrightarrow{AD} = 0$ liegt bei A ein rechter Winkel vor.
Somit ist das Viereck ABCD ein Rechteck.
Zur Bestimmung des Flächeninhalts A von ABCD werden zunächst die Längen der beiden Rechteckseiten AB und BC berechnet:

$$\overline{AB} = \left|\overrightarrow{AB}\right| = \sqrt{5^2 + 0^2 + 0^2} = 5$$

$$\overline{BC} = \left|\overrightarrow{BC}\right| = \sqrt{0^2 + 1,8^2 + 2,1^2} = \frac{3 \cdot \sqrt{85}}{10}$$

Damit erhält man:

$$A = 5 \cdot \frac{3 \cdot \sqrt{85}}{10} = \frac{3}{2}\sqrt{85} \approx 13,83 \text{m}^2 > 13,5 \text{m}^2$$

Somit wird der geforderte Mindestflächeninhalt nicht unterschritten.

b) Es ist der Vektor $\vec{n}_1$ zu ermitteln, der senkrecht auf der Kollektorfläche steht. Damit ist $\vec{n}_1$ ein Normalenvektor der Kollektorfläche. Er lässt sich mithilfe des Vektorprodukts der beiden Seitenvektoren $\overrightarrow{AB}$ und $\overrightarrow{AD}$ des Kollektorflächen-Rechtecks bestimmen (siehe Seite

98):
$$\overrightarrow{AB} \times \overrightarrow{AD} = \begin{pmatrix} 5 \\ 0 \\ 0 \end{pmatrix} \times \begin{pmatrix} 0 \\ 1,8 \\ 2,1 \end{pmatrix} = \begin{pmatrix} 0 \\ -10,5 \\ 9 \end{pmatrix}$$

Da die Sonnenstrahlen von oben auf die Kollektorfläche auftreffen, muss die z-Koordinate des Vektors negativ sein. Daher verwendet man den Gegenvektor des berechneten Vektorprodukts.

Somit haben die Sonnenstrahlen die Richtung $\vec{n}_1 = \begin{pmatrix} 0 \\ 10,5 \\ -9 \end{pmatrix}$.

c) Der Winkel α zwischen der Dachfläche und der Kollektorfläche entspricht dem Winkel zwischen den beiden Normalenvektoren der Ebenen.

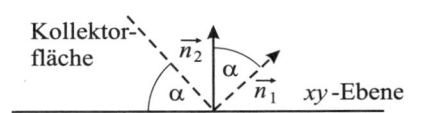

Den Winkel zwischen den beiden Normalenvektoren erhält man mithilfe der Formel $\cos(\alpha) = \frac{|\vec{n}_1 \cdot \vec{n}_2|}{|\vec{n}_1| \cdot |\vec{n}_2|}$, wobei $\vec{n}_1$ der Normalenvektor der Kollektorfläche und $\vec{n}_2$ der Normalenvektor der x-y-Ebene ist. Damit gilt:

$$\cos(\alpha) = \frac{\left| \begin{pmatrix} 0 \\ 10,5 \\ -9 \end{pmatrix} \cdot \begin{pmatrix} 0 \\ 0 \\ 1 \end{pmatrix} \right|}{\left| \begin{pmatrix} 0 \\ 10,5 \\ -9 \end{pmatrix} \right| \cdot \left| \begin{pmatrix} 0 \\ 0 \\ 1 \end{pmatrix} \right|}$$

$$= \frac{|0 \cdot 0 + 10,5 \cdot 0 + (-9) \cdot 1|}{\sqrt{0^2 + 10,5^2 + (-9)^2} \cdot \sqrt{0^2 + 0^2 + 1^2}}$$

$$= \frac{9}{\sqrt{10,5^2 + 9^2}}$$

$\Rightarrow \alpha \approx 49,4°$

Wegen $\alpha \approx 49,4° < 50°$ wird der empfohlene Winkel nicht überschritten.

d) Der gesuchte Punkt D' ist der Lotfußpunkt von A auf die Gerade g, die durch D und D' verläuft (siehe Skizze).

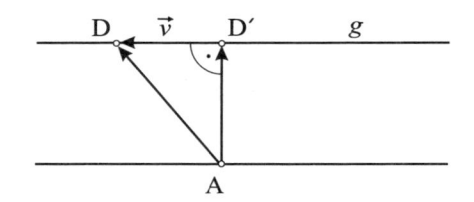

Diese Gerade verläuft in Richtung des gegebenen Sonnenstrahlenvektors $\vec{v}$. Damit erhält man die Gleichung von g:

$$g: \vec{x} = \overrightarrow{OD} + t \cdot \vec{v}$$

$$g: \vec{x} = \begin{pmatrix} 0,5 \\ 2,8 \\ 2,1 \end{pmatrix} + t \cdot \begin{pmatrix} 0 \\ 25 \\ -7 \end{pmatrix}$$

Da D' auf g liegt, hat D' die Koordinaten $D'_t(0,5 \mid 2,8 + 25t \mid 2,1 - 7t)$.

Der Vektor $\overrightarrow{AD'}_t = \begin{pmatrix} 0 \\ 1,8 + 25t \\ 2,1 - 7t \end{pmatrix}$ ist orthogonal zu $\vec{v}$, somit ist das Skalarprodukt der beiden Vektoren Null:

$$\overrightarrow{AD'} \cdot \vec{v} = 0$$

$$\begin{pmatrix} 0 \\ 1,8 + 25t \\ 2,1 - 7t \end{pmatrix} \cdot \begin{pmatrix} 0 \\ 25 \\ -7 \end{pmatrix} = 0$$

$$0 \cdot 0 + (1,8 + 25t) \cdot 25 + (2,1 - 7t) \cdot (-7) = 0$$

$$t = -\frac{303}{6740}$$

Setzt man $t = -\frac{303}{6740}$ in D'_t ein, erhält man näherungsweise: $D'(0,5 \mid 1,68 \mid 2,41)$.

Alternativ kann der gesuchte Punkt D' auch als Schnittpunkt der Ebene F_{eff} mit der Geraden g bestimmt werden. Dazu ist neben der Geraden g die Gleichung der Ebene F_{eff} aufzustellen. Diese geht durch A und hat als Normalenvektor den Vektor $\vec{v}$. Damit erhält man mithilfe der Normalenform:

$$F_{eff}: \left[\vec{x} - \begin{pmatrix} 0,5 \\ 1 \\ 0 \end{pmatrix} \right] \cdot \begin{pmatrix} 0 \\ 25 \\ -7 \end{pmatrix} = 0$$

$$F_{eff}: \left[\begin{pmatrix} x \\ y \\ z \end{pmatrix} - \begin{pmatrix} 0,5 \\ 1 \\ 0 \end{pmatrix} \right] \cdot \begin{pmatrix} 0 \\ 25 \\ -7 \end{pmatrix} = 0$$

$$F_{eff}: (x - 0,5) \cdot 0 + (y - 1) \cdot 25 + (z - 0) \cdot (-7) = 0$$

$$F_{eff}: 25y - 7z = 25$$

Um den Schnittpunkt D' der Ebene F_{eff} mit der Geraden g zu bestimmen, setzt man den allgemeinen Punkt $P_t(0,5 \mid 2,8+25t \mid 2,1-7t)$ von g in die Gleichung von F_{eff} ein:

$$25 \cdot (2,8+25t) - 7 \cdot (2,1-7t) = 25$$
$$70 + 625t - 14,7 + 49t = 25$$
$$674t = -\frac{303}{10}$$
$$t = -\frac{303}{6740}$$

Setzt man $t = -\frac{303}{6740}$ in P_t ein, erhält man näherungsweise: $D'(0,5 \mid 1,68 \mid 2,41)$.

e) Um den Flächeninhalt der Kollektorfläche F_{eff} zu bestimmen, muss man deren Maße ermitteln. Die Unterkante von F_{eff} ist identisch mit der Unterkante AB der Fläche ABCD. Die zweite Kante ergibt sich aus der Länge des Vektors $\overrightarrow{AD'}$:

$$\left|\overrightarrow{AD'}\right| = \left|\begin{pmatrix} 0,5-0,5 \\ 1,68-1 \\ 2,41-0 \end{pmatrix}\right| = \left|\begin{pmatrix} 0 \\ 0,68 \\ 2,41 \end{pmatrix}\right| = \sqrt{0,68^2 + 2,41^2} \approx 2,5$$

Damit erhält man:

$$F_{eff} = \left|\overrightarrow{AB}\right| \cdot \left|\overrightarrow{AD'}\right| \approx 5 \cdot 2,5 = 12,5$$

Die effektive Kollektorfläche hat einen Flächeninhalt von etwa $12,5 m^2$.

Da die Leistung der Kollektoren proportional zum Flächeninhalt ist können die Flächen ins Verhältnis gesetzt werden, um den prozentualen Anteil der maximalen Leistung zu bestimmen. Dazu teilt man F_{eff} durch den in Aufgabe a) berechneten Flächeninhalt A:

$$\frac{F_{eff}}{A} \approx \frac{12,5}{13,83} \approx 0,9038 = 90,38\%$$

Also können etwa $90,38\%$ der maximalen Leistung erzielt werden.

22 Fabrikhalle

a) Da die Grundfläche ABCD ein Rechteck ist, gilt $\overrightarrow{AD} = \overrightarrow{BC}$.
Man erhält also den Vektor $\overrightarrow{OC}$ mithilfe einer Vektorkette:

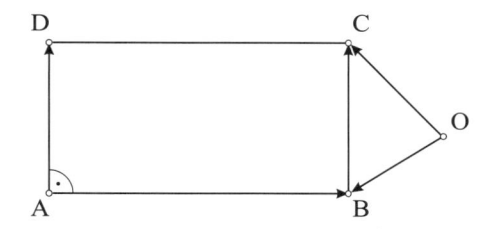

$$\overrightarrow{OC} = \overrightarrow{OB} + \overrightarrow{AD} = \begin{pmatrix} -30 \\ 90 \\ 0 \end{pmatrix} + \begin{pmatrix} -30 \\ -10 \\ 0 \end{pmatrix} = \begin{pmatrix} -60 \\ 80 \\ 0 \end{pmatrix}$$

Damit hat der Punkt C die Koordinaten C(−60|80|0).

Um zu zeigen, dass die Grundfläche bei A einen rechten Winkel hat, zeigt man, dass das Skalarprodukt der von A ausgehenden Vektoren Null ist:

$$\overrightarrow{AB} \cdot \overrightarrow{AD} = \begin{pmatrix} -20 \\ 60 \\ 0 \end{pmatrix} \cdot \begin{pmatrix} -30 \\ -10 \\ 0 \end{pmatrix} = 600 - 600 + 0 = 0$$

Wegen $\overrightarrow{AB} \cdot \overrightarrow{AD} = 0$ stehen die beiden Vektoren senkrecht zueinander.
Also ist bei A ein rechter Winkel.

Die Ebene H, in der die Punkte A(−10|30|0), B(−30 | 90 | 0) und F(−45 | 5 | 15) liegen, hat beispielsweise den Stützpunkt A und die Spannvektoren

$$\overrightarrow{AB} = \begin{pmatrix} -20 \\ 60 \\ 0 \end{pmatrix} = 20 \cdot \begin{pmatrix} -1 \\ 3 \\ 0 \end{pmatrix}$$

und

$$\overrightarrow{AF} = \begin{pmatrix} -35 \\ -25 \\ 15 \end{pmatrix} = 5 \cdot \begin{pmatrix} -7 \\ -5 \\ 3 \end{pmatrix}$$

Damit hat H die Parametergleichung:

$$H: \vec{x} = \begin{pmatrix} -10 \\ 30 \\ 0 \end{pmatrix} + s \cdot \begin{pmatrix} -1 \\ 3 \\ 0 \end{pmatrix} + t \cdot \begin{pmatrix} -7 \\ -5 \\ 3 \end{pmatrix} \quad ; s,t \in \mathbb{R}$$

22. Fabrikhalle — Lösungen

Einen Normalenvektor $\vec{n}$ von H erhält man mithilfe des Vektorprodukts der Spannvektoren $\begin{pmatrix} -1 \\ 3 \\ 0 \end{pmatrix}$ und $\begin{pmatrix} -7 \\ -5 \\ 3 \end{pmatrix}$ (siehe Seite 98):

$$\begin{pmatrix} -1 \\ 3 \\ 0 \end{pmatrix} \times \begin{pmatrix} -7 \\ -5 \\ 3 \end{pmatrix} = \begin{pmatrix} 9 \\ 3 \\ 26 \end{pmatrix} \Rightarrow \vec{n} = \begin{pmatrix} 9 \\ 3 \\ 26 \end{pmatrix}$$

Damit erhält man einen Normalenvektor $\vec{n} = \begin{pmatrix} 9 \\ 3 \\ 26 \end{pmatrix}$.

Die Ebene H hat damit die Form:

$$H : 9x + 3y + 26z = d$$

Die Koordinatengleichung von H erhält man, indem man z.B. die Koordinaten des Punktes A in obige Gleichung einsetzt und so die Konstante d bestimmt:

$$9 \cdot (-10) + 3 \cdot 30 + 26 \cdot 0 = d \Rightarrow d = 0$$

Somit hat die Ebene H die Koordinatenform H: $3x - 4y + 15z = 0$.
Alternativ kann man eine Koordinatengleichung von H auch mithilfe der Punkt-Normalenform bestimmen:

$$H: (\vec{x} - \vec{a}) \cdot \vec{n} = 0$$

$$H: \left(\begin{pmatrix} x \\ y \\ z \end{pmatrix} - \begin{pmatrix} -10 \\ 30 \\ 0 \end{pmatrix} \right) \cdot \begin{pmatrix} 9 \\ 3 \\ 26 \end{pmatrix} = 0$$

$$H: (x+10) \cdot 9 + (y-30) \cdot 3 + (z-0) \cdot 26 = 0$$

$$H: 9x + 90 + 3y - 90 + 26z = 0$$

$$H: 9x + 3y + 26z = 0$$

Die Ebene H hat somit die Koordinatengleichung H: $9x + 3y + 26z = 0$.

b) Der Punkt E ist der Schnittpunkt der Visiergeraden g_V durch P$(30|20|5)$ mit der Richtung $\vec{v} = \begin{pmatrix} -21 \\ 15 \\ 2 \end{pmatrix}$ und der Hangebene H. Die Visiergerade hat damit die Gleichung:

$$g_V : \vec{x} = \begin{pmatrix} 30 \\ 20 \\ 5 \end{pmatrix} + t \cdot \begin{pmatrix} -21 \\ 15 \\ 2 \end{pmatrix}$$

Man erhält den Schnittpunkt von g_V und H, indem man den allgemeinen Punkt $P_t(30-21t \mid 20+15t \mid 5+2t)$ von g_V in die Koordinatenform von H einsetzt:

$$9 \cdot (30-21t) + 3 \cdot (20+15t) + 26 \cdot (5+2t) = 0 \Rightarrow t = 5$$

Setzt man $t = 5$ in P_t ein, erhält man die Koordinaten von E$(-75 \mid 95 \mid 15)$.

Um den Neigungswinkel α der Ebene J zur x-y-Ebene zu bestimmen, berechnet man den Winkel α zwischen den Normalenvektoren der beiden Ebenen. Der Normalenvektor der x-y-Ebene ist $\vec{n}_1 = \begin{pmatrix} 0 \\ 0 \\ 1 \end{pmatrix}$, der Normalenvektor der Ebene J lässt sich aus der gegebenen Koordinatenform ablesen und lautet $\vec{n}_2 = \begin{pmatrix} 3 \\ 1 \\ 2 \end{pmatrix}$. Den Winkel zwischen den beiden Normalenvektoren erhält man mit der Formel $\cos(\alpha) = \frac{|\vec{n}_1 \cdot \vec{n}_2|}{|\vec{n}_1| \cdot |\vec{n}_2|}$:

$$\cos(\alpha) = \frac{\left| \begin{pmatrix} 0 \\ 0 \\ 1 \end{pmatrix} \cdot \begin{pmatrix} 3 \\ 1 \\ 2 \end{pmatrix} \right|}{\left| \begin{pmatrix} 0 \\ 0 \\ 1 \end{pmatrix} \right| \cdot \left| \begin{pmatrix} 3 \\ 1 \\ 2 \end{pmatrix} \right|}$$

$$= \frac{|0 \cdot 3 + 0 \cdot 1 + 1 \cdot 2|}{\sqrt{0^2+0^2+1^2} \cdot \sqrt{3^2+1^2+2^2}}$$

$$= \frac{2}{\sqrt{14}}$$

$$\Rightarrow \alpha \approx 57{,}69°$$

Wegen $\alpha \approx 57{,}69° < 60°$ erfüllt die Ebene J die Bauvorschrift.

c) Zunächst wird der Mittelpunkt der Fläche ABCD mithilfe einer Vektorkette bestimmt:

$$\overrightarrow{OM} = \overrightarrow{OA} + \frac{1}{2}\overrightarrow{AB} + \frac{1}{2}\overrightarrow{AD}$$

$$= \begin{pmatrix} -10 \\ 30 \\ 0 \end{pmatrix} + \frac{1}{2} \begin{pmatrix} -20 \\ 60 \\ 0 \end{pmatrix} + \frac{1}{2} \begin{pmatrix} -30 \\ -10 \\ 0 \end{pmatrix}$$

$$= \begin{pmatrix} -35 \\ 55 \\ 0 \end{pmatrix}$$

Der Mittelpunkt der Fläche ABCD hat die Koordinaten M$(-35 \mid 55 \mid 0)$.
Damit verläuft die Gerade g_E der Entwässerungsleitung durch den Punkt N$(-35 \mid 55 \mid -2)$,

der 2 m unterhalb von M liegt.
Nun ist der Richtungsvektor der Geraden g_E zu bestimmen: bekannt ist, dass $x = 4$ und $y = 3$ gilt und dass das Gefälle $2\% = -0,02$ beträgt.
Die Länge des Vektors $\vec{v_{xy}}$ beträgt $|\vec{v_{xy}}| = \sqrt{4^2 + 3^2} = 5$.
Damit ergibt sich die z-Koordinate von $\vec{v}$:

$$z_v = 5 \cdot (-0,02) = -0,1$$

Der Richtungsvektor der Geraden lautet also: $\vec{v} = \begin{pmatrix} 4 \\ 3 \\ -0,1 \end{pmatrix}$

Damit erhält man mit g_E: $\vec{x} = \begin{pmatrix} -35 \\ 55 \\ -2 \end{pmatrix} + s \cdot \begin{pmatrix} 4 \\ 3 \\ -0,1 \end{pmatrix}$ eine mögliche Darstellung der Geraden der Entwässerungsleitung.

d) Die Lösung dieser Aufgabe kann man nicht über die Abstandsberechnung windschiefer Geraden bestimmen, denn damit ist nicht garantiert, dass man den geforderten senkrechten Fallschacht erhält. Daher wird hier ein anderer Ansatz gewählt: zunächst wird der Schnittpunkt S_{xy} der Projektionsgeraden g_{Exy} von g_E und g_{Hxy} von g_H in der x-y-Ebene bestimmt. Damit erhält man die x- und die y-Koordinaten beider Geraden, mit denen der Fallschacht beginnt bzw. endet. Gesucht sind nun nur noch die jeweiligen z-Koordinaten, deren Differenz dann die Länge des Fallschachts bestimmt. Die z-Koordinaten erhält man durch Einsetzen der Geradenparameter für den Schnittpunkt der Projektionsgeraden.
Die beiden Projektionsgeraden g_{Exy} von g_E und g_{Hxy} von g_H haben die Gleichungen:

$$g_{Exy}: \vec{x} = \begin{pmatrix} -35 \\ 55 \end{pmatrix} + t \cdot \begin{pmatrix} 4 \\ 3 \end{pmatrix}$$

$$g_{Hxy}: \vec{x} = \begin{pmatrix} 65 \\ 20 \end{pmatrix} + q \cdot \begin{pmatrix} -2 \\ 4 \end{pmatrix}.$$

Durch Gleichsetzen der Gleichungen der Geraden werden die Parameter t und q ermittelt:

$$\begin{array}{rrcrr} \text{I} & -35 + 4t & = & 65 - 2q \\ \text{II} & 55 + 3t & = & 20 + 4q \end{array}$$

Addiert man das 2-fache von Gleichung I zu Gleichung II, ergibt sich:

$$-15 + 11t = 150 \Rightarrow t = 15$$

Setzt man $t = 15$ in Gleichung II ein, erhält man:

$$55 + 3 \cdot 15 = 20 + 4q \Rightarrow q = 20$$

Setzt man $t = 15$ bzw. $q = 20$ in g_{Exy} bzw. g_{Hxy} ein, erhält man die Koordinaten des Schnittpunkts der Projektionsgeraden: $S_{xy}(25|100)$.

Setzt man nun $t = 15$ in die z-Koordinate von g_E und $q = 20$ in die z-Koordinate von g_H ein, so erhält man die gesuchten z-Koordinaten des Anfangs- und Endpunkts des Fallschachts:

$$z_E = -2 + 15 \cdot (-0,1) = -3,5$$
$$z_H = -3,5 + 20(-0,01) = -3,7.$$

Die Länge des Fallschachts berechnet sich aus der Differenz der z-Koordinaten:

$$z_E - z_H = -3,5 - (-3,7) = 0,2$$

Somit hat der Fallschacht eine Länge von $0,2$ m.

e) Eine mögliche Zerlegung des «Baugrubenkörpers» ist die in eine Dreieckspyramide und ein schiefes Prisma. Hierzu kann man beispielsweise einen Punkt P so auf der Strecke $\overline{EF}$ wählen, dass $\overline{CP}$ parallel zu $\overline{DF}$ verläuft. Da $\overline{CD}$ wegen der rechteckigen Form der Grundfläche ABCD parallel zu $\overline{AB}$ liegt, folgt dann auch, dass $\overline{BP}$ parallel zu $\overline{AF}$ liegt.

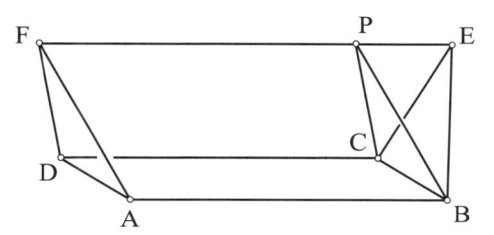

P lässt sich berechnen durch $\overrightarrow{OP} = \overrightarrow{OC} + \overrightarrow{DF}$. Damit wird der «Baugrubenkörper» aufgeteilt in das schiefe Prisma, das aus der Grundfläche ABCD, den beiden kongruenten, parallelen Seitenflächen $\triangle AFD$ und $\triangle BPC$, sowie den Seitenflächen ABPF und DCPF besteht und in die dreieckige Pyramide, die die dreieckige Grundfläche $\triangle BPC$ und die Spitze E besitzt.

Die Volumen beider Körper können mithilfe der entsprechenden Volumenformeln berechnet werden.

23 Lichtstrahl

Es sind die Punkte A(2|7|4), B(3|2|−2) und C(13|4|10) gegeben.

a) Die Längen der Vektoren $\vec{BA}$ und $\vec{BC}$ erhält man, indem man ihre Beträge berechnet:

$$\left|\vec{BA}\right| = \left|\begin{pmatrix} -1 \\ 5 \\ 6 \end{pmatrix}\right| = \sqrt{(-1)^2 + 5^2 + 6^2} = \sqrt{62}$$

$$\left|\vec{BC}\right| = \left|\begin{pmatrix} 10 \\ 2 \\ 12 \end{pmatrix}\right| = \sqrt{10^2 + 2^2 + 12^2} = \sqrt{248} = 2 \cdot \sqrt{62}$$

Damit gilt: $|\vec{BC}| = 2 \cdot |\vec{BA}|$

Den Vektor $\vec{v}$, die Richtung des Einfallslots, erhält man durch Einsetzen von $\vec{BA}$ und $\vec{BC}$ in $\vec{v} = \vec{BA} + \frac{1}{2}\vec{BC}$:

$$\vec{v} = \vec{BA} + \frac{1}{2}\vec{BC} = \begin{pmatrix} -1 \\ 5 \\ 6 \end{pmatrix} + \frac{1}{2} \cdot \begin{pmatrix} 10 \\ 2 \\ 12 \end{pmatrix} = \begin{pmatrix} 4 \\ 6 \\ 12 \end{pmatrix}$$

Den Einfallswinkel α erhält man durch Einsetzen von $\vec{v}$ und $\vec{BA}$ in die Winkelformel:

$$\cos(\alpha) = \frac{\vec{BA} \cdot \vec{v}}{\left|\vec{BA}\right| \cdot |\vec{v}|}$$

$$= \frac{\begin{pmatrix} -1 \\ 5 \\ 6 \end{pmatrix} \cdot \begin{pmatrix} 4 \\ 6 \\ 12 \end{pmatrix}}{\left|\begin{pmatrix} -1 \\ 5 \\ 6 \end{pmatrix}\right| \cdot \left|\begin{pmatrix} 4 \\ 6 \\ 12 \end{pmatrix}\right|}$$

$$= \frac{-4 + 30 + 72}{\sqrt{62} \cdot 14}$$

$$= \frac{7}{\sqrt{62}}$$

$$\alpha \approx 27{,}25°$$

Einfalls- und Reflexionswinkel haben eine Größe von etwa $\alpha = 27{,}25°$.

b) Um die Koordinatenform der Spiegelebene F zu erhalten, stellt man zunächst ihre Normalenform auf. Dabei ist $\vec{v}$ und damit auch $\vec{v}\,' = \frac{1}{2}\vec{v} = \begin{pmatrix} 2 \\ 3 \\ 6 \end{pmatrix}$ ein Normalenvektor von F.

Setzt man die Koordinaten des Punktes B(3 | 2 | −2) in die Normalenform ein, erhält man eine Koordinatengleichung von F:

$$F: \left[\vec{x} - \begin{pmatrix} 3 \\ 2 \\ -2 \end{pmatrix}\right] \cdot \begin{pmatrix} 2 \\ 3 \\ 6 \end{pmatrix} = 0$$

$$F: (x-3) \cdot 2 + (y-2) \cdot 3 + (z+2) \cdot 6 = 0$$
$$F: 2x - 6 + 3y - 6 + 6z + 12 = 0$$
$$F: 2x + 3y + 6z = 0$$

Der Stützvektor von g entspricht dem Ortsvektor des Punktes B. Daher schneiden sich die Gerade $g: \vec{x} = \begin{pmatrix} 3 \\ 2 \\ -2 \end{pmatrix} + r \cdot \begin{pmatrix} 12 \\ 18 \\ -13 \end{pmatrix}$ und die Ebene E, in der die Punkte A, B und C liegen, im Punkt B.

Da in der Aufgabenstellung von der «besonderen Lage» die Rede ist, liegt die Vermutung nahe, dass g die Ebene E orthogonal schneidet. Die kann untersucht werden, indem man prüft, ob die Skalarprodukte des Richtungsvektors von g mit den Spannvektoren $\overrightarrow{BA}$ und $\overrightarrow{BC}$ der Ebene gleich Null sind:

$$\overrightarrow{BA} \cdot \begin{pmatrix} 12 \\ 18 \\ -13 \end{pmatrix} = \begin{pmatrix} -1 \\ 5 \\ 6 \end{pmatrix} \cdot \begin{pmatrix} 12 \\ 18 \\ -13 \end{pmatrix} = -12 + 90 - 78 = 0$$

$$\overrightarrow{BC} \cdot \begin{pmatrix} 12 \\ 18 \\ -13 \end{pmatrix} = \begin{pmatrix} 10 \\ 2 \\ 12 \end{pmatrix} \cdot \begin{pmatrix} 12 \\ 18 \\ -13 \end{pmatrix} = 120 + 36 - 156 = 0$$

Beide Spannvektoren der Ebene E sind orthogonal zum Richtungsvektor der Geraden. Damit schneidet die Gerade g die Ebene E rechtwinklig im Punkt B.

Alternativ kann man auch den Normalenvektor der Ebene E mithilfe des Vektorprodukts von $\overrightarrow{BA}$ und $\overrightarrow{BC}$ bestimmen und mit dem Richtungsvektor der Geraden g vergleichen:

$$\overrightarrow{BA} \times \overrightarrow{BC} = \begin{pmatrix} -1 \\ 5 \\ 6 \end{pmatrix} \times \begin{pmatrix} 10 \\ 2 \\ 12 \end{pmatrix} = \begin{pmatrix} 48 \\ 72 \\ -52 \end{pmatrix} = 4 \cdot \begin{pmatrix} 12 \\ 18 \\ -13 \end{pmatrix}$$

Da man mit Hilfe des Vektorprodukts der beiden Spannvektoren einen Normalenvektor der Ebene E erhält und dieser ein Vielfaches des Richtungsvektors der Geraden g ist, schneidet die Gerade g die Ebene E rechtwinklig in B.

c) In Zeile (I) ist eine Gerade k dargestellt. Der Stützvektor der Geraden k ist der Ortsvektor des Punktes B. Beim Richtungsvektor von k handelt es sich um ein Vielfaches des Vektors

$\vec{v}$, der Richtung des Einfallslots. Damit stellt k die Gerade des Einfallslots dar.

In Zeile (II) ist die Normalenform einer Ebene H angegeben, die durch den Punkt A verläuft und parallel zur Spiegelebene F liegt. Damit ist sie ebenfalls orthogonal zur Geraden k.

In Zeile (III) wird der Schnittpunkt der Ebene H mit der Geraden k berechnet und mit D bezeichnet.

In Zeile (IV) wird der Ortsvektor eines Punktes P mit Hilfe einer Vektorkette berechnet.

Wegen $\vec{a} + 2 \cdot \overrightarrow{AD} = \begin{pmatrix} 2 \\ 7 \\ 4 \end{pmatrix} + 2 \cdot \begin{pmatrix} 3 \\ -2 \\ 0 \end{pmatrix} = \begin{pmatrix} 8 \\ 3 \\ 4 \end{pmatrix}$ erhält man den Punkt P, der durch Spiegelung des Punktes A am Einfallslot entsteht.

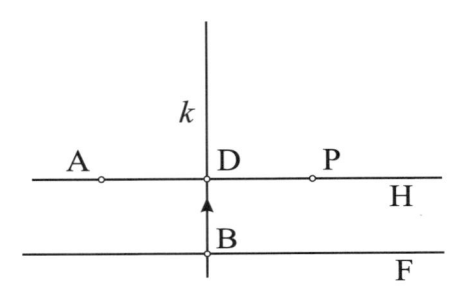

d) Um zu zeigen, dass g in F und E_a liegt, setzt man die Koordinaten eines allgemeinen Punktes der Geraden g $P_r(3+12r \mid 2+18r \mid -2-13r)$ in beide Ebenengleichungen ein:

$$F: 2(3+12r) + 3(2+18r) + 6(-2-13r) = 0$$
$$6 + 24r + 6 + 54r - 12 - 78r = 0$$
$$0 = 0$$

$$E_a : (4,5+3a)(3+12r) + (4,5a-3)(2+18r) + 9a(-2-13r) = 7,5$$
$$13,5 + 9a + 54r + 36ar + 9a - 6 + 81ar - 54r - 18a - 117ar = 7,5$$
$$7,5 = 7,5$$

Aufgrund der wahren Aussagen liegt g in beiden Ebenen.

Würde F zu E_a gehören, gäbe es ein a, so dass man E_a als F darstellen könnte. Dies bestimmt man durch einen Koeffizientenvergleich. Es muss gelten:

$$2 = 4,5 + 3a \Leftrightarrow a = -\frac{5}{6}$$
$$3 = 4,5a - 3 \Leftrightarrow a = \frac{4}{3}$$
$$6 = 9a \Leftrightarrow a = \frac{2}{3}$$
$$0 = 7,5$$

Aufgrund der Widersprüche gibt es kein a, so dass F und E_a gleich sind, also gehört F nicht zur Ebenenschar.

e) Damit der Lichtstrahl von A nach B in sich selbst reflektiert wird, muss seine Richtung mit der des Einfallslots übereinstimmen. Die Richtung des Einfallslots entspricht dem Normalenvektor der Ebene E_a. Es muss also gelten $s \cdot \overrightarrow{BA} = \vec{n}_{E_a}$:

$$s \cdot \begin{pmatrix} -1 \\ 5 \\ 6 \end{pmatrix} = \begin{pmatrix} 4{,}5 + 3a \\ 4{,}5a - 3 \\ 9a \end{pmatrix}.$$

Man erhält also ein überbestimmtes lineares Gleichungssystem:

$$\begin{array}{rrcrcr} \text{I} & -s & = & 4{,}5 & + & 3a \\ \text{II} & 5s & = & 4{,}5a & - & 3 \\ \text{III} & 6s & = & 9a & & \end{array}$$

Aus Gleichung III ergibt sich: $s = \frac{3}{2}a$.
Setzt man $s = \frac{3}{2}a$ in Gleichung I ein, erhält man:

$$-\frac{3}{2}a = 4{,}5 + 3a \Rightarrow a = -1$$

Setzt man $a = -1$ in Gleichung II ein, ergibt sich:

$$5s = 4{,}5 \cdot (-1) - 3 \Rightarrow s = -\frac{3}{2}$$

Setzt man $s = -\frac{3}{2}$ und $a = -1$ in Gleichung III ein, erhält man:

$$6 \cdot \left(-\frac{3}{2}\right) = 9 \cdot (-1) \Leftrightarrow -9 = -9$$

Somit ist das lineare Gleichungssystem eindeutig lösbar.

Setzt man $a = -1$ in E_a ein, ergibt sich: $E_{-1} : 1{,}5x - 7{,}5y - 9z = 7{,}5$.
Damit wird der Lichtstrahl von A nach B dann in sich selbst reflektiert, wenn die Spiegelebene die Gleichung $E_{-1} : 1{,}5x - 7{,}5y - 9z = 7{,}5$ hat.

Stochastik

24 Bäckerei

a) Um zu berechnen, wie viele Brote mit einer Abweichung vom Sollgewicht der Einzelhändler erwarten kann, legt man X als Zufallsgröße für die Anzahl der Brote mit einer Abweichung vom Sollgewicht fest. X ist binomialverteilt mit $n = 50$ und $p = 0{,}02$. Damit gilt für den Erwartungswert von X:

$$E(X) = \mu = n \cdot p = 50 \cdot 0{,}02 = 1$$

Der Einzelhändler kann bei 50 Broten mit einem Brot Abweichung rechnen.
Da es nur die beiden Ausgänge «Abweichung vom Sollgewicht» oder «keine Abweichung» gibt und die Wahrscheinlichkeit auf jeder Stufe gleich bleibt (von der Großbäckerei werden sehr viele Toastbrote gebacken), kann man die Prüfung der Toastbrote auf Abweichung vom Sollgewicht als Bernoullikette auffassen.

b) Legt man X als Zufallsgröße für die Anzahl der Brote mit einer Abweichung vom Sollgewicht fest, so ist X binomialverteilt mit den Parametern $n = 50$ und $p = 0{,}02$.
Die Wahrscheinlichkeit für das Ereignis A: «In der Lieferung weisen mehr als 4 Brote eine Abweichung vom Sollgewicht auf.» erhält man mithilfe der Wahrscheinlichkeit des Gegenereignisses und der Binomialsummenfunktion:

$$P(A) = P(X > 4) = 1 - P(X \leq 4) = 1 - F_{50;\,0{,}02}(4) \approx 1 - 0{,}9968 = 0{,}0032 = 0{,}32\%$$

Die Wahrscheinlichkeit, dass in der Lieferung mehr als 4 Brote eine Abweichung vom Sollgewicht aufweisen, beträgt etwa $0{,}32\%$.
Legt man Y als Zufallsgröße für die Anzahl der Brote ohne Abweichung vom Sollgewicht fest, so ist Y binomialverteilt mit den Parametern $n = 50$ und $p = 1 - 0{,}02 = 0{,}98$.
Die Wahrscheinlichkeit für das Ereignis B: »In der Lieferung weisen mindestens 47 Brote keine Abweichung vom Sollgewicht auf.» erhält man ebenfalls mithilfe der Wahrscheinlichkeit des Gegenereignisses und der Binomialsummenfunktion:

$$P(B) = P(X \geq 47) = 1 - P(X \leq 46) = 1 - F_{50;\,0{,}98}(46) \approx 1 - 0{,}0178 = 0{,}9822 = 98{,}22\%$$

Die Wahrscheinlichkeit, dass in der Lieferung mindestens 47 Brote keine Abweichung vom Sollgewicht aufweisen, beträgt etwa $98{,}22\%$.

c) Den Erwartungswert E^* des Brotgewichts Y für die neue Maschine erhält man, indem man die jeweiligen Brotgewichte mit den entsprechenden Wahrscheinlichkeiten multipliziert und die Ergebnisse addiert:

$$E^*(Y) = 497 \cdot 0{,}001 + 498 \cdot 0 + 499 \cdot 0{,}01 + 500 \cdot 0{,}98 + 501 \cdot 0{,}005 + 502 \cdot 0{,}004 + 503 \cdot 0$$
$$= 500$$

Der Erwartungswert von Y für die neue Maschine beträgt somit auch 500.
Die Standardabweichung σ^* von Y erhält man, indem man zuerst die Varianz $V^*(Y)$ bestimmt:

$$V^*(Y) = 0{,}001 \cdot (497-500)^2 + 0{,}01 \cdot (499-500)^2 + 0{,}005 \cdot (501-500)^2$$
$$+ 0{,}004 \cdot (502-500)^2 = 0{,}04$$

Die zugehörige Standardabweichung erhält man, indem man aus der Varianz die Wurzel zieht:

$$\sigma^* = \sqrt{V^*(Y)} = \sqrt{0{,}04} = 0{,}2$$

Die Standardabweichung von Y für die neue Maschine beträgt $0{,}2$.
Beide Maschinen haben den gleichen Erwartungswert von Y in Höhe von 500. Da die Standardabweichung von Y der neuen Maschine etwas kleiner ist als die Standardabweichung von Y der alten Maschine, d.h. dass die Streuung um den Sollwert von 500 etwas kleiner ist, würde die Anschaffung der neuen Maschine eine kleine Verbesserung in Bezug auf die Einhaltung des Sollgewichts bewirken.

d) Bezeichnet man mit f: Verpackung ist fehlerhaft, mit $\bar{f}$: Verpackung ist ordnungsgemäß, mit s: Brot wird aussortiert und mit $\bar{s}$: Brot wird nicht aussortiert, so kann man anhand der gegebenen Daten folgende Wahrscheinlichkeiten bestimmen:
Da 2% der Brote nicht ordnungsgemäß, also fehlerhaft, verpackt werden, gilt: $P(f) = 0{,}02$.
Damit erhält man mithilfe der Wahrscheinlichkeit des Gegenereignisses:

$$P(\bar{f}) = 1 - 0{,}02 = 0{,}98$$

Da die Warenausgangskontrolle mit einer Wahrscheinlichkeit von 3% ein fehlerhaft verpacktes Brot passieren lässt, gilt: $P_f(\bar{s}) = 0{,}03$.
Daher erhält man mithilfe der Wahrscheinlichkeit des Gegenereignisses:

$$P_f(s) = 1 - 0{,}03 = 0{,}97$$

Da mit einer Wahrscheinlichkeit von 4% ein ordnungsgemäß verpacktes Brot fälschlicherweise aussortiert wird, gilt:

$$P_{\bar{f}}(s) = 0{,}04$$

Durch Berechnung der Wahrscheinlichkeit des Gegenereignisses ergibt sich:

$$P_{\bar{f}}(\bar{s}) = 1 - 0{,}04 = 0{,}96$$

Das entsprechende Baumdiagramm hat folgendes Aussehen:

24. Bäckerei — Lösungen

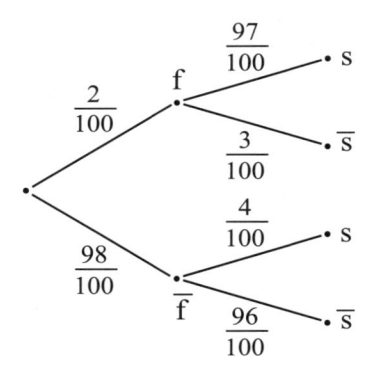

```
              97/100
        f  •────── • s
   2/100  ╱ ╲
        •   ╲ 3/100
       ╱     •────── • s̄
      •
       ╲     4/100
   98/100╲  •────── • s
        •  ╱
        f̄ ╲
            ╲ 96/100
             •────── • s̄
```

Zur Erstellung einer Vierfeldertafel kann man $P(f) = 0{,}02$ und $P(\bar{f}) = 1 - 0{,}02 = 0{,}98$ direkt eintragen.

Mithilfe der bedingten Wahrscheinlichkeiten ergibt sich:

$$P(f \cap \bar{s}) = P(f) \cdot P_f(\bar{s}) = 0{,}02 \cdot 0{,}03 = 0{,}0006$$
$$P(\bar{f} \cap s) = P(\bar{f}) \cdot P_{\bar{f}}(s) = 0{,}98 \cdot 0{,}04 = 0{,}0392$$

Trägt man diese Wahrscheinlichkeiten in eine Vierfeldertafel ein, kann man durch Summen- und Differenzenbildung die Vierfeldertafel vervollständigen:

	s	s̄	
f	0,0194	0,0006	0,02
f̄	0,0392	0,9408	0,98
	0,0586	0,9414	1

Die Wahrscheinlichkeit, dass die Verpackung eines aussortierten Brotes tatsächlich fehlerhaft ist, erhält man mithilfe der bedingten Wahrscheinlichkeit:

$$P_s(f) = \frac{P(s \cap f)}{P(s)} = \frac{0{,}0194}{0{,}0586} \approx 0{,}3311$$

Die gesuchte Wahrscheinlichkeit beträgt etwa $33{,}11\,\%$.

e) Zum Testen der Nullhypothese: $H_0 \colon p \leqslant 0{,}02$ legt man X als Zufallsvariable für die Anzahl der fehlerhaft verpackten Brote fest. X ist binomialverteilt mit den Parametern $n = 100$ und $p = 0{,}02$.
Da die Großbäckerei vermutet, dass sich der Anteil der fehlerhaft verpackten Brote erhöht hat, lautet die Alternativhypothese: $H_1 \colon p > 0{,}02$. Wegen $H_1 \colon p > 0{,}02$ handelt es sich um einen rechtsseitigen Test mit dem Ablehnungsbereich $\overline{A} = \{k, ..., 100\}$ und dem Signifikanzniveau $\alpha \leqslant 5\,\%$. Es ist also ein minimales $k \in \mathbb{N}$ so zu bestimmen, dass die Wahrscheinlichkeit, dass X einen Wert zwischen k und 100 annimmt, kleiner als α ist,

d.h. dass gilt: $P(X \in \overline{A}) \leq \alpha$ bzw. $P(X \geq k) \leq \alpha$. Mithilfe der Wahrscheinlichkeit des Gegenereignisses und der kumulierten Binomialverteilung des GTR/CAS ergibt sich:

$$P(X \geq k) \leq \alpha$$
$$1 - P(X \leq k-1) \leq 0,05$$
$$0,95 \leq P(X \leq k-1)$$

Es ist:

$$P(X \leq 5) = F_{100;\,0,02}(5) \approx 0,9845$$
$$P(X \leq 4) = F_{100;\,0,02}(4) \approx 0,9492$$

Somit ist $k - 1 = 5 \Rightarrow k = 6$ das minimale k und man erhält den Ablehnungsbereich der Nullhypothese: $\overline{A} = \{6, ..., 100\}$.

Damit ergibt sich folgende Entscheidungsregel:

Wenn unter den 100 untersuchten Broten mindestens 6 fehlerhaft verpackt sind, ist die Nullhypothese zu verwerfen. Da nur vier fehlerhaft verpackte Brote gefunden werden, wird die Nullhypothese nicht verworfen. Damit ist die Entscheidung der Großbäckerei gerechtfertigt.

25 Reisen

a) Für die ersten beiden Ereignisse legt man X als Zufallsgröße für die Anzahl der Reiseziele innerhalb Deutschlands fest. X ist binomialverteilt mit den Parametern n = 100 und p = 0,31.
Die Wahrscheinlichkeit für das Ereignis A: »es führten genau 31 Reisen zu einem Reiseziel innerhalb Deutschlands« erhält man mithilfe der Binomialverteilung unter Verwendung des GTR/CAS:
$$P(A) = P(X = 31) \approx 0,086 = 8,6\%$$

Die Wahrscheinlichkeit für das Ereignis B: »es führten mindestens 31 Reisen zu einem Reiseziel innerhalb Deutschlands« erhält man Mithilfe der Wahrscheinlichkeit des Gegenereignisses und der kumulierten Binomialverteilung und des GTR/CAS:
$$P(B) = P(X \geqslant 31) = 1 - P(X \leqslant 30) \approx 1 - 0,4624 = 0,5376 = 53,76\%$$

Für das dritte Ereignis legt man Y als Zufallsgröße für die Anzahl der Fernreisen fest. Y ist binomialverteilt mit den Parametern n = 100 und p = 0,072.
Die Wahrscheinlichkeit für das Ereignis C: »es gab mindestens sechs, aber höchstens acht Fernreisen« erhält man mithilfe der kumulierten Binomialverteilung und des GTR/CAS:

$$\begin{aligned}P(C) &= P(6 \leqslant Y \leqslant 8) \\ &= P(Y \leqslant 8) - P(Y \leqslant 5) \\ &\approx 0,7068 - 0,2660 \\ &= 0,4408 \\ &= 44,08\%\end{aligned}$$

b) Um die Bedeutung der Gleichung $P(X = 62) = \binom{100}{62} \cdot (0,618)^{62} \cdot (0,382)^{38} = 0,0818$ zu erläutern, muss man zuerst die Zufallsvariable X bestimmen, zu der die Trefferwahrscheinlichkeit von p = 0,618 gehört. Wenn 31 % der Reiseziele in Deutschland lagen und 7,2 % der Reisen Fernreisen waren, so führten 100 % − 31 % − 7,2 % = 61,8 % der Reisen zu Nah- und Mittelstreckenzielen.
Somit legt man X als Zufallsvariable für die Anzahl der Reisen zu Nah- und Mittelstreckenzielen fest. X ist binomialverteilt mit den Parametern n = 100 und p = 0,618. Somit wird mit der gegebenen Gleichung die Wahrscheinlichkeit berechnet, dass von 100 Reisen genau 62 Reisen zu einem Nah- und Mittelstreckenziel führten. Diese betrug 8,18 %.

c) Zur Erstellung eines Baumdiagramms bezeichnet man mit I: Kurzurlaub geht ins Inland, $\overline{\text{I}}$: Kurzurlaub geht ins Ausland, S: Kurzurlaub ist eine Städtereise und $\overline{\text{S}}$: Kurzurlaub ist keine Städtereise. Anhand der gegebenen Daten kann man folgende Wahrscheinlichkeiten bestimmen:

Lösungen 25. Reisen

Da 76% aller Kurzurlaube ins Inland gingen, gilt:

$$P(I) = 76\% = 0,76 \text{ und damit } P(\bar{I}) = 1 - 0,76 = 0,24$$

Da 42,6% aller Kurzurlaube ins Inland Städtereisen waren, gilt:

$$P_I(S) = 42,6\% = 0,426 \text{ und damit } P_I(\bar{S}) = 1 - 0,426 = 0,574$$

Da 8% aller Kurzurlaube Städtereisen ins Ausland waren, gilt: $P(\bar{I} \cap S) = 8\% = 0,08$.
Damit ergibt sich: $P_{\bar{I}}(S) = \frac{P(\bar{I} \cap S)}{P(\bar{I})} = \frac{0,08}{0,24} = \frac{1}{3}$ und damit $P_{\bar{I}}(\bar{S}) = 1 - \frac{1}{3} = \frac{2}{3}$.
Somit erhält man folgendes Baumdiagramm:

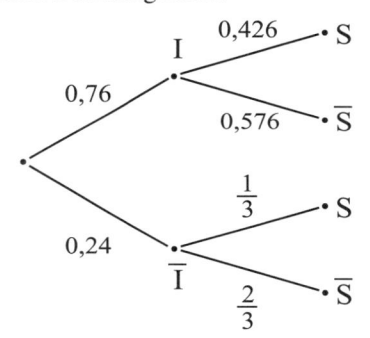

```
              0,426    S
         I •
    0,76 /      0,576   S̄
   •
    0,24 \       1/3    S
         Ī •
               2/3    S̄
```

Zur Erstellung einer Vierfeldertafel verwendet man $P(I) = 76\% = 0,76$ und damit
$P(\bar{I}) = 1 - 0,76 = 0,24$ sowie $P(\bar{I} \cap S) = 8\% = 0,08$.
Da 42,6% aller Kurzurlaube ins Inland Städtereisen waren, gilt:
$P(I \cap S) = 0,76 \cdot 0,426 = 0,32376$. Durch Summen- und Differenzenbildung kann man die Vierfeldertafel vervollständigen und man erhält:

	I	Ī	
S	0,32376	0,08	0,40376
S̄	0,43624	0,16	0,59624
	0,76	0,24	1

Die Wahrscheinlichkeit, dass eine Städtereise durchgeführt wurde, erhält man beim Baumdiagramm mithilfe der 1. und 2. Pfadregel:

$$P(S) = P(I \cap S) + P(\bar{I} \cap S) = 0,76 \cdot 0,426 + 0,24 \cdot \frac{1}{3} = 0,40376$$

Diesen Wert kann man in der Vierfeldertafel direkt ablesen.

Da insgesamt 74,5 Mio. Kurzreisen angetreten wurden, erhält man die Gesamtzahl der Städtereisen, indem man die Anzahl der Kurzreisen mit der Wahrscheinlichkeit einer Städtereise multipliziert:

$$74,5 \text{ Mio.} \cdot 0,40376 \approx 30,08 \text{ Mio.}$$

Es wurden etwa 30,08 Mio. Städtereisen angetreten.

Die Wahrscheinlichkeit, dass es sich bei einer Städtereise um eine Auslandsreise handelt, erhält man mithilfe der bedingten Wahrscheinlichkeit:

$$P_S(\overline{I}) = \frac{P(S \cap \overline{I})}{P(S)} = \frac{0,08}{0,40376} \approx 0,1981 = 19,81\%$$

Die Wahrscheinlichkeit, dass eine Städtereise eine Auslandsreise ist, beträgt etwa 19,81%.

d) Bei einer Stichprobe von 200 Deutschlandreisen gingen 40 in den Schwarzwald.
Um das 95%-Konfidenzintervall für den unbekannten Anteil der Schwarzwaldreisen aller Deutschlandreisen zu bestimmen, berechnet man zuerst die relative Häufigkeit h für den Anteil der Schwarzwaldreisen dieser Stichprobe:

$$h = \frac{40}{200} = 0,2$$

Damit gilt:

$$h - 1,96 \cdot \sqrt{\frac{h \cdot (1-h)}{n}} = 0,2 - 1,96 \cdot \sqrt{\frac{0,2 \cdot (1-0,2)}{200}} \approx 0,14$$

$$h + 1,96 \cdot \sqrt{\frac{h \cdot (1-h)}{n}} = 0,2 + 1,96 \cdot \sqrt{\frac{0,2 \cdot (1-0,2)}{200}} \approx 0,26$$

Die Wahrscheinlichkeit beträgt 95%, dass das Intervall $[0,14;0,26]$ den wahren Anteil der Schwarzwaldreisen unter allen Deutschlandreisen enthält.

e) Zum Testen der Nullhypothese: $H_0: p \leq 0,08$ legt man X als Zufallsvariable für die Anzahl der online gebuchten Pauschalreisen fest. X ist binomialverteilt mit den Parametern $n = 100$ und $p = 0,08$.

Da die Reisebürokette vermutet, dass sich der Anteil der online gebuchten Pauschalreisen erhöht hat, lautet die Alternativhypothese: $H_1: p > 0,08$. Wegen $H_1: p > 0,08$ handelt es sich um einen rechtsseitigen Test mit dem Ablehnungsbereich $\overline{A} = \{k, ..., 100\}$ und dem Signifikanzniveau $\alpha \leq 5\%$. Es ist also ein minimales $k \in \mathbb{N}$ so zu bestimmen, dass die Wahrscheinlichkeit, dass X einen Wert zwischen k und 100 annimmt, kleiner als α ist, d.h. dass gilt: $P(X \in \overline{A}) \leq \alpha$ bzw. $P(X \geq k) \leq \alpha$. Mithilfe der Wahrscheinlichkeit des Gegenereignisses ergibt sich:

$$P(X \geq k) \leq \alpha$$
$$1 - P(X \leq k-1) \leq 0,05$$
$$0,95 \leq P(X \leq k-1)$$

Mithilfe der kumulierten Binomialverteilung des GTR/CAS erhält man:

$$P(X \leq 12) \approx 0,9441$$
$$P(X \leq 13) \approx 0,9718$$

Somit ist k − 1 = 13 ⇒ k = 14 das minimale k und man erhält den Ablehnungsbereich der Nullhypothese: $\overline{A} = \{14, ..., 100\}$.

Damit ergibt sich folgende Entscheidungsregel:

Wenn unter den 100 durchgeführten Pauschalreisen mindestens 14 online gebucht wurden, wird die Reisebürokette die Nullhypothese verwerfen, d.h. sie wird davon ausgehen, dass sich der Anteil der online gebuchten Pauschalreisen erhöht hat.

f) Bei einem Fehler 1. Art wird die Nullhypothese fälschlicherweise abgelehnt, d.h. die Reisebürokette ging davon aus, dass sich der Anteil der online gebuchten Pauschalreisen erhöht hat, obwohl dies nicht der Fall war.

Bei einem Fehler 2. Art wird die Nullhypothese fälschlicherweise beibehalten, d.h. die Reisebürokette ging davon aus, dass sich der Anteil der online gebuchten Pauschalreisen nicht erhöht hat, obwohl dies der Fall war.

Legt man Y als Zufallsvariable für die Anzahl der online gebuchten Pauschalreisen im Jahr 2013 fest, so ist Y binomialverteilt mit den Parametern n = 100 und p = 0,15.

Um die Wahrscheinlichkeit, dass die Reisebürokette bei ihrem Hypothesentest einen Fehler 2. Art beging, zu ermitteln, berechnet man die Wahrscheinlichkeit, dass Y im Annahmebereich der Nullhypothese: A = {0, ..., 13} liegt. Mithilfe der kumulierten Binomialverteilung und des GTR/CAS erhält man:

$$P(Y \in A) = P(Y \leqslant 13) \approx 0{,}3474 = 34{,}74\%$$

Die Wahrscheinlichkeit für einen Fehler 2. Art beträgt etwa 34,74 %.

26 Ampel

a) Herr Pendler macht die Annahme, dass beide Ampeln unabhängig voneinander zu 70 %, ohne anhalten zu müssen, überquert werden können.
Dann gilt für die Wahrscheinlichkeit w, dass er an keiner der beiden Ampeln halten muss, aufgrund der Produktregel eines zweistufigen Zufallsexperiments:

$$w = 0,7 \cdot 0,7 = 0,49 = 49\,\%$$

Wenn die Wahrscheinlichkeit, beide Ampeln ohne anzuhalten zu überqueren, 58 % beträgt und die erste Ampel in 70 % der Fälle ohne anhalten zu müssen, überquert werden kann, so ergibt sich für die Wahrscheinlichkeit p der zweiten Ampel wegen der Produktregel bei zweistufigen Zufallsexperimenten mit unabhängigen Ereignissen:

$$0,7 \cdot p = 0,58 \;\Rightarrow\; p = \frac{0,58}{0,7} \approx 0,829 = 82,9\,\%$$

Die Wahrscheinlichkeit, dass die zweite Ampel ebenfalls ohne anzuhalten überquert werden kann, beträgt etwa $82,9\,\%$.

b) Man kann die Geschwindigkeitsmessung als Bernoullikette interpretieren, da es nur die beiden Ausgänge «Auto wird geblitzt» und «Auto wird nicht geblitzt» geben kann. Außerdem geht man davon aus, dass sich der Anteil der Verkehrsteilnehmer, der sich an die Geschwindigkeitsbegrenzung hält, nicht ändert.
Legt man X als Zufallsvariable für die Anzahl der geblitzten Autofahrer fest, so ist X binomialverteilt mit den Parametern $p = 0,2$ (20 % der Autofahrer werden geblitzt, wenn sich 80 % der Autofahrer an die Geschwindigkeitsbegrenzung halten) und $n = 20$, da 20 Autofahrer kontrolliert werden.
Die Wahrscheinlichkeit für das Ereignis A: «3 Autofahrer werden geblitzt» erhält man mithilfe der Binomialverteilung und des GTR/CAS:

$$P(A) = P(X = 3) \approx 0,2054 = 20,54\,\%$$

Die Wahrscheinlichkeit für das Ereignis B: «genau 15 Autofahrer halten sich an die Geschwindigkeitsbegrenzung» ist gleichbedeutend mit dem Ereignis: «genau 5 Autofahrer werden geblitzt». Damit erhält man mithilfe der Binomialverteilung und des GTR/CAS:

$$P(B) = P(X = 5) \approx 0,1746 = 17,46\,\%$$

Die Wahrscheinlichkeit für das Ereignis C: «mindestens 3 Autofahrer werden geblitzt» erhält man mithilfe des Gegenereignisses sowie der kumulierten Binomialverteilung und des GTR/CAS:

$$P(C) = P(X \geq 3)$$
$$= 1 - P(X \leq 2)$$
$$\approx 1 - 0,2061$$
$$= 0,7939$$
$$= 79,39\%$$

c) Legt man X als Zufallsvariable für die Anzahl der geblitzten Autofahrer fest und geht man davon aus, dass nur noch 10% statt 20% der Autofahrer zu schnell fahren, so ist X binomialverteilt mit den Parametern p = 0,1 und n = 20, da zufällig 20 Autofahrer beobachtet werden. Damit erhält man den Erwartungswert E(X) und die Standardabweichung σ von X folgendermaßen:

$$E(X) = \mu = n \cdot p = 20 \cdot 0,1 = 2$$
$$\sigma = \sqrt{n \cdot p \cdot (1-p)} = \sqrt{20 \cdot 0,1 \cdot 0,9} = \sqrt{1,8} \approx 1,34$$

Der Erwartungswert von X beträgt 2, die Standardabweichung beträgt etwa 1,34.

d) Bei einer Stichprobe von 50 Autofahrern werden 7 geblitzt.
Um das 95%-Konfidenzintervall für den unbekannten Anteil der geblitzten Autofahrer zu bestimmen, berechnet man zuerst die relative Häufigkeit h für den Anteil geblitzter Autofahrer dieser Stichprobe:

$$h = \frac{7}{50} = 0,14$$

Damit gilt:

$$h - 1,96 \cdot \sqrt{\frac{h \cdot (1-h)}{n}} = 0,14 - 1,96 \cdot \sqrt{\frac{0,14 \cdot (1-0,14)}{50}} \approx 0,04$$
$$h + 1,96 \cdot \sqrt{\frac{h \cdot (1-h)}{n}} = 0,14 + 1,96 \cdot \sqrt{\frac{0,14 \cdot (1-0,14)}{50}} \approx 0,24$$

Die Wahrscheinlichkeit beträgt 95%, dass das Intervall [0,04; 0,24] den wahren Anteil geblitzter Autos enthält.

e) Um zu testen, ob sich das Verhalten der Verkehrsteilnehmer deutlich verbessert hat, legt man als Nullhypothese H_0: $p \geq 0,2$ mit n = 20 fest.
Die zugehörige Alternativhypothese lautet: H_1: $p < 0,2$.
Wegen H_1: $p < 0,2$ handelt es sich um einen linksseitigen Test mit dem Ablehnungsbereich $\overline{A} = \{0, ..., k\}$ und einem nicht festgelegten Signifikanzniveau α. Es wäre also ein maximales $k \in \mathbb{N}$ so zu bestimmen, dass die Wahrscheinlichkeit, dass X einen Wert zwischen 0 und k annimmt, kleiner als α ist, d.h. dass gilt: $P(X \in \overline{A}) \leq \alpha$ bzw. $P(X \leq k) \leq \alpha$.
Bei einem Fehler erster Art wird die Nullhypothese mit einer Irrtumswahrscheinlichkeit

von α abgelehnt, obwohl sie zutrifft, d.h. man vermutet, wenn höchstens k Autofahrer zu schnell sind, dass sich das Fahrverhalten verbessert hat, obwohl dies in Wirklichkeit nicht der Fall ist.

Bei einem Fehler zweiter Art wird die Nullhypothese beibehalten, obwohl sie nicht zutrifft, d.h. man vermutet, wenn mehr als k Autofahrer geblitzt werden, dass sich das Fahrverhalten nicht verbessert hat, obwohl dies in Wirklichkeit der Fall ist.

27 Handys

a) Da bei den Handys nur die Ausfälle «fehlerhaft» und «fehlerfrei» unterschieden werden, kann die Ziehung eines Handys als Bernoulli-Experiment angesehen werden. Ferner handelt es sich um Massenproduktion, so dass sich die Wahrscheinlichkeit beim Ziehen ohne Zurücklegen nur unwesentlich ändert. Somit kann mit einer binomialverteilten Zufallsgröße der Kettenlänge n = 100 mit der Trefferwahrscheinlichkeit p = 0,1 für «Handy ist fehlerhaft» gerechnet werden; die Zufallsvariable X gebe also die Anzahl der fehlerhaften Handys an.

Es ergeben sich mit Hilfe des GTR/CAS für die gesuchten Ereignisse folgende Wahrscheinlichkeiten:

P(A) = P(weniger als 5 fehlerhafte Handys) = $P(X \leqslant 4) = 0,0237 = 2,37\%$.
P(B) = P(genau 3 fehlerhafte Handys) = $P(X = 3) = 0,0059 = 0,59\%$
P(C) = P(mindestens 90 Handys funktionieren) = P(höchstens 10 fehlerhafte Handys)
    = $P(X \leqslant 10) = 0,5832 = 58,32\%$.

b) Um das kleinstmögliche Intervall mit Mittelpunkt 10 zu bestimmen, bei dem die Anzahl der fehlerhaften Handys bei 100 Betrachteten mit einer Wahrscheinlichkeit von mindestens 95% liegt, wird diese Wahrscheinlichkeit für verschiedene Intervalle berechnet:

$P(9 \leqslant X \leqslant 11) = P(X \leqslant 11) - P(X \leqslant 8) = 0,7030 - 0,3209 = 0,3821 = 38,21\%$.
$P(8 \leqslant X \leqslant 12) = P(X \leqslant 12) - P(X \leqslant 7) = 0,8018 - 0,2061 = 0,5957 = 59,57\%$.
$P(7 \leqslant X \leqslant 13) = P(X \leqslant 13) - P(X \leqslant 6) = 0,8761 - 0,1172 = 0,7589 = 75,89\%$.
$P(6 \leqslant X \leqslant 14) = P(X \leqslant 14) - P(X \leqslant 5) = 0,9274 - 0,0576 = 0,8698 = 86,98\%$.
$P(5 \leqslant X \leqslant 15) = P(X \leqslant 15) - P(X \leqslant 4) = 0,9601 - 0,0237 = 0,9364 = 93,64\%$.
$P(4 \leqslant X \leqslant 16) = P(X \leqslant 16) - P(X \leqslant 3) = 0,9794 - 0,0078 = 0,9716 = 97,16\%$.

Damit ist [4;16] das kleinstmögliche Intervall mit den geforderten Eigenschaften.

Um die Anzahl der Handys zu bestimmen, die entnommen werden müssen, so dass mit einer Wahrscheinlichkeit von mehr als 99% wenigstens ein fehlerhaftes dabei ist, rechnet man mit dem Gegenereignis «kein fehlerhaftes Handy». Die Wahrscheinlichkeit, kein fehlerhaftes Handy zu ziehen, beträgt pro Ziehung 0,9. Werden nun n Handys entnommen, so gilt:

P(wenigstens ein fehlerhaftes Handy) = 1 − P(kein fehlerhaftes Handy) = $1 - 0,9^n$.

Damit diese Wahrscheinlichkeit mindestens 99% beträgt, ist folgende Ungleichung zu lösen:

$$1 - 0,9^n \geqslant 0,99 \Rightarrow 0,9^n \leqslant 0,01 \Rightarrow n \cdot \ln(0,9) \leqslant \ln(0,01) \Rightarrow n \geqslant \frac{\ln(0,01)}{\ln(0,9)} \approx 43,7$$

Es müssen also mindestens 44 Handys entnommen werden, um mit einer Wahrscheinlichkeit von mindestens 99% mindestens ein fehlerhaftes Handy zu erhalten.

27. Handys — Lösungen

c) Es sei F: Handy fehlerhaft und A: Handy ausgesondert.
Es gelten entsprechend der gegebenen Daten folgende Wahrscheinlichkeiten:
P(F) = 0,1 und $P(\overline{F} \cap A) = 0,04$ sowie $P(\overline{A}) = 0,93$.
Hieraus folgt: $P(\overline{F}) = 1 - P(F) = 1 - 0,1 = 0,9$ und $P(A) = 1 - P(\overline{A}) = 1 - 0,93 = 0,07$.
Trägt man diese Wahrscheinlichkeiten in eine Vierfeldertafel ein und ergänzt diese, so ergibt sich:

	A	$\overline{A}$	
F	0,03	0,07	0,1
$\overline{F}$	0,04	0,86	0,9
	0,07	0,93	1

Die Wahrscheinlichkeit, dass ein Handy fehlerhaft ist und ausgesondert wird, kann aus der Vierfeldertafel abgelesen werden: $P(F \cap A) = 0,03 = 3\%$.
Der Anteil der fehlerhaften und ausgesonderten Handys im Verhältnis zu allen fehlerhaften Handys ist: $\frac{0,03}{0,1} = 30\%$.

d) Bei einer Stichprobe von 150 Handys sind 12 fehlerhaft.
Da die Irrtumswahrscheinlichkeit 5% beträgt, bestimmt man das 95%-Konfidenzintervall für den unbekannten Anteil fehlerhafter Handys. Dazu berechnet man zuerst die relative Häufigkeit h für den Anteil fehlerhafter Handys dieser Stichprobe:

$$h = \frac{12}{150} = \frac{4}{50} = 0,08$$

Damit gilt:

$$h - 1,96 \cdot \sqrt{\frac{h \cdot (1-h)}{n}} = 0,08 - 1,96 \cdot \sqrt{\frac{0,08 \cdot (1-0,08)}{150}} \approx 0,04$$

$$h + 1,96 \cdot \sqrt{\frac{h \cdot (1-h)}{n}} = 0,08 + 1,96 \cdot \sqrt{\frac{0,08 \cdot (1-0,08)}{150}} \approx 0,12$$

Die Wahrscheinlichkeit beträgt 95%, dass das Intervall [0,04; 0,12] den wahren Anteil fehlerhafter Handys enthält.

e) Die Nullhypothese lautet: H_0: $p \leq 0,04$ bei Treffer «Handy fehlerhaft» und n = 100.
Es handelt sich um einen rechtsseitigen Test mit der Irrtumswahrscheinlichkeit $\alpha = 5\%$.
Ist X die Anzahl der fehlerhaften Handys, so liefert der GTR/CAS:

$P(X \leq 6) = 0,8936 \Rightarrow P(X > 6) = 1 - P(X \leq 6) = 1 - 0,8936 = 0,1064 = 10,64\%$.
$P(X \leq 7) = 0,9525 \Rightarrow P(X > 7) = 1 - P(X \leq 7) = 1 - 0,9525 = 0,0475 = 4,75\%$.

Da für die Zahlen des Ablehnungsbereichs $\overline{A^*}$ die Wahrscheinlichkeit höchstens den Wert $\alpha = 5\%$ erreichen darf, ist der Ablehnungsbereich $\overline{A^*} = \{8, ..., 100\}$ und der Annahmebereich ist demzufolge $A^* = \{0, ..., 7\}$.
Da 7 nicht im Ablehnungsbereich liegt, kann der Großhändler nicht schließen, dass die Firma Noko eine falsche Angabe gemacht hat.

28 Internet

a) Legt man X als Zufallsvariable für die Anzahl der Personen, die das Internet für Telefonate nutzen, fest, so ist X binomialverteilt mit n = 10 und p = 0,28, da es nur zwei mögliche Ausgänge («telefoniert über das Internet» oder «telefoniert nicht über das Internet») gibt und sich die Wahrscheinlichkeit während des Versuchs nicht verändert.

Die Wahrscheinlichkeit für das Ereignis A, dass genau drei Personen dabei sind, die das Internet für Telefonate nutzen, erhält man mithilfe der Binomialverteilung des GTR/CAS:

$$P(A) = P(X = 3) \approx 0,264 = 26,4\%$$

frv.tv/ar

Die Wahrscheinlichkeit für das Ereignis B, dass höchstens drei Personen dabei sind, die das Internet für Telefonate nutzen, erhält man mithilfe der kumulierten Binomialverteilung des GTR/CAS:

$$P(B) = P(X \leqslant 3) \approx 0,702 = 70,2\%$$

frv.tv/as

b) Da es sich bei diesem Zufallsexperiment um ein «Ziehen ohne Zurücklegen» handelt, kann es nicht mithilfe einer Binomialverteilung berechnet werden. Es geht nur um die ersten drei der 10 Personen, daher kann der Versuch als 3-stufiges Zufallsexperiment angesehen werden. Dies kann man mithilfe eines Baumdiagramms veranschaulichen. Bezeichnet man mit IT: «verwendet das Internet für Telefonate» und $\overline{\text{IT}}$: «verwendet das Internet nicht für Telefonate», so ergibt sich:

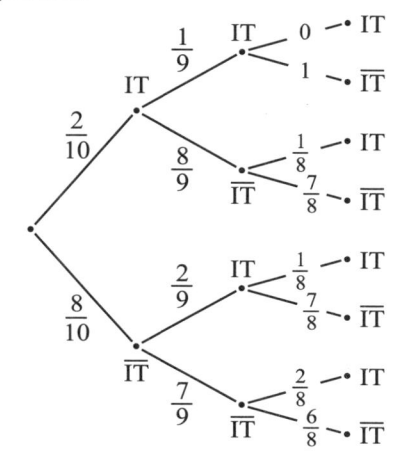

Die Wahrscheinlichkeit für das Ereignis C, dass unter den ersten drei Befragten genau einer dabei ist, der das Internet für Telefonate nutzt, erhält man mithilfe der Pfadregeln:

$$P(C) = P\left(IT, \overline{IT}, \overline{IT}\right) + P\left(\overline{IT}, IT, \overline{IT}\right) + P\left(\overline{IT}, \overline{IT}, IT\right)$$
$$= \frac{2}{10} \cdot \frac{8}{9} \cdot \frac{7}{8} + \frac{8}{10} \cdot \frac{2}{9} \cdot \frac{7}{8} + \frac{8}{10} \cdot \frac{7}{9} \cdot \frac{2}{8}$$
$$\approx 0,467$$
$$= 46,7\%$$

Die Wahrscheinlichkeit beträgt etwa 46,7 %.

c) Mit den Angaben des Artikels kann man ein Baumdiagramm erstellen.
Dabei stellt die erste Stufe das Alter der Internetnutzer dar und die zweite Stufe die Nutzung des Internets für Telefonate. Bezeichnet man mit x den Anteil der Personen, die 10 bis 24 Jahre alt sind, IT: «verwendet das Internet für Telefonate» und $\overline{IT}$: «verwendet das Internet nicht für Telefonate», so ergibt sich:

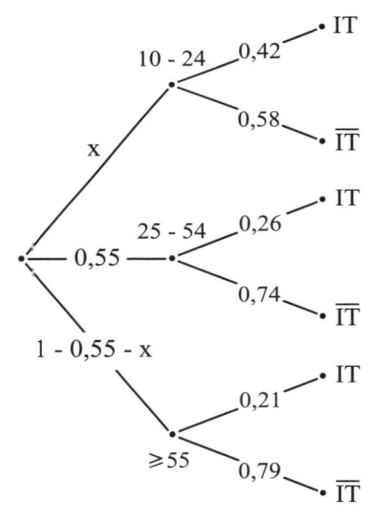

Die Wahrscheinlichkeit für das Ereignis D, dass eine Person im Alter von 25 bis 54 Jahre ist und das Internet für Telefonate nutzt, erhält man mit der ersten Pfadregel:

$$P(D) = P(25 - 54, IT) = 0,55 \cdot 0,26 = 0,143 = 14,3\%.$$

Die Wahrscheinlichkeit, dass ein Internetnutzer 10 bis 24 Jahre alt ist, kann man sich mithilfe der Pfadregeln folgendermaßen überlegen: Es sei x der Anteil der Internetnutzer 2013 im Alter von 10 bis 24 Jahre. Bekannt ist der Anteil aller Internetnutzer, die das Internet auch für Telefonate nutzen: $p = 0,28$. Diese Wahrscheinlichkeit setzt sich zusammen aus allen 10- bis 24-Jährigen, die das Internet für Telefonate nutzen ($x \cdot 0,42$), allen 25- bis 54-Jährigen, die das Internet für Telefonate nutzen ($0,55 \cdot 0,26$), wie auch allen 55-Jährigen und älteren, die das Internet für Telefonate nutzen $((1-0,55-x) \cdot 0,21)$, d.h. es gilt:

$$P(IT) = P(10-24, IT) + P(25-54, IT) + P(\geq 55, IT)$$
$$0,28 = x \cdot 0,42 + 0,55 \cdot 0,26 + (1-0,55-x) \cdot 0,21$$
$$0,28 = 0,21 \cdot x + 0,2375$$
$$x \approx 0,2023$$
$$= 20,23\%$$

Der Anteil der 10- bis 24-Jährigen Internetnutzer beträgt also etwa $20,23\%$.

d) Die Nullhypothese des Tests lautet: «Der Anteil der Internetnutzer, die im Jahr 2014 das Internet auch zum Telefonieren nutzen, liegt bei höchstens 28%», also: $H_0: p \leq 0,28$. Da man vermutet, dass sich dieser Anteil erhöht hat, lautet die Alternativhypothese: «Der Anteil der Internetnutzer, die im Jahr 2014 das Internet auch zum Telefonieren nutzen, hat sich gegenüber dem Jahr 2013 erhöht», also: $H_1: p > 0,28$.

Legt man X als Zufallsvariable für die Anzahl der Internetnutzer, die im Jahr 2014 das Internet auch zum Telefonieren nutzen, fest, so ist X ist binomialverteilt mit den Parametern $n = 50$ und $p = 0,28$. Wegen $H_1: p > 0,28$ handelt es sich um einen rechtsseitigen Test mit dem Ablehnungsbereich $\overline{A} = \{k, ..., 50\}$ und dem Signifikanzniveau $\alpha \leq 1\%$. Es ist also ein minimales $k \in \mathbb{N}$ so zu bestimmen, dass die Wahrscheinlichkeit, dass X einen Wert zwischen k und 50 annimmt, kleiner als α ist, d.h. dass gilt: $P(X \in \overline{A}) \leq \alpha$ bzw. $P(X \geq k) \leq \alpha$. mithilfe der Wahrscheinlichkeit des Gegenereignisses ergibt sich:

$$P(X \geq k) \leq \alpha$$
$$1 - P(X \leq k-1) \leq 0,01$$
$$0,99 \leq P(X \leq k-1)$$

Mithilfe der kumulierten Binomialverteilung des GTR/CAS erhält man:

$$P(X \leq 21) \approx 0,9888$$
$$P(X \leq 22) \approx 0,9950$$

frv.tv/at

Somit ist $k-1 = 22 \Rightarrow k = 23$ das minimale k und man erhält den Ablehnungsbereich der Nullhypothese: $\overline{A} = \{23, ..., 50\}$.

Damit ergibt sich folgende Entscheidungsregel:

Geben also mindestens 23 der 50 zufällig ausgewählten Internetnutzer an, das Internet auch zum Telefonieren zu nutzen, wird H_0 abgelehnt und man geht davon aus, dass sich der Anteil der Internetnutzer, die das Internet zum Telefonieren nutzen, gegenüber 2013 erhöht hat.

e) Aus der angegebenen Grafik kann β als Wert auf der y-Achse abgelesen werden: Wählt man auf der x-Achse die Stelle $p_1 = 0,35$, so erhält man: $\beta \approx 0,73 = 73\%$.

Liegt der Anteil der Internetnutzer, die 2014 das Internet zum Telefonieren nutzen, bei 35 %, so beträgt die Wahrscheinlichkeit, bei diesem Test einen Fehler 2. Art zu begehen, etwa 73 %. Mit einer Wahrscheinlichkeit von etwa 73 % wird also die Nullhypothese, d.h. die Hypothese, dass sich der Anteil der Internetnutzer, die das Internet auch zum Telefonieren nutzen, nicht erhöht hat, nicht verworfen, und somit angenommen, obwohl sich der Anteil dieser Internetnutzer eigentlich auf 35 % erhöht hat.

Um den zugehörigen Ablehnungsbereich $\overline{A} = \{k, ..., 50\}$ von H_0 zu bestimmen, werden dieselben Entscheidungsregeln wie in der vorgehenden Aufgabe 3.1 benutzt. Es muss gelten:

$$P(X < k) \approx 0,73$$
$$P(X \leqslant k - 1) \approx 0,73$$

Mit $n = 50$ und $p_1 = 0,35$ ergibt sich mithilfe der kumulierten Binomialverteilung des GTR/CAS:

$$P(X \leqslant 19) \approx 0,7264$$
$$P(X \leqslant 20) \approx 0,8139$$

Somit ist $k - 1 \approx 19 \Rightarrow k \approx 20$ das minimale k und man erhält den Ablehnungsbereich der Nullhypothese: $\overline{A} = \{20, ..., 50\}$.

29 Automobil Zulieferer

Es ist $M = \begin{pmatrix} 0,7 & 0,1 & 0,1 \\ 0,2 & 0,85 & 0 \\ 0,1 & 0,05 & 0,9 \end{pmatrix}$

a) Aus den Werten der Matrix kann man folgendes Übergangsdiagramm zeichnen:

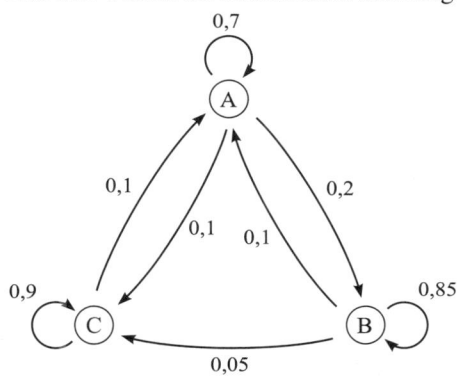

Die Übergänge finden immer «von Spalte zu Zeile» statt:

Die erste Spalte der Matrix M bedeutet beispielsweise, dass 70 % der Mitarbeiter von A an ihrem Standort verbleiben, 20 % der Mitarbeiter von Standort A nach Standort B wechseln und 10 % der Mitarbeiter von Standort A nach Standort C wechseln.

Die erste Zeile der Matrix M bedeutet hingegen, dass 70 % der Mitarbeiter von Standort A an ihrem Standort verbleiben, 10 % der Mitarbeiter von Standort B nach Standort A wechseln und 10 % der Mitarbeiter von Standort C nach Standort A wechseln.

b) Da zu Beginn alle 1200 Mitarbeiter am Standort A arbeiten, lautet der Startvektor:

$$\vec{x} = \begin{pmatrix} 1200 \\ 0 \\ 0 \end{pmatrix}$$

Die Verteilung $\vec{y}$ nach einem Jahr erhält man, indem man die Übergangsmatrix M mit dem Startvektor $\vec{x}$ multipliziert:

$$\vec{y} = M \cdot \vec{x} = \begin{pmatrix} 0,7 & 0,1 & 0,1 \\ 0,2 & 0,85 & 0 \\ 0,1 & 0,05 & 0,9 \end{pmatrix} \cdot \begin{pmatrix} 1200 \\ 0 \\ 0 \end{pmatrix} = \begin{pmatrix} 840 \\ 240 \\ 120 \end{pmatrix}$$

Damit arbeiten nach einem Jahr 840 Mitarbeiter an Standort A, 240 Mitarbeiter an Standort B und 120 Mitarbeiter an Standort C.

Die Verteilung $\vec{z}$ nach zwei Jahren erhält man, indem man die Übergangsmatrix M mit dem Vektor $\vec{y}$ multipliziert:

$$\vec{z} = M \cdot \vec{y} = \begin{pmatrix} 0,7 & 0,1 & 0,1 \\ 0,2 & 0,85 & 0 \\ 0,1 & 0,05 & 0,9 \end{pmatrix} \cdot \begin{pmatrix} 840 \\ 240 \\ 120 \end{pmatrix} = \begin{pmatrix} 624 \\ 372 \\ 204 \end{pmatrix}$$

Damit arbeiten nach zwei Jahren 624 Mitarbeiter an Standort A, 372 Mitarbeiter an Standort B und 204 Mitarbeiter an Standort C.

c) Die Matrix M^2 erhält man, indem man die Matrix M mit sich selbst multipliziert:

$$M^2 = M \cdot M = \begin{pmatrix} 0,7 & 0,1 & 0,1 \\ 0,2 & 0,85 & 0 \\ 0,1 & 0,05 & 0,9 \end{pmatrix} \cdot \begin{pmatrix} 0,7 & 0,1 & 0,1 \\ 0,2 & 0,85 & 0 \\ 0,1 & 0,05 & 0,9 \end{pmatrix} = \begin{pmatrix} 0,52 & 0,16 & 0,16 \\ 0,31 & 0,7425 & 0,02 \\ 0,17 & 0,0975 & 0,82 \end{pmatrix}$$

Die Matrix M^2 beschreibt die Übergangsquoten für einen Zeitraum von 2 Jahren, d.h. sie gibt an, welcher Prozentsatz der Mitarbeiter eines jeden Standorts nach jeweils 2 Jahren zu den jeweiligen anderen Standorten übergeht.

d) Die Matrix M^{10} beschreibt die Übergangsquoten für einen Zeitraum von 10 Jahren.

Da die 1. Zeile der Matrix M^{10} aus nahezu identischen Zahlen (0,25) besteht, kann man davon ausgehen, dass etwa 25 % der Mitarbeiter, also ca. 300, nach 10 Jahren am Standort A arbeiten werden, insbesondere, wenn man M^{10} mit M vergleicht.

Die Zahlen innerhalb der zweiten bzw. dritten Zeile sind noch zu verschieden, als dass man einen solchen Schluss ziehen könnte.

Andererseits kann man auch argumentieren, dass es zweifelhaft ist, ob die Firma wirklich für einen Zeitraum von 10 Jahren vorausplanen kann. Dies ist fraglich, da es in einem so langen Zeitraum weitere Veränderungen geben wird.

30 Insektenpopulation

a) Es ist zu zeigen, dass die Übergangsmatrix $Ü_{a,b}$ die Populationsentwicklung beschreibt, die der Graph beschreibt. Dazu berechnet man das Matrix-Vektor-Produkt $Ü_{a,b} \cdot \vec{x}$.

Der Vektor $\vec{x} = \begin{pmatrix} x_1 \\ x_2 \\ x_3 \end{pmatrix}$ wird als «Populationsvektor» bezeichnet.

Es ist x_1 die Anzahl der Eier am Anfang, x_2 die Anzahl der I_1-Insekten am Anfang und x_3 die Anzahl der I_2-Insekten am Anfang. Das Produkt der Matrix mit dem Vektor gibt dann die Anzahl Eier, der I_1 und der I_2-Insekten jeweils nach einer Woche an. Es ist:

$$Ü_{a,b} \cdot \begin{pmatrix} x_1 \\ x_2 \\ x_3 \end{pmatrix} = \begin{pmatrix} 0 & a & b \\ 0,1 & 0 & 0 \\ 0 & 0,4 & 0 \end{pmatrix} \cdot \begin{pmatrix} x_1 \\ x_2 \\ x_3 \end{pmatrix} = \begin{pmatrix} ax_2 + bx_3 \\ 0,1x_1 \\ 0,4x_2 \end{pmatrix}$$

Nach einer Woche sind also $ax_1 + bx_2$ Eier vorhanden. Diese Aussage stimmt mit dem Graphen überein, da jedes I_1-Insekt durchschnittlich a Eier und jedes I_2-Insekt b Eier legt, dieser Vorgang wird durch die beiden Pfeile beschrieben, die bei E enden.
Es sind außerdem $0,1x_1$ I_1-Insekten vorhanden. Auch diese Aussage stimmt mit dem Graphen überein, da sich aus jedem Ei durchschnittlich $0,1$ I_1-Insekten entwickeln. Schließlich sind nach einer Woche $0,4x_2$ I_2-Insekten vorhanden. Auch dies stimmt mit dem Graphen überein: Aus jedem I_1-Insekt gehen durchschnittlich $0,4$ I_2-Insekten hervor.
Der Parameter a gibt die durchschnittliche Menge an Eiern an, die von einem I_1-Insekt pro Woche gelegt wird. Der Parameter b gibt die durchschnittliche Menge an Eiern an, die ein I_2-Insekt pro Woche legt.

b) Um die spezielle Übergangsmatrix $Ü_{10,5}$ anzugeben, werden die Parameter a und b durch die konkreten Zahlen ersetzt:

$$Ü_{10,5} = \begin{pmatrix} 0 & 10 & 5 \\ 0,1 & 0 & 0 \\ 0 & 0,4 & 0 \end{pmatrix}$$

Da ohne I_1- und I_2-Insekten gestartet wird, enthält der Startvektor nur einen Eintrag in der ersten Zeile. Er lautet: $\begin{pmatrix} 1000 \\ 0 \\ 0 \end{pmatrix}$. Die Anzahl der Eier und Insekten der zwei Stufen nach einer Woche erhält man durch Berechnung des Matrix-Vektor-Produkts:

$$\begin{pmatrix} 0 & 10 & 5 \\ 0,1 & 0 & 0 \\ 0 & 0,4 & 0 \end{pmatrix} \cdot \begin{pmatrix} 1000 \\ 0 \\ 0 \end{pmatrix} = \begin{pmatrix} 0 \\ 100 \\ 0 \end{pmatrix}$$

30. Insektenpopulation — Lösungen

Nach einer Woche sind also 100 I_1-Insekten vorhanden. Multipliziert man die Übergangsmatrix $Ü_{10,5}$ nun mit diesem Vektor, erhält man die Verteilung der Population nach der zweiten Woche:

$$\begin{pmatrix} 0 & 10 & 5 \\ 0,1 & 0 & 0 \\ 0 & 0,4 & 0 \end{pmatrix} \cdot \begin{pmatrix} 0 \\ 100 \\ 0 \end{pmatrix} = \begin{pmatrix} 1000 \\ 0 \\ 40 \end{pmatrix}$$

Nach zwei Wochen sind demnach 1000 Eier und 40 I_2-Insekten vorhanden. Für die dritte Woche berechnet man

$$\begin{pmatrix} 0 & 10 & 5 \\ 0,1 & 0 & 0 \\ 0 & 0,4 & 0 \end{pmatrix} \cdot \begin{pmatrix} 1000 \\ 0 \\ 40 \end{pmatrix} = \begin{pmatrix} 200 \\ 100 \\ 0 \end{pmatrix}$$

Nach drei Wochen besteht die Population also aus 200 Eiern und 100 I_1-Insekten.

c) Für die Einträge in der Übergangsmatrix sind die konkreten Bestände nicht relevant, daher bewirkt der Pestizideinsatz bei der Übergangsmatrix nur eine Änderung in Bezug auf die Fähigkeit, Eier legen zu können. Da die I_1-Insekten durch das Pestizid keine Eier mehr legen können, muss für die variierte Übergangsmatrix $a = 0$ gelten, d.h.

$$Ü_{0,5} = \begin{pmatrix} 0 & 0 & 5 \\ 0,1 & 0 & 0 \\ 0 & 0,4 & 0 \end{pmatrix}$$

Um zu untersuchen, ob die geschwächte Population auf lange Sicht überlebensfähig ist, geht man beispielhaft von einem Ei aus und berechnet einen vollständigen dreiwöchigen Zyklus. Aus dem Ei müssen durchschnittlich $\geq 1,0$ Eier entstehen, nur so kann die Population überleben:

$$\begin{pmatrix} 0 & 0 & 5 \\ 0,1 & 0 & 0 \\ 0 & 0,4 & 0 \end{pmatrix} \cdot \begin{pmatrix} 1 \\ 0 \\ 0 \end{pmatrix} = \begin{pmatrix} 0 \\ 0,1 \\ 0 \end{pmatrix}$$

$$\begin{pmatrix} 0 & 0 & 5 \\ 0,1 & 0 & 0 \\ 0 & 0,4 & 0 \end{pmatrix} \cdot \begin{pmatrix} 0 \\ 0,1 \\ 0 \end{pmatrix} = \begin{pmatrix} 0 \\ 0 \\ 0,04 \end{pmatrix}$$

$$\begin{pmatrix} 0 & 0 & 5 \\ 0,1 & 0 & 0 \\ 0 & 0,4 & 0 \end{pmatrix} \cdot \begin{pmatrix} 0 \\ 0 \\ 0,04 \end{pmatrix} = \begin{pmatrix} 0,2 \\ 0 \\ 0 \end{pmatrix}$$

Es sind aus dem Ei nach dem Durchlauf eines Zyklus 0,2 Eier entstanden. Da es weder I_1 noch I_2-Insekten gibt, wird die Insektenpopulation auf lange Sicht aussterben.

Alternativ zeichnet man einen Übergangsgraph für die durchschnittliche Entwicklung eines Eis und berechnet aus den Werten des Übergangsgraphen einen «Entwicklungsfaktor»,

Lösungen   30. *Insektenpopulation*

also den Wert, der angibt, wie groß die Zu- bzw. Abnahme nach einem Zyklus ist. Man geht dazu von dem in der Aufgabenstellung gegebenen Übergangsgraphen aus. Durch den Pestizideinsatz ist der Wert von $a = 0$. Für b gilt $b = 5$. Damit ergibt sich der folgende Übergangsgraph:

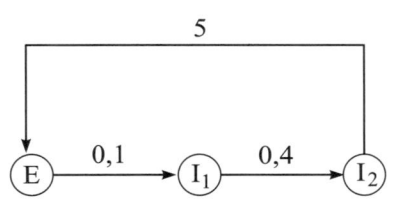

$$\begin{array}{c} 5 \\ \text{E} \xrightarrow{0,1} \text{I}_1 \xrightarrow{0,4} \text{I}_2 \end{array}$$

Auch hier entstehen aus jedem Ei nach drei Wochen durchschnittlich $0,1 \cdot 0,4 \cdot 5 = 0,2$ Eier. Da die Insekten laut Aufgabenstelllung nach der Eiablage sterben, wird die gesamte Population langfristig aussterben.

d) Wie im Aufgabenteil c) kann man die durchschnittliche Entwicklung eines Eis betrachten, um die langfristige Entwicklung der Population zu untersuchen. Aus dem Übergangsgraphen kann man zwei verschiedene Entwicklungszyklen ablesen:

1) Der «große» Zyklus im Übergangsgraphen: Aus einem Ei entstehen durchschnittlich $0,1$ I_1-Insekten. Aus jedem I_1-Insekt entstehen durchschnittlich $0,4$ I_2-Insekten. Jedes I_2-Insekt legt durchschnittlich 5 neue Eier.
2) Der «kleine» Zyklus im Übergangsgraphen: Aus einem Ei entstehen durchschnittlich $0,1$ I_1-Insekten. Jedes I_1-Insekt legt durchschnittlich 10 neue Eier.

Aus Zyklus 1) ergibt sich, dass aus einem Ei durchschnittlich $0,1 \cdot 0,4 \cdot 5 = 0,2$ Eier entstehen.
Aus Zyklus 2) ergibt sich, dass aus einem Ei durchschnittlich $0,1 \cdot 10 = 1$ Ei entsteht.
Aus jedem Ei entstehen insgesamt durchschnittlich $0,2 + 1 = 1,2$ neue Eier. Daraus ergibt sich, dass die Population unbegrenzt wachsen wird, wenn sie sich anhand des vorliegenden Modells entwickelt.

e) Gesucht sind die Parameter a und b. In der Aufgabenstellung ist die Anfangspopulation durch den Populationsvektor

$$\begin{pmatrix} 500 \\ 0 \\ 50 \end{pmatrix}$$

gegeben. Nach drei Wochen wiederum soll der Populationsvektor die folgende Gestalt haben:

$$\begin{pmatrix} 600 \\ 30 \\ 24 \end{pmatrix}$$

30. Insektenpopulation — Lösungen

Um herauszufinden, ob es Werte für a und b gibt, so dass die Population sich wie gefordert entwickelt, benutzt man den Ansatz:

$$\begin{pmatrix} 600 \\ 30 \\ 24 \end{pmatrix} = (\ddot{U}_{a,b})^3 \cdot \begin{pmatrix} 500 \\ 0 \\ 50 \end{pmatrix}$$

Und versucht, aus den sich ergebenden Gleichungen a und b zu bestimmen.
Die Multiplikation wird in mehreren Schritten durchgeführt. Zuerst:

$$\ddot{U}_{a,b} \cdot \begin{pmatrix} 500 \\ 0 \\ 50 \end{pmatrix} = \begin{pmatrix} 0 & a & b \\ 0{,}1 & 0 & 0 \\ 0 & 0{,}4 & 0 \end{pmatrix} \cdot \begin{pmatrix} 500 \\ 0 \\ 50 \end{pmatrix} = \begin{pmatrix} 50b \\ 50 \\ 0 \end{pmatrix}$$

als nächstes:

$$\ddot{U}_{a,b} \cdot \begin{pmatrix} 50b \\ 50 \\ 0 \end{pmatrix} = \begin{pmatrix} 50a \\ 5b \\ 20 \end{pmatrix}$$

und zum Schluss:

$$\ddot{U}_{a,b} \cdot \begin{pmatrix} 50a \\ 5b \\ 20 \end{pmatrix} = \begin{pmatrix} 5ab + 20b \\ 5a \\ 2b \end{pmatrix}$$

Damit ist:

$$\begin{pmatrix} 600 \\ 30 \\ 24 \end{pmatrix} = (\ddot{U}_{a,b})^3 \cdot \begin{pmatrix} 500 \\ 0 \\ 500 \end{pmatrix} = \begin{pmatrix} 5ab + 20b \\ 5a \\ 2b \end{pmatrix}$$

Diesen Zusammenhang kann man zu den folgenden drei Gleichungen umschreiben:

I $\quad 600 = 5ab + 20b$
II $\quad 30 = 5a$
III $\quad 24 = 2b$

Aus Gleichung II ergibt sich $a = 6$, aus Gleichung III $b = 12$.
Einsetzen der Werte in Gleichung I:

$$600 = 5 \cdot 6 \cdot 12 + 20 \cdot 12$$

Also:
$$600 = 600$$

Mit den Werten $a = 6$ und $b = 12$ wird sich die Population wie im Aufgabentext beschrieben entwickeln.

31 Supermarkt

a) Die Umsätze nach einem Jahr werden durch den Zustandsvektor $\vec{a_1}$ beschrieben. Um diesen zu berechnen, muss die Übergangsmatrix N mit dem Zustandsvektor $\vec{a_0}$ multipliziert werden:

$$\vec{a_1} = N \cdot \vec{a_0} = \begin{pmatrix} 0{,}9 & 0 & 0 \\ 0 & 0{,}95 & 0 \\ 0{,}1 & 0{,}05 & 1 \end{pmatrix} \cdot \begin{pmatrix} 8 \\ 2 \\ 5 \end{pmatrix} = \begin{pmatrix} 7{,}2 \\ 1{,}9 \\ 5{,}9 \end{pmatrix}$$

Der Umsatz von S nach einem Jahr beträgt also 7,2 Millionen €, der Umsatz von K beträgt 1,9 Millionen €.

Die Umsätze nach zwei Jahren werden analog ausgerechnet:

$$\vec{a_2} = N \cdot \vec{a_1} = \begin{pmatrix} 0{,}9 & 0 & 0 \\ 0 & 0{,}95 & 0 \\ 0{,}1 & 0{,}05 & 1 \end{pmatrix} \cdot \begin{pmatrix} 7{,}2 \\ 1{,}9 \\ 5{,}9 \end{pmatrix} = \begin{pmatrix} 6{,}48 \\ 1{,}805 \\ 6{,}715 \end{pmatrix}$$

Der Umsatz von S nach zwei Jahren beträgt also 6,48 Millionen €, der Umsatz von K beträgt 1,805 Millionen €.

Die erste Spalte von N beschreibt die Übergänge *von* der Supermarktkette S ausgehend. Dabei gibt n_{11} an, welcher Umsatzanteil bei S bleibt und n_{31} gibt an, welcher Umsatzanteil an D abgegeben wird. Die Umsätze von S gehen also jährlich um 10 % zurück – zugunsten der restlichen Unternehmen D.

Die dritte Spalte beschreibt die Umsatzentwicklung der restlichen Unternehmen. In dieser Spalte hat der Eintrag n_{33} den Wert 1. Dieser Eintrag beschreibt den Übergang *von* D *zu* D. Also haben die restlichen Unternehmen weder Umsätze abgegeben noch dazugewonnen.

b) Um beurteilen zu können, ob sich die Umsätze anders entwickeln, werden wieder die Zustandsvektoren $\vec{a_1}$ und $\vec{a_2}$ mit Hilfe des Matrix-Vektorprodukts berechnet:

$$\vec{a_1} = M \cdot \vec{a_0} = \begin{pmatrix} 0{,}9 & 0{,}2 & 0{,}1 \\ 0{,}05 & 0{,}9 & 0{,}1 \\ 0{,}05 & 0{,}1 & 0{,}8 \end{pmatrix} \cdot \begin{pmatrix} 8 \\ 2 \\ 5 \end{pmatrix} = \begin{pmatrix} 8{,}1 \\ 2{,}7 \\ 4{,}6 \end{pmatrix}$$

$$\vec{a_2} = M \cdot \vec{a_1} = \begin{pmatrix} 0{,}9 & 0{,}2 & 0{,}1 \\ 0{,}05 & 0{,}9 & 0{,}1 \\ 0{,}05 & 0{,}1 & 0{,}8 \end{pmatrix} \cdot \begin{pmatrix} 8{,}1 \\ 2{,}7 \\ 4{,}6 \end{pmatrix} = \begin{pmatrix} 8{,}290 \\ 3{,}295 \\ 4{,}355 \end{pmatrix}$$

Die Umsätze beider Partner (d.h. die Einträge in der oberen und in der mittleren Zeile der Zustandsvektoren) nehmen zu. Eine Aufnahme der Filialen würde sich daher lohnen. Insbesondere der Kaffee-Filialist K würde stark davon profitieren. Seine Umsätze würden von 2 Millionen € auf etwa 3,3 Millionen € steigen, also um mehr als 60 %. Aber auch die Umsätze der Supermarktkette S würden zunehmen, wenn auch nur von 8 Millionen € auf etwa 8,3 Millionen €, also um ca. 4 %.

31. Supermarkt

Um zu zeigen, dass der Gesamtumsatz aller Unternehmensgruppen $s+1,2k+d$ beträgt, multipliziert man die Übergangsmatrix M mit dem Vektor $\vec{a}$:

$$M \cdot \vec{a} = \begin{pmatrix} 0,9 & 0,2 & 0,1 \\ 0,05 & 0,9 & 0,1 \\ 0,05 & 0,1 & 0,8 \end{pmatrix} \cdot \begin{pmatrix} s \\ k \\ d \end{pmatrix} = \begin{pmatrix} 0,9s+0,2k+0,1d \\ 0,05s+0,9k+0,1d \\ 0,05s+0,1k+0,8d \end{pmatrix}$$

Um den Gesamtumsatz G zu erhalten, werden nun die drei Zeilen des Ergebnisvektors addiert:

$$G = 0,9s+0,2k+0,1d+0,05s+0,9k+0,1d+0,05s+0,1k+0,8d = s+1,2k+d$$

Damit beträgt der Gesamtumsatz $s+1,2k+d$.

Die Steigerung kommt dadurch zustande, dass die Summe der Einträge der mittleren Spalte von M nicht den Wert 1, sondern 1,2 besitzt.

Stichwortverzeichnis

Änderungsrate, 27
    Medikamentenkonzentration, 33
Übergangsdiagramm, 25
Übergangsgraph, 73
Übergangsmatrix, 25, 73

Ableitungsgraph, 12, 14, 15
Abstand
    eines Punktes von einer Geraden, 48
Abstandsbestimmung, 19, 20
Asymptote, 36
Aufnahmefähigkeit, 30
Aufstellen von Funktionen, 28
    Exponentialfunktion, 33

Baugrube, 59
Berührpunkte von Funktionen, 14
Bernoulli-Experiment, 69
Bernoullikette, 63

Definitionsbereich
    ln-Funktion, 38, 39, 41, 44

Erwartungswert, 21, 22, 24, 63
Extremstelle, 14, 16, 18
Extremwertaufgaben
    Aufnahmefähigkeit, 30

Fläche
    ins Unendliche reichende, 36
Flächeninhalt, 12, 13
Funktionenschar, 18
    e-Funktion, 36
Funktionsgraphen skizzieren, 11, 14, 16

Funktionsgraphen zuordnen, 15
Funktionsterm bestimmen, 12

Geländequerschnitt, 29
Geradenschnittpunkt, 73
Glücksrad, 21, 23
Gleichung 2. Grades, 14
Gleichung 3. Grades, 16
Gleichungssystem, 19, 20, 54
Gondel, 54

Hochpunkt, 13
Hypothesenstest
    einseitiger Test, 69

Insektenpopulation, 25
Integral, 12, 17

Käferpopulation, 37
Kegelstumpf, 42
Krümmungsverhalten, 44

Modellfunktion, 44
Modellierung, 27
    Pflanzenwachstum, 31
Monotonie, 13, 14

Neigungswinkel, 47
Nullhypothese, 69
Nullstelle, 12, 13, 16, 18

Parallelogramm, 20
Partielle Integration, 33
Populationsentwicklung, 36, 73

Stichwortverzeichnis

Prisma, 50

Produktintegration, 33

Pyramide, 47, 52

Quadervolumen, 52

Rotation
    um die y-Achse, 37

Rotationskörper, 41
    ln-Funktionen, 37

Schatten, 50

Schnitt
    von Gerade und Ebene, 47

Schnittstelle, 12

Schokoladenglocke, 41

Seilbahn, 54

Solarkollektoren, 57

Spielautomat, 21

Spielkarten, 22

Stammfunktion, 13, 15

Stammumfang, 39

Symmetrie, 37

Tangente, 12, 18

Tanne, 39

Tiefpunkt, 18

Toastbrot, 63

Trapez, 48

Übergangsgraph, 26

Übergangsmatrix, 26

Vektorprodukt, 98

Vierfeldertafel, 69

Wachstumsgeschwindigkeit, 31, 39, 44

Wachstumskonstante, 31

Wendestelle, 12, 14, 16

Winkel
    zwischen Ebenen, 48
    zwischen Gerade und Ebene, 54

Winkelberechnung
    zwischen Ebenen, 47

Ihr Feedback zu diesem Buch

Für Ihre Anregungen, Hinweise und Bewertungen sind wir offen und dankbar. Sie helfen damit, dieses Buch noch weiter zu optimieren.

Bitte senden Sie uns Ihr Feedback ...
- per Post: einfach dieses Blatt in einen frankierten Umschlag stecken
- per Fax: an 0761 45699 45
- per E-mail: an info@freiburger-verlag.de
- im Internet: www.freiburger-verlag.de: „Freiburger Verlag/Feedback"

Besten Dank für Ihre Unterstützung! Als Dankeschön erhalten Sie zudem für Ihre Vorschläge, die in Folgeauflagen eingearbeitet werden, eine kleine Aufmerksamkeit.

\multicolumn{2}{l}{**Erfolg im Mathe-Abi**   **Prüfungsaufgaben Nordrhein-Westfalen (407)**}
Seite	Anregung

Dieses Buch gefällt mir   ☺   ☹

Besonders gut finde ich:

_____

_____

_____

_____

Erfolg im Mathe-Abi
Prüfungsaufgaben Nordrhein-Westfalen

Freiburger Verlag
Lektorat
Hartkirchweg 37

79111 Freiburg

Fax 0761 45699 45

Absender

_____   _____
Name / Vorname / Fosition   Kundennummer, falls bekannt

_____   _____
Straße / Nr.   Schule

_____   _____
PLZ / Ort   Klasse

_____   _____
Tel. für Rückfragen   Schuladresse

_____
email-Adresse

Besten Dank für Ihre Unterstützung!
Ihr Freiburger-Verlags-Team